出版智库研究报告

U0854604

出版融合发展报告

（2025）

报告课题组　编研

中信出版集团　人民卫生出版社
北　京

图书在版编目（CIP）数据

出版融合发展报告 . 2025 / 报告课题组编研 . 北京 : 中信出版社 : 人民卫生出版社 , 2025.8（2025.9 重印）.

ISBN 978-7-5217-8109-0

Ⅰ . G239.2

中国国家版本馆 CIP 数据核字第 2025LZ9291 号

出版融合发展报告（2025）

编研者：报告课题组

出版发行：中信出版集团股份有限公司

（北京市朝阳区东三环北路 27 号嘉铭中心　邮编　100020）

人民卫生出版社

（北京市朝阳区潘家园南里 19 号　邮编　100021）

承印者：北京盛通印刷股份有限公司

开本：787mm×1092mm 1/16　　印张：17.25　　字数：239 千字

版次：2025 年 8 月第 1 版　　印次：2025 年 9 月第 2 次印刷

书号：ISBN 978–7–5217–8109–0

定价：78.00 元

《出版融合发展报告（2025）》
报告课题组出版智库

中国新闻出版研究院

人民卫生出版社人卫研究院

人教研究院

高等教育出版社教育出版研究中心

中信出版发展研究中心

电子工业出版社融合创新发展研究院

江苏凤凰出版融合发展智库

中原出版传媒产业研究院

北京大学出版研究院

中国传媒大学出版学院

《出版融合发展报告（2025）》
课题组人员名单

（以姓氏汉语拼音为序）

指导委员会

陈　炜　冯士新　高晓虹　黄　强　李新华
刘　超　王　庆　王传臣　张久珍　章朝阳

编委会

蔡　立　崔海教　董中山　皮雪花　乔卫兵　宋吉述
谭方正　王　飚　徐　静　杨　晋　张　泽　朱于国

课题实施组

步　一　蔡　立　陈志辉　成冰璁　戴宇航　丁　川
付海钲　高健航　郭　枫　衡明明　黄国彬　金　玲
李　程　李世娟　梁　静　刘少轩　柳　阳　毛　芳
毛文思　牛瑞雪　皮雪花　乔卫兵　秦瑜明　沙　沙
隋鸿平　孙　丽　王　飚　王子敬　文　娟　吴炜华
徐　斌　周　杨　左　佳

序

党的十八大以来，以习近平同志为核心的党中央高度重视文化和科技融合工作。习近平总书记就文化和科技融合发表一系列重要论述，作出一系列重要指示批示，强调“探索文化和科技融合的有效机制，实现文化建设数字化赋能、信息化转型，把文化资源优势转化为文化发展优势”。党的二十届三中全会强调赓续中华文脉、激发全民族文化创新创造活力，对探索文化和科技融合的有效机制，加快发展新型文化业态，作出了重要部署。

出版融合发展是出版业推进文化和科技融合的生动实践，是实现行业高质量发展的必由之路。在出版战线的共同努力下，经过多年的探索与积累，我国出版融合发展的政策体系更加完善，技术应用水平与产品供给能力持续提升，主要发展模式和产品业态基本形成，产值、规模、利润持续增长，巩固壮大出版主阵地的作用日益明显，带动促进出版业革新升级的动能更加强劲。出版融合发展在展现新气象的同时，还面临不少新问题新挑战，需要我们把握数字时代新机遇，汇聚合力、破解难题，进一步推动出版融合发展走深走实，加快培育出版新质生产力，引领带动出版业实现高质量发展。

为深入学习贯彻习近平文化思想，贯彻落实党中央决策部署，更好凝聚行业力量推动出版深度融合发展，中国新闻出版研究院、人民卫生出版社人卫研究院、人教研究院、高等教育出版社教育出版研究中心、中信出版发展研究中心、电子工业出版社融合创新发展研究院、江苏凤凰出版融合发展智库、中原出版传媒产业研究院、北京大学出版研究院、中国传媒大学出版学院等 10 家国家新闻出版署出版智库，共同研究和编写了《出版融合发展报告（2025）》（以下简称《发展报告》）。

《发展报告》立足出版融合发展实际，以出版单位的调研数据为基础，通过多种研究方法，从总体态势、主要成效、规模结构、重点业态、技术赋能、队伍建设、思考展望、典型案例、专家访谈等方面，开展系统梳理研究，力图全面展现我国出版融合发展现状。同时，努力实现以下目标：一是系统研究 2021—2025 年，特别是 2024 年以来，我国出版融合发展的总体情况，并分析面临的主要挑战，研判发展趋势，激发行业推动融合发展的内生动力。二是围绕出版融合发展业务模式、重点业态、技术应用、队伍建设、典型案例等课题展开讨论，为出版单位全面推进出版深度融合提供有益借鉴。三是以研究为媒，搭建出版业界与学界携手破解发展难题的平台，探索联动协作机制，服务出版融合高质量发展。

《发展报告》的编研工作得到了行业主管部门的指导和支持；参与调研的出版单位和接受访谈的专家以高度的责任感和专业精神为本报告提供了有力支撑；来自出版业界、学界和有关科研机构的专家学者，从理论和实践维度为本报告提供了专业指导；有关文化科技企业分享了前沿技术的发展趋势和应用案例；10 家出版智库通力合作，课题组专家积极投入编研工作。值此《发展报告》付梓之际，谨向全国相关出版单位、高等院校、科研机构、文化科技企业及专家们的大力支持，致以最诚挚的感谢和敬意！

出版融合发展是一项系统工程，本报告难免存在疏漏或不足之处。为方便读者阅读和理解报告内容，课题组在前言中就相关重点问题进行了说明。我们诚挚欢迎各级管理部门、出版同仁和读者朋友提出宝贵的意见建议，课题组将持续开展深入研究，努力为行业提供更多有参考价值的研究成果。

报告指导委员会

2025 年 8 月

前 言

当前，新一轮科技革命和产业变革深入推进，先进技术不断涌现，持续赋能千行百业。在这一时代背景下，文化和科技融合成为大势所趋，出版深度融合发展成为时代必答题。党的十八大以来，特别是“十四五”时期，我国出版融合发展取得明显进步，成为出版业培育新质生产力、加快新旧动能转换的重要引擎，引领形成出版业高质量发展的新动能新优势。

目前，针对出版融合发展情况进行的系统梳理和综合性研究还存在空白。为深入梳理总结我国出版单位融合发展进展成效、问题挑战、未来趋势等，10 家国家新闻出版署出版智库在行业各方面的支持下，首次联合成立课题组，开展《出版融合发展报告（2025）》（以下简称《发展报告》）研究和编写工作，以期为管理部门、研究机构、出版单位围绕出版融合发展制定支持政策、开展学术研究、加强谋划推进提供有益参考。报告指导委员会负责整体设计和研究把关，编委会负责本报告的设计与编写，课题实施组负责具体工作，各组分工协作完成了本报告的编研工作。为便于读者阅读，课题组就以下问题作出说明。

一、编研工作情况

《发展报告》编研工作以调研为基础，综合运用文献查阅、问卷调研、实地调研、专题座谈、专家咨询、案例剖析等方式。本次调研具有广泛的代表性。文献查阅主要涉及文化相关政策、出版业政策、专家文章、行业分析报告、部分数据案例等，问卷调研以出版单位为主，实地调研和专题座谈涉及重点出版集团、出版社、期刊社、电子音像社和文化科技企业等 150 余家单位，专家咨询百余人次，案例研究百余个，并对其中25个典型案例进行个案研究。在上述工作基础上，课题组本着真实客观、实事求是的原则，开展了全面梳理和深入的数据、案例分析，并进行了多轮研讨修改、核查验证、专题论证，以保证报告的科学性和深入性。

二、问卷与数据情况

参加问卷调研的出版单位共557家，涵盖单体出版社，出版集团本部，出版集团下属出版社、期刊社、电子音像社及数字出版公司，其中以单体出版社为主。对其他期刊社、电子音像社采取部分补充问卷和专题座谈会的方式进行调研。调研问卷共设计基本情况、业务开展和技术应用情况、经营情况、人才队伍建设情况、其他情况等5个方面共33个问题。报告中总体收入、总体投入、总体利润等数据，均为在问卷调研中已填写数据的出版单位相关指标的总计结果，其中集团与所属出版社数据交叉部分已去重。需要强调的是，报告中的数据多为课题组通过问卷调研、实地调研、专题座谈等方式从出版单位直接获得的一手资料，虽然未能覆盖所有出版单位，但已是截至报告发布日最大范围的出版融合发展情况调研，能够较为全面地反映出版单位融合发展总体情况。同时，由于部分数据尚未纳入本报告总计数据，据了解，全国出版融合发展的实际情况总体上应比报告中数据体现的情况更为乐观，未来随着出版融合的深度推进将会呈现更加蓬勃的发展态势。

三、关于出版融合发展概念的考虑

本报告提出的出版融合发展概念，从理论上讲，出版融合发展是出版业顺应新一轮信息技术变革，发挥内容优势，运用技术赋能，催生新产品、新服务、新业态、新模式，实现产业革新升级的发展。当前阶段主要是指将信息化、数字化、智能化技术应用于出版策划、编辑、制作、审校、传播等环节而催生的新型出版发展业态。出版融合发展概念覆盖面广，只要在出版环节中运用了这些技术，都可以认为属于出版融合发展的范畴。从实际情况看，为更好地引导出版单位巩固壮大数字时代出版主阵地，本报告主要聚焦出版单位，特别是图书出版单位的融合发展，相关情况的梳理分析主要依据调研中获取的出版单位数据。同时，课题组也认识到由于信息技术迭代速度较快，出版融合发展业态随之在动态变化中，出版融合发展的概念也必将不断发展完善，比如跨界融合的态势也将更加显现。

四、关于融合业务模式的考虑

课题组在深入调研和反复论证基础上，首次提出出版融合发展的 4 种模式，即数字化出版产品与服务模式、纸数融合产品模式、自有新媒体运营模式、自研技术与平台对外服务模式，并对 4 种模式的内涵外延作了阐释，对未来可能出现的新模式进行了展望。这 4 种模式并不是出版融合发展的全部模式类型，而是现阶段具有行业共识，形成一定规模，具备较清晰业态和较成熟盈利能力，可供出版单位根据自身情况借鉴的融合发展模式。4 种模式难以截然分开，也非静止不变，未来将随着出版业的发展而演进。

五、关于融合重点业态的考虑

《发展报告》对出版融合发展 4 种模式下相应重点业态作了梳理，包括电子书、有声书、数据库、特色 App、出版技术平台、自有团队直播售书、自营店铺运营等，并对相关业态的部分典型产品作了介绍，如二维码图书、数字期刊、数字教材、教育出版平台等。同时，本报告还对当前已经萌芽并迅速发展的出版融合发展新形态择要作了阐述，如出版垂域大模型、出版智能体等。出版融合发展业态的多样性，为出版单位因社制宜打造重点融合发展项目提供了丰富选择。

六、总体结构安排

《发展报告》除序、前言、附录和后记外，正文共有 8 章，分别是总体态势、主要成效、规模结构、重点业态、技术赋能、队伍建设、思考展望、典型案例。报告力求从不同角度和维度反映出版融合发展现状，并对出版融合发展面临的挑战和未来趋势进行深入分析，旨在为出版单位找准出版融合发展方向与路径提供借鉴。

本报告虽经历多轮打磨，但仍存在一些不足和遗憾，敬请读者多提宝贵意见建议。我们希望，以此报告为起点，进一步加强出版业界与学界联动，凝聚起出版业乃至社会各界更强大力量，携手破解出版融合发展难题，共创出版深度融合发展新未来。

报告课题组

2025 年 8 月

目　录

第一章　总体态势

近年来，出版战线深入学习贯彻习近平新时代中国特色社会主义思想特别是习近平文化思想，多措并举推动出版深度融合发展，进一步明晰发展方向，积极探索发展模式、业态、路径，持续优化行业生态，在体制机制创新、优质内容供给、先进技术赋能、融合人才支撑、双效统一等方面取得新突破，加快了出版业革新升级，为出版业高质量发展注入了新活力新动能。

第一节　文化相关政策标定出版融合发展新方向

近年来，国家相关政策文件陆续出台，围绕推动文化高质量发展、推进文化和科技融合、大力培育新型文化消费、发展数字文化贸易等方面明确目标任务和政策举措，为出版融合发展指明了方向。

一、推动文化高质量发展

推动文化高质量发展，是推进文化强国建设的重要内容和必然选择。2025 年 1 月，国务院办公厅印发《关于推动文化高质量发展的若干经济政策》，从财政支持、税收优惠、金融服务、科技创新、用地保障、收入分配、支持转制企业、组织实施等 8 个方面提出了 16 条文化高质量发展的经济支持政策，提出完善文化领域高新技术企业认定标准；推进文化数据标准化规范化建设；建设文化领域人工智能高质量数据集，支持文化领域大模型建设等。这一重要文件的出台，既坚定了出版单位推动融合发展的信心，又为出版业找准融合发展方向夯实了政策基础。

2024 年 12 月 6 日，财政部、税务总局、中宣部联合发布《关于文化体制改革中经营性文化事业单位转制为企业税收政策》。根据该政策，在 2027 年 12 月 31 日之前，从经营性文化事业单位转制为企业的出版单位可继续享受免征企业所得税和自用房房产税的政策。该政策的延续实施，有效减轻了出版单位的税收负担和经营压力，为出版单位将更多资源投入到融合发展业务提供了更大空间。

二、推进文化和科技融合

文化和科技加快融合、双向赋能，是赓续中华文脉，建设中华民族现代文明，提升国家核心竞争力的重大战略课题；是推动文化高质量发展，更好满足人民群众精神文化生活新期待的重要途径。2024 年 3 月，“深入推进国家文化数字化战略”写入政府工作报告。实施国家文化数字化战略，其根本目的是顺应技术革新和产业变革的发展趋势，规划文化事业和文化产业繁荣发展的技术路线，为出版融合发展夯实了基础、拓展了空间。2024 年 7 月，党的二十届三中全会审议通过的《中共中央关于进一步全面深化改革、推进中国式现代化的决定》提出“探索文化和科技融合的有效机制，加快发展新型文化业态”，文化和科技融合被纳入中央进一步全面深化改革的统筹布局。2024 年 10 月，习近平总书记在中共中央政治局第十七次集体学习时强调“探索文化和科技融合的有效机制，实现文化建设数字化赋能、信息化转型，把文化资源优势转化为文化发展优势”。这些重要政策、重要论述进一步明确全面推进文化和科技融合的目标要求，为出版业深入推进融合发展注入了强劲动力。

三、培育新型文化消费

党中央高度重视提振消费、扩大内需工作，强调要增强消费对经济增长的拉动作用，而信息消费、数字消费成为拉动消费的新增长点。2024 年 8 月，国务院印发《关于促进服务消费高质量发展的意见》，将

“文化娱乐消费”列为“激发改善型消费活力”的重要内容之一，提出要提升网络内容质量，鼓励沉浸体验等新业态发展；培育壮大包括数字消费等在内的新型消费，发展数字教育等新模式，支持电子竞技、社交电商、直播电商等发展，加快建设和升级信息消费体验中心，推出一批新型信息消费项目。该文件的出台，对于出版业开拓融合发展业务，创新出版融合发展模式路径，更好地满足人民群众多元化文化消费需求，起到有力的引导作用。2024 年底，中央经济工作会议将“大力提振消费、提高投资效益，全方位扩大国内需求”列为 2025 年经济工作要抓好的重点任务之首。2025 年 3 月，《提振消费专项行动方案》印发实施，提出支持新型消费加快发展；深入实施数字消费提升行动，大力培育品质电商；开展“人工智能 +”行动，促进“人工智能 + 消费”。

四、发展数字文化贸易

近年来，数字文化贸易成为促进国际贸易发展的重要新引擎、国际传播能力建设的重要着力点。2024 年 8 月，中共中央办公厅、国务院办公厅印发《关于数字贸易改革创新发展的意见》，要求“积极发展数字产品贸易。加强数字应用场景和模式创新，提升数字内容制作质量和水平，培育拓展跨境数字交付渠道，提升国际竞争力”。这为出版业拓展出版融合发展视野，升级文化产品样态，更好地顺应数字化、网络化、智能化趋势，深度参与国际数字文化领域交流合作指明了方向。

第二节　出版主管部门释放推动深度融合鲜明信号

各级主管部门坚持系统谋划、整体推进、重点突破，持续完善出版融合发展政策体系，通过行业规划、政策措施、重大工程项目、标准规范、权威平台等，持续释放坚定推进融合发展信号，引导带动出版融合发展走深走实、提质增效。

一、完善规划部署

《中华人民共和国国民经济和社会发展第十四个五年规划和2035年远景目标纲要》中，从国家规划层面明确提出实施出版融合发展工程，把出版融合发展提高到国家战略层面予以谋划推进。《“十四五”文化发展规划》明确提出推动科技赋能文化产业，实施出版融合发展工程，把出版融合发展放在文化整体规划、文化强国建设的高度来部署安排。

国家新闻出版署发布的《出版业“十四五”时期发展规划》（以下简称《规划》）是国家规划、文化规划在出版业的充分体现，为出版业高质量发展、出版强国建设描绘了新蓝图。《规划》将出版融合发展作为重点内容进行安排，“融合”一词在《规划》中被频繁提及，如“基本原则”中明确提出“支持产业链上下游深度融合”，“主要目标”中明确提出“行业融合发展进一步深化”，并专门设立了“出版融合发展工程”专栏，将出版融合发展提到一个新高度。《规划》强调出版融合发展的系统推进与重点布局，既从优质内容、科技创新、新兴业态、管理机制等层面系统推进出版深度融合发展，又聚焦出版融合的重点领域和重点环节提出任务措施。《规划》突出示范带动，强调通过实施专项计划，重点遴选一批数字出版精品、示范单位、优秀平台、优秀人才，充分发挥引领示范作用。《规划》提出的融合发展，并不仅限于数字技术、出版内容等方面的融合，而是整体化的融合发展，涉及体制机制创新、人才培养、平台建设等方面，是一项整体性战略，属于一体化战略工程。

二、加强政策引领

2022年4月，中宣部印发《关于推动出版深度融合发展的实施意见》。这是中宣部首次就出版融合发展领域专门发布的政策文件，对新时代推进出版深度融合发展作出全面安排，从加强出版融合发展战略谋划、强化出版融合发展内容建设、充分发挥技术支撑作用、打造出版融合发展重点工程项目、建强出版融合发展人才队伍、健全出版融合发展保障体系等6个方面提出20项主要措施，明确了出版深度融合发展的主要要求和重要着力点，为出版业探索融合发展新模式、新业态、新领域提供了行动指引，为出版业在“十四五”时期乃至未来更长阶段实现高质量发展指明了方向，引导带动出版业清醒认识到出版融合发展是一场深刻变革，必须系统谋划、一体推进，必须对流程优化、产品打造、技术赋能、机构调整、队伍建设等方方面面进行重塑，才能真正开创出版业新未来。

地方主管部门积极落实出版融合发展政策要求，对标中宣部《关于推动出版深度融合发展的实施意见》，结合各自实际纷纷出台当地推进出版融合发展的政策措施或实施方案，如北京市委宣传部印发《关于推动出版深度融合发展的实施方案》、江苏省委宣传部印发《关于加快出版深度融合发展的若干措施》、河南省委宣传部印发《关于推动河南省出版融合创新发展的实施意见》等。各地结合资源优势和文化特色，从内容建设、技术支撑、项目打造、队伍建设、生态塑造等方面明确重点任务，提出了相应的务实支持措施，加速推进出版融合发展在地方的落地和深入实施。

三、突出重大工程项目牵引

重大工程项目是推动产业发展的重要驱动力，在培育发展新质生产力、构建现代化产业体系、优化产业发展结构、促进产业创新等方面发挥着重要牵引和带动作用。

（一）出版融合发展工程引领行业系统推进融合发展

出版融合发展工程是“十四五”时期主管部门推动出版融合发展的一项创新性举措。工程通过4个子计划，即数字出版精品遴选推荐计划、出版融合发展示范单位遴选推荐计划、数字出版优质平台遴选推荐计划、出版融合发展优秀人才遴选培养计划，聚焦重点领域和关键环节打造示范样本，引导业界深化认识、提高站位，主动推进、系统谋划，形成融合发展、高质量发展的内驱动力和有效行动，推动出版业通过深度融合发展，构建信息化、数字化、智能化新生态。

2024 年，出版融合发展工程着重深入实施“数字出版优质平台遴选推荐计划”和“出版融合发展优秀人才遴选培养计划”两个子计划。“人教口语数字智能学习平台”等 16 个项目入选优质平台，涵盖数字阅读、知识服务、在线教育、期刊国际化传播等领域，从平台层面反映了国内出版融合发展的进展与成效，特别是对教育服务类、阅读服务类、专业知识服务类平台建设具有良好的推广价值。“出版融合发展优秀人才遴选培养计划”遴选了一批政治素质过硬、创新能力突出、业绩表现出色、成长潜力明显的出版融合发展优秀人才进行重点培养。至此，出版融合发展工程已推出了 202 个精品项目、27 个优质平台、50 个示范单位、105 位优秀人才，形成了新时期出版融合发展的第一梯队，也引导带动出版单位更加坚定融合定力，持续投入融合业务，持续积蓄出版业持久繁荣的新势能。

2025 年，出版融合发展工程的实施重点在于成果检验与经验推广，包括：组织推荐出版融合发展重点项目，积极引导行业扩大优质产品供给；持续开展出版融合发展深度研讨交流，积极引导行业破解瓶颈问题；指导编写年度出版融合发展报告，积极引导行业革新升级。工程聚焦示范引领出实招、见实效，努力破解出版融合发展中的关键问题、瓶颈问题。

（二）国家古籍数字化工程促进文化双创成效显著

国家古籍数字化工程是列入国家“十四五”规划纲要、“十四五”文化发展规划和中华优秀传统文化传承发展工程“十四五”重点项目规划的重点项目。工程由全国古籍整理出版规划领导小组办公室牵头实施，旨在加强古籍数字化工作统筹协调和规划布局，推进古籍资源数字化开发利用。“十四五”期间，通过工程实施，有效带动了各地区各部门调度工作和力量，相关重点项目持续推进并取得重要阶段性成果。一是国家古籍数字化资源总平台一期建设任务基本完成。总平台在聚合全国古籍数字化成果方面已迈出实质性步伐，首批对接一批专业数据库，提供古籍数字化内容一站式信息及资源服务。二是古籍数字化资源持续扩容。工程重点支持“中华古籍资源库”“籍合”“汇典”等古籍骨干资源库建设，不断优化全国古籍数字化资源服务。三是古籍数字化技术研发应用提速。工程组织开展一批古籍数字化重点课题研究，加强基于古籍资源的大型知识库、知识图谱、数字化记忆再造等方面技术预研和项目试点，推进古籍数字化智能工具集、古籍整理出版与发布平台开发和使用。

（三）科技与标准重点项目提升行业科技应用水平

出版业科技与标准创新项目、出版业科技与标准重点实验室是出版业推进行业科技创新和标准建设的重要载体，为提升出版科技创新应用水平提供了有力保障。

2024 年出版业科技与标准创新项目聚焦新一代信息技术在出版业的创新应用，通过建设一批重点科技项目，推动一批关键技术研发，培育一批科技创新主体，推广一批科技创新成果，提高出版业科技创新应用水平。该项工作对于提升出版业科技创新能力，加快科技创新成果的场景化、产业化落地起到有力推动作用。2025 年该项目重点围绕人工智能、大数据、云计算、物联网、区块链、虚拟现实、数字孪生等技术及标准等方面的创新成果开展申报和遴选。

出版业科技与标准重点实验室在推动优秀科技与标准成果在出版领域的落地方面发挥了重要的促进作用。国家新闻出版署连续 7 年对立项建设的出版业科技与标准重点实验室进行综合考核评价，6 家机构被评定为 2024 年度优秀重点实验室。

四、强化标准规范建设

出版业始终坚持创新驱动，坚持标准先行，强化质量管理和技术应用，发挥标准在行业高质量发展中的基础性、引领性作用。据不完全统计，2021 年至 2025 年 6 月，出版业发布国家标准、行业标准、团体标准 100 余项，其中出版融合相关标准超过 1/3。

在国家标准中，知识服务系列标准对知识体系建设与应用、知识本体构建流程、知识元提取与标引等进行了规范。数字教材系列国家标准为中小学数字教材建设奠定技术基础，对中小学数字教材建设提供了标准规范。《有声读物》国家标准是有声读物领域的第一个国家标准，包括录音制作、发布平台、质量要求与评测，有力促进有声读物精品创作和传播。

在行业标准中，《出版物虚拟现实（VR）技术应用要求》《出版业区块链技术应用标准体系表》《出版物二维码应用管理要求》《数字版权唯一标识符》等行业标准有效推动了新技术在出版领域的更广泛应用。

在团体标准中，《高等教育数字教材核心元数据》《高等教育数字教材封面与版本记录》《高等教育数字教材出版平台接口技术要求》《高等教育数字教材封装要求》等系列标准，是高等教育数字教材首批标准，为高等教育数字教材的建设、出版、应用、管理等提供了基础支撑。

五、搭建权威展示交流平台

出版主管部门大力协调各方资源力量，搭建全国性重点论坛、研讨班、专题研讨会、行业展会等权威平台，以更好地展示优质产品、推广先进经验、破解发展难题、凝聚行业共识，为出版融合发展提供强有力的支撑。

（一）文化强国建设高峰论坛激发出版融合发展新理念

文化强国建设高峰论坛是文化界凝聚推动文化繁荣、建设文化强国思想共识的盛会，其中出版相关分论坛持续关注出版融合发展问题，成为汇聚出版融合发展智慧观点、碰撞思想火花的重要平台。2024 年文化强国建设高峰论坛设立主论坛和 8 个分论坛，围绕中国式现代化与新的文化使命、加强全媒体传播体系建设、文化产业创新发展、数字时代出版人才发展等议题展开了深入研讨。2025 年文化强国建设高峰论坛设立出版深度融合发展论坛，聚焦“推动出版深度融合发展 巩固壮大数字时代出版主阵地”主题，邀请各方专家学者进行主题演讲、专题对谈，充分凝聚行业力量与共识，更好地推动出版创新发展、融合发展、高质量发展。专家们认为，推进出版和科技深度融合不是选择题，而是时代必答题，业界要形成清醒认识与高度自觉，加强出版融合发展总体设计和重点布局，积极探索多元化融合发展的模式路径，切实打好科技赋能和出版融合发展这场硬仗；要顺应科技变革，以深度融合赢得发展主动，适应信息化、数字化、智能化发展趋势，加快发展出版新业态、拓展出版新领域、打开出版发展新空间；要突出内容生产，以精品供给构筑发展优势，通过守正创新、转型升级，增强出版单位的精品生产力，从“纸数相融”到“生态深融”，提升行业的优质文化供给力；要让出版人“能力进化”，让出版从业人员直面 AI（人工智能）的挑战，倒逼从业者从使用工具向掌控工具提升，实现良性的人机共生。

（二）系列行业博览会助推出版融合创新发展

中国国际数字出版博览会是以促进数字出版、数字内容产业发展为目标，影响广泛的综合性行业博览会。2024 年，中国数字出版博览会正式更名为中国国际数字出版博览会（以下简称“数博会”）；2025 年，数博会主题为“数实相融 智赢未来”。北京国际图书博览会是另一具有广泛社会影响力的行业博览会。在 2025 年 6 月举行的第 31 届北京国际图书博览会上，以“新质生产力与全球出版合作”为主题的北京国际出版论坛等活动，聚焦出版业与人工智能等先进技术的交融共生，深入研讨了互利共赢的全球出版合作新模式。

（三）系列深度研讨活动聚力破解重难点问题

着眼深入探讨出版融合发展的新思路新举措，出版融合发展系列深度研讨活动有序举办。一是出版融合发展研讨班组织出版单位负责同志及融合发展优秀人才参加，围绕出版融合发展的支持政策、发展趋势、技术变革等开展专题辅导、深入研讨、案例实训，努力培养一批爱文化懂出版、创新创造能力突出的出版融合发展领军人才。二是举办出版融合发展专题研讨会等系列活动。研讨会于 2025 年每季度举行一次，第一期、第二期的主题分别为“探索出版融合发展新模式新路径”“强化出版融合发展投入”。每次研讨会邀请相关优秀出版单位主要负责同志和资深专家，聚焦会议主题介绍出版融合发展的实践经验与思考，并与参会代表互动交流，为破解出版融合发展难题激发思想火花、注入思想活力。

第三节　出版行业力量助力构建融合发展新生态

出版行业各方力量高度关注出版融合发展，行业学协会在业务交流、资源整合、人才培养等方面积极发挥作用，行业媒体在专题报道、成果梳理、经验推广等方面积极行动，相关研究机构在出版融合理论研究、实践案例梳理、国际国内态势等方面深入研究，各方协力推动行业进一步深化融合理念，构建融合新生态。

一、扩大出版融合发展共识

近年来，出版融合发展相关行业活动丰富多彩，积极探讨数字时代信息技术变革之下出版融合发展面临的机遇与挑战，研究出版业数智化转型升级的具体路径和出版业未来变革发展的创新之路，不断凝聚出版融合发展共识，促进行业更加坚定地走融合发展之路。如中国出版协会、中国编辑学会、中国期刊协会、中国音像与数字出版协会、中国版权协会、中国图书评论学会、韬奋基金会等积极发挥桥梁纽带作用，连续举办关于出版融合发展、数字出版方面的论坛、研讨会，主动跟进生成式人工智能趋势举办专题论坛，梳理发布融合新产品和行业新动态，反映出版单位融合发展新诉求，沟通交流融合发展的难点痛点，呼吁出版业准确把握新形势，因势而谋、应势而动、顺势而为，把出版融合发展不断向纵深推进。

《中国新闻出版广电报》《中国出版传媒商报》等行业媒体，通过专题报道重要行业活动和融合项目迭代发展情况，刊发深度融合系列专题报道，开展线上线下协同交流活动，积极分享解析智能出版新业态，传播出版融合发展新经验，助力出版单位从“被动适应”转向“主动驾驭”，在技术变革中以融合发展形成新优势。

二、深化出版融合发展研究

出版融合发展相应的技术、产品、业态、模式等更新迭代迅速，其良性发展离不开高质量的研究支撑。

入选国家新闻出版署出版智库高质量建设计划的 34 家出版智库，将出版融合发展作为重要研究课题，谋划推进了一系列有深度的专题研究。有的智库机构设立专项资金对外发布研究课题，吸引社会各方研究力量参与，涵盖国际数字出版动态、前沿科技发展趋势、数字阅读新形式、生成式人工智能赋能出版实践、出版融合发展新态势新应用新模式新机制等。《以 AIGC[1] 技术驱动出版业转型升级研究》《数字技术在出版领域的应用情况报告》《专业学术数据库研究》《国际数字出版发展趋势与启示》《双向赋能 共建生态——加速出版业与大模型的融合共创》等一批高质量研究成果陆续发布，启示从业者看到全球范围内融合已成大势、出版融合发展已成新的增长引擎。我国出版业必须加快新旧动能转换，加快传统出版与新兴出版融合，构建出版高质量发展的新优势。

开展出版学科专业共建的出版学院、出版研究院等，积极开设数字出版专业及相关研究方向，围绕数字出版、出版融合发展组织了一系列理论与实践研究，推出了“智媒化语境下出版融合发展引导机制”“全媒体传播体系下出版深度融合发展”“基于生成式人工智能的国际出版传播”“AI 赋能学术期刊情况”“新媒体环境下古籍数字化融合创新”等多个重点研究项目，标志着出版融合发展研究进一步体系化，理论性、实践性持续增强，对融合实践的借鉴指导意义更加凸显。

《中国出版》《中国编辑》《出版发行研究》《科技与出版》等出版学术期刊持续刊发关于出版融合发展的高水平学术论文，自 2021 年至 2025 年 7 月，在中国知网可查的以“出版融合”为主题的论文多达

[1] AIGC，指用人工智能生成内容（如生成文本、图像、音频、视频等内容）的新型生产方式。

2 000 余篇，成为出版融合发展研究成果发布与交流的重要阵地。

三、促进出版融合发展专业能力提升

近年来，在主管部门的统筹下，出版行业学协会、高等院校、出版智库、出版单位等社会各界力量联合起来，通过成立专门组织、举办继续教育学习班、开展融合人才专项培训活动、组织专项技能实训竞赛等多种途径，助力行业融合能力提升。如中国音像与数字出版协会成立出版融合工作委员会，中国编辑学会成立出版融合编辑专业委员会，组织行业力量围绕出版融合发展常态化开展相关工作。有关行业学协会在出版领域的继续教育培训中，积极开设融合发展专题培训班或在综合培训中开设出版融合发展课程，通过培训班集中讲解融合理念更新与模式创新、内容变革与技术赋能、机制重塑与生态构建等，引导从业人员进一步明晰融合发展的模式路径。中国出版协会、中国编辑学会、中国图书评论学会指导“出版融合技术·编辑创新”大赛，华闻传媒产业创新研究院、高等教育出版社、凤凰出版传媒集团等组织出版融合发展案例实训，部分高校出版学院、出版研究院等开设创意工作坊、暑期训练营等，激发出版从业者和后备人才对出版融合发展的浓厚兴趣和独特创意，示范带动出版融合发展队伍能力水平提升。

第四节　出版单位融合发展内驱动力增强

随着新一轮科技革命和产业变革加速演进，越来越多的出版单位意识到出版融合发展的重要性和紧迫性，持续增强思想自觉和行动自觉，夯实发展基础，增强发展动力。2025 年出版融合发展调研数据显示，约 95% 的出版单位已经开展了融合发展业务。通过多年实践探索，出版单位日益重视出版融合发展的统筹谋划，积极探索技术赋能的模式与路径，加快开发精品融合平台、项目与服务，优化管理体系，创新体制机制，摸索出相对成熟的业务发展模式，积累了经验，锻炼了队伍，坚定

了信心，为下一步发展打下了坚实基础。

一、加强出版融合发展战略规划

调研显示，约 50% 的出版单位出台了融合发展相关规划，其中大部分于 2020 年以来新近实施。这些规划的共同特点主要有以下 3 个方面：一是明确出版融合发展目标方向。深入贯彻落实党和国家有关决策部署，锚定 2035 年建成文化强国、出版强国目标，顺应数字时代发展趋势，着力推进数字化、智能化转型升级，推动出版融合向纵深发展，培育壮大出版单位高质量发展的新引擎新动能。二是明确出版融合发展路径举措。出版单位立足自身特色优势，着眼满足人民群众高品质精神文化需求，坚持以优质内容为根本、先进技术为支撑，探索出版融合发展适宜模式、主要业态，积极打造出版融合发展重点项目，重视市场拓展开发和营销渠道建设，对出版融合发展各环节作出具体规划。三是明确出版融合发展工作保障。健全出版融合发展组织架构和部门设置，围绕资源协作、考核评价、待遇激励等健全出版融合发展一体化体制机制，加大融合发展投入、加强人才队伍建设，为出版融合发展提供坚实组织保障、制度保障、资源保障、人才保障。

二、完善出版融合发展组织体系

当前，出版单位更加重视融合发展工作的管理体系建设。一是明确出版融合发展主要负责人。调研显示，开展出版融合发展业务的单位中，98% 明确了联系分管融合发展业务的负责同志，其中出版单位“一把手”占比 39%、副职领导占比 45%、内设部门负责人占比 16%。从出版融合发展经营数据看，出版单位对融合发展业务的重视程度和管理层次越高，融合发展的资源整合与统筹推进能力越强，社会效益和经济效益就会越显著。二是成立出版融合发展专门管理部门。部分出版单位为统筹全社出版融合发展工作，设立了专门的融合发展管理部门，负责制订出版融合发展相关规划、计划和管理制度，统筹实施出版融合重点项目、自有新媒体运营等业务，以及其他出版融合发展相关资源的建设和管理。三是明确出版融合发展业务的实施主体。开展出版融合发展业务的单位中，98% 设立了明确的融合发展业务实施主体。其中，约 40% 的实施主体是内设部门，此为推动出版融合发展最为常见的实施模式；近 30% 的实施主体以一个内设部门为主，其他相关业务部门安排专职人员对接推进，这种联合实施的模式通过跨部门协同，有利于强化技术、市场等部门参与；约 10% 的实施主体由内设部门和独立子公司协同负责，多为内设部门把控内容质量，独立子公司负责市场化运营。

三、健全出版融合发展工作机制

健全的出版融合一体化工作机制，是出版深度融合发展不可或缺的制度基础。目前，已有不少出版单位能够深刻把握融合发展规律，在生产经营、业绩考核、评价激励、薪酬待遇、资源保障等方面，探索建立一体化体制机制，为融合发展创造更广阔空间、提供更坚实保障，有力推进“纸数同步”乃至“先数后纸”。一是内容生产与技术融合机制。实现一次采集、多元生成，内容多形态开发，如纸数融合图书、电子书、有声书、视频等，满足不同用户需求；同时建立编辑、技术、运营等部门的沟通与协作机制，畅通内容生产与技术应用的有效对接渠道。二是多渠道分发与营销机制。出版单位逐步建立起自有新媒体矩阵，利用抖音、微信公众号、小红书等平台进行内容分发和运营推广；结合传统线下渠道和新兴线上渠道，实现内容的多场景传播。三是以用户需求为导向调整产品供给机制。注重市场调研和用户反馈，根据用户需求优化产品和服务，并逐步迈向个性化、精准化的知识服务，满足不同用户群体的需求。四是融合人才培养与团队建设机制。通过内部培训、轮岗等方式提升员工能力，培养既懂出版又懂技术、运营的复合型人才；鼓励团队协作和创新，建立跨部门项目小组，共同推进融合出版项目。五是知识产权保护与管理机制。建立数字版权管理机制，注重保护原创内容的知识产权；构建内容资源库、数据中台等，实现资源共享与高效利用。

四、强化出版融合发展基础支撑

内容、技术、人才是出版融合发展的3个关键要素，三者相互依存、相互促进，只有协同创新、同向发力，才能为出版融合夯实发展基础，提供持续的发展动力。

出版融合精品内容建设能力持续提升。内容是出版的立身之本，出精品、传精品是包括出版融合发展在内的出版业永恒的追求。近年来，出版单位始终以精品内容资源建设为发展根本，积极适应技术变革趋势，顺应读者阅读习惯变化，或者以“小而美”“专而精”的方式进行特色化发展，或者以“大而强”“广而深”的方式进行集群化、集约化发展，不断提升已有优质出版资源的数字化水平，不断推出更多集“声光电”于一体、提供“一站式”解决方案的创新产品，不断增强对用户的吸引力、感染力、影响力。同时，出版单位通过对出版资源的深度整合、利用，在内容呈现、出版形态、传播方式等方面多元创新，逐步构建多元复合型的出版模式与服务体系，有的出版单位还推动数字出版向动漫、影视、艺术等领域延伸，打造附加值高、功能多样的衍生产品与服务，不断延展出版融合发展的价值内涵和产业链条。

出版融合先进技术应用水平不断提高。在数字化、网络化、智能化的时代，出版业必须以更积极的态度拥抱先进技术，优化、改造、升级出版业态。调研显示，出版单位应用了包括大数据、生成式人工智能、云计算、5G（第5代移动通信技术）、AR/VR/MR/XR（增强现实/虚拟现实/混合现实/扩展现实）、区块链、物联网、数字孪生等先进技术，保持了对技术的敏感性和一定的开放度。其中，人工智能技术得到前所未有的广泛关注，正在推动出版融合从“相融”迈向“深融”，从生产到服务，实现出版知识服务资源的集成化、生产的智能化、信息的交互化以及服务的个性化。

出版融合专业人才队伍建设逐步深入。人才是联结内容与技术的纽带，专业人才队伍是实现出版融合发展的基础。超过80%的出版单位设置了出版融合发展专职岗位，包括数字编辑、产品（项目）经理、运营推广人员、技术研发与运维人员、数据分析人员等。同时出版单位注重开展全员出版融合基本能力培训，更新专业人员的知识结构，打造兼具出版专业能力、出版融合工作能力、出版发展创新能力的复合型人才。出版单位融合人才队伍建设从早期的“内容编辑＋技术人员”的组合方式，逐步过渡到以“复合型人才”培养为主的人才队伍建设模式。

2021—2025年，立足“出版融合发展”这一影响出版高质量发展的关键问题，文化相关政策持续完善，为出版融合发展指明方向；出版主管部门综合施策，坚定推动出版融合发展持续深入；行业各方力量积极参与，助力构建融合发展新生态；出版单位自觉担当新时代新的文化使命，加强战略规划、完善组织体系、健全工作机制、夯实发展基础。国家、行业、出版单位同向发力，出版融合发展的社会效益显著，总体收入、投入、利润均呈现持续上升态势，融合发展业务模式和盈利模式基本形成，出版融合发展的理论与实践研究逐步深入，出版融合进入良性发展的新阶段。

参考文献

[1] 商小舟, 李婧璇, 张君成, 等. 推进出版深度融合需直面三大痛点 [N]. 中国新闻出版广电报, 2025-05-29 (002).

[2] 童小晋, 张玲, 吴燃, 等. 出版深度融合发展论坛：探索 AI 时代出版深度融合新路径 [N]. 深圳特区报, 2025-05-28 (A04).

[3] 王秀伟. 2024 年中国数字文化产业研究的面向和趋势 [J]. 学术评论, 2024 (06): 78-85.

[4] 张窈, 张慧敏. 深度融合发展背景下面向行业实践的出版人才培养 [J]. 出版与印刷, 2024 (04): 93-102.

[5] 左志红. 区块链虚拟现实等在出版业应用将有规可依 [N]. 中国新闻出版广电报, 2023-07-17 (008).

[6] 魏玉山. 我国数字出版产业 20 年回顾 [J]. 数字出版研究, 2022, 1 (01): 1-10.

[7] 本刊编辑部. 专家解读《出版业“十四五”时期发展规划》关于融合发展的战略思路 [J]. 科技与出版, 2022 (03): 94-104.

第二章　主要成效

近年来，出版单位深入学习贯彻习近平文化思想，积极拥抱数字时代，以融合促发展、谋未来，在融合精品供给、融合发展模式、融合业务布局上持续创新，促进出版主阵地巩固壮大，激发出版业高质量发展新动能，推动出版“走出去”呈现新气象，出版融合发展取得显著成效，展现勃勃生机。

第一节　以融合巩固壮大出版主阵地

在数字时代来临、数智社会快速发展的背景下，出版单位坚持内容为本、技术赋能，坚持精品战略、重大项目带动战略，持续推出一大批有文化、有流量的核心产品、优质平台、创新模式，持续打造更多丰富立体的阅读场景，进一步放大、叠加、倍增优质内容的思想价值、文化价值、产业价值，更好地以丰富多样的融合精品服务大局、服务群众。

一、传播主流价值能力显著增强

出版单位围绕宣传思想文化工作的首要政治任务，打造了一批习近平新时代中国特色社会主义思想相关著作数字读物和数字平台。2024年9月，由人民出版社联合相关单位开发建设的“习近平新时代中国特色社会主义思想数据库”正式上线，成为广大党员干部群众深入学习领会党的创新理论的权威数字出版内容平台。人民教育出版社推出“习近平新时代中国特色社会主义思想学生读本”配套平台，截至2025年7月，平台浏览量超过784万人次、访问用户超过149万，积极推进习近平新时代中国特色社会主义思想进教材、进课堂、进头脑。中国人民大学出版社“习近平新时代中国特色社会主义思想课程精讲项目”教学资源自2020年9月在北京高校思想政治理论课程资源平台及“学习思政课”App（应用程序）上线以来，总学习人次超500万；经持续升级，开发了习近平新时代中国特色社会主义思想概论网络示范系列“金课”，为发挥习近平新时代中国特色社会主义思想铸魂育人功能提供了有力支持。

出版单位围绕壮大主流舆论，推出一系列反映社会主流意识、传播时代主流价值的主题类融合精品项目。如中国共产党思想理论资源数据库、《星火燎原全集》融媒书、“芸窗思政”精品课程、红岩精神学习研究平台、红军长征在贵州史迹项目等，通过多样化表达方式、多元化的形态及传播渠道，提升主题出版的传播力、影响力、感染力，让主流声音更加充盈网络空间。如广州市社会科学界联合会、广州市有声阅读促进会、暨南大学声海工作室、广东人民出版社、广东大音音像出版社等单位，共同策划开展“湾区青年说”音视频传播展示项目，连续推出《百年党史·青年说》《逐梦湾区·青年说》《读懂广州·青年说》《共同富裕·青年说》《美丽乡村·青年说》《逐梦湾区·青年说（南沙篇）》六大主题逾500期普粤双语音视频作品，参与创作的青年志愿者人次过万，全网传播量数千万，发挥了主题出版高质量融合的示范作用。如“科学报国——功勋科学家的赤子心”、“悦读新疆”数字阅读平台、“理想之光”数字阅读服务App等，持续借助新技术、新形态、新渠道传播正能量。

二、赓续中华文脉成效有效提升

出版单位围绕深刻把握“两个结合”，通过有声读物、地方特色文化资源平台等方式，建成一批中华优秀传统文化数字读物或数字平台，促进中华优秀传统文化的创造性转化、创新性发展。如“《永乐大典》高清影像数据库（第一辑）”和“敦煌文献数据库”已上线，“国家古籍数字化资源总平台”“中华古籍智慧化服务平台”上线开放。“殷墟甲骨文数据库”“中国戏曲影像库”“皮影中国”等特色数据库，让甲骨文、简牍、戏曲、皮影等穿越时空，重新唤起人们对中华文明的历史记忆，也便于学生和相关专业工作者研究传习、发扬光大。部分地方出版单位以地方传统文化为基础，以多元化方式助力中华优秀传统文化的传承与创新，如广西教育出版社推出的《广西少数民族特色音乐数字复合教材》，山东省委宣传部策划、青岛市委宣传部组织青岛出版集团编纂出版的“中华优秀传统文化少儿绘本大系”。此外，部分出版单位还建设了特色融合 IP（知识产权），加强文创产品的开发，延长出版文化价值链。

三、服务经济社会各领域发展融合精品持续涌现

服务教育强国建设的融合出版物持续涌现。高等教育出版社“爱课程”、外语教学与研究出版社“外研 U 学”、北京语言大学出版社“全球国际中文智能化教学服务云平台”、湖南教育出版社“贝壳网”、上海外语教育出版社“WE 外语智慧教育平台”、世界图书出版公司“‘一带一路’非通用语数字教育资源平台”等一批服务教育强国建设，推动教育数字化变革的融合产品涌现。出版融合正以专业、丰富、创新的“教、学、评、测、研”一站式服务，助力构建“人人皆学、处处能学、时时可学”的数字教育新场景。

服务科技强国建设的融合出版物持续涌现。人民邮电出版社“人邮融智知识服务平台”、人民卫生出版社“人卫融合出版平台”、科学出版社“中国生物志库”、中国水利水电出版社“中国水利统计年鉴数据库”、中国农业出版社“智汇三农”、机械工业出版社“工程科技数字图书馆”、化学工业出版社“CIDP 制造业数字资源平台”等一批科技专业平台和数据库涌现，深度应用大数据、云计算、人工智能等数字技术，大量聚合相关领域专业内容资源，链接相关领域产业上下游，支撑推动相关专业领域高质量发展，积极服务科技强国建设。

服务社会各领域的融合出版物持续涌现。《中国大百科全书》第三版网络版作为新型网络百科，已上线发布50余万个网络版条目，以图、文、表、音视频、互动链接等多种方式丰富百科知识获取。商务印书馆“涵芬App”、上海辞书出版社“聚典数据开放平台”、江苏凤凰少年儿童出版社“小凤凰FM”、“凯叔讲故事App”、北京师范大学出版集团“京师书法”、故宫出版社“你好呀！故宫”、中信出版集团“中信书院App”、河南科学技术出版社“华夏手造”等各类融合应用，以可听、可看、可感的方式，带领读者探索文化、历史、艺术、经济、科普等各类知识，让读者在知识海洋中感受文化新体验，服务公民文化素养、科学素养提升。

第二节　以融合激发出版高质量发展新动能

面对数字时代国内产业环境和市场环境的变化，出版单位正视机遇与挑战，立足出版业高质量发展要求，着眼自身专业特色寻求融合发展的切入点，出版融合发展的业务模式更加清晰，业务布局进一步拓展，质量效益进一步提升，不断助力传统出版提质增效，不断拓展出版新业态，出版业高质量发展新引擎正在形成。

一、出版融合发展主要业务模式基本形成

出版融合发展已成为推进出版业高质量发展，加快推动出版新旧动能转换的重要途径。出版单位在出版流程、业务布局、技术应用、服务供给等方面持续加强优化部署，立足自身出版资源优势、品牌优势、渠道优势等，持续开展多元化的探索，释放发展潜能。经过多年出版融合发展的探索积累，出版单位融合发展形成了4种较为成熟的业务模式（图2-1）。

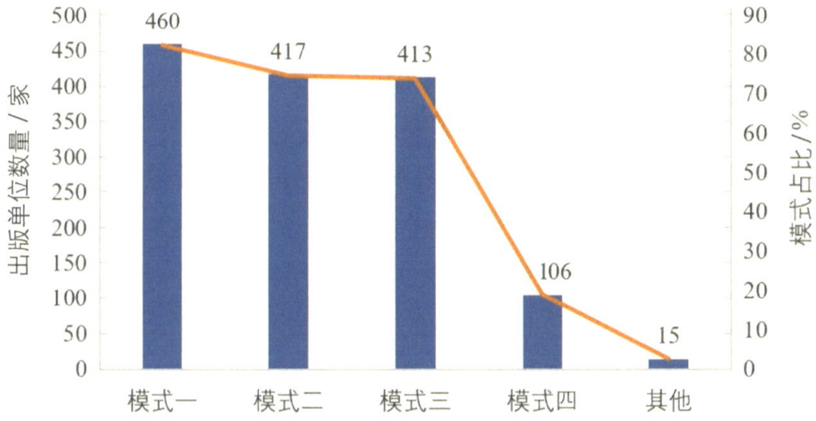

图 2-1　出版单位出版融合发展的主要业务模式开展情况

模式一：数字化出版产品与服务。即向用户提供纯数字形态的出版产品和服务的出版融合发展业务，包括原创数字化出版产品和服务、与已出版内容相一致的数字化产品和服务、将数字化内容汇集后形成的产品和服务等，如电子书、有声书、数字期刊、数字教材与课程、数据库、特色 App、交互产品、智能应用等。调研显示，超过 80% 的出版单位建立了这种业务模式。多数出版单位除上架电子书外，还稳步推进有声读物、视频课程等多种类型数字阅读产品的开发与销售，并基本实现了同步策划、同步开发、同步上线，部分出版单位已经实行“先数后纸”的出版模式，这种主次关系的变化，体现了出版融合发展的显著成效。

模式二：纸数融合产品。即运用数字技术为纸质图书等传统出版物赋能的出版融合发展业务，如与图书融为一体、为图书业务增值的书配二维码业务等。近 75% 的出版单位建立了这种业务模式。该模式是出版单位从纸质出版走向融合出版的基础载体，是形成出版融合产品、服务、管理、人才体系的基础。

模式三：自有新媒体运营。即运用各类互联网平台和渠道，通过自有团队、账号等运营产品和提供服务的出版融合发展业务，如通过直播、短视频、电商平台自设店铺等方式销售图书、数字出版产品等。

近 75% 的出版单位建立了这种业务模式。伴随新媒体渠道的快速发展，传播与营销模式的不断创新，出版单位持续加快全媒体渠道布局，该模式成为拉动出版单位业绩增长的重要途径。

模式四：自研技术与平台对外服务。即以自主开发的技术、平台等，为其他单位提供服务的出版融合发展业务，如可在其他出版单位落地应用的 ERP（企业资源计划）系统、智能编校系统、数据中台系统、融合发展平台等。106 家出版单位的自主开发技术、平台实现了对外服务。以数字方式构建行业平台，为其他单位进行平台整体架构设计、数据资源清理整合、应用系统开发等工作，提供数字化、数据化、智能化升级的解决方案，是出版单位开展行业服务、提升行业竞争力和影响力的重要手段。出版单位向行业服务的转型，不仅可以提升行业服务能力，还能够完善出版单位自身产品线的上通下达。这一模式对出版单位的技术水平有较高要求，目前该模式相较其他业务模式开展情况存在较大差距，但随着出版深度融合的推进，相信将会有越来越多的出版单位具备通过自研技术与平台提供对外服务的能力。

二、出版融合发展主要业务板块创新发展

新技术、新媒介、新形态的快速发展，为出版创新发展提供了更大空间。在主管部门的有力引导下，出版业持续加大对出版融合相关业务布局探索，在多个领域取得了积极成效。

一是教育出版融合发展进入高速发展阶段。“十四五”时期，国家大力推进教育信息化，《关于促进在线教育健康发展的指导意见》等相关政策文件积极推动数字教育规范化发展。在数智教育发展的大环境下，出版单位普遍加快建设以新形态教材为引领的数字化教学资源、教育产品和服务体系，在智慧教学平台、智慧学习平台、智慧管理平台、智慧研究平台等大型平台建设和一些特色教育类应用上均有较大投入，产品形态、业务模式均日益成熟，用户相对稳定，市场前景、盈利空间较为可观，教育出版逐渐成为出版单位推进出版融合发展的首选业务。

二是专业及学术出版融合持续深化。在专业及学术出版领域，出版单位以知识服务为突破口，从数字出版系统搭建、资源库建设等基础环节过渡到搭建知识资源服务平台，向社会提供多元化、专业化的知识资源服务。在人工智能广泛赋能科研的时代，出版单位基于自身出版优势领域，整合系统化知识内容，发挥专业化特长，加强与人工智能技术的融合，依托海量的专业知识，提供更加个性化、定制化、准确可靠的知识服务内容与产品，逐步构建出版知识服务体系，探索智慧化出版融合发展模式。

三是大众出版融合加快多元创新。随着互联网与日常生活关联度日益提高，人民群众获取知识和信息的主要渠道从线下移步线上，需求呈现出明显的升级趋势：一方面，期待融合文字、图像、音频、视频等多模态表现形式的内容产品；另一方面，追求具有交互功能、场景化应用的沉浸式体验。特别是在科普教育、健康医疗等民生领域，人民群众对知识内容的科学性提出了更高要求，既需要确保信息真实准确，又要求呈现方式通俗易懂，同时还要通过智能推荐、语音播报等技术手段提升信息的可及性，满足不同年龄、教育背景人群的差异化需求。这种变化正推动着大众出版向以用户为中心的多元化创新方向发展。

此外，版权运营创新释放版权价值。出版单位积极创新发展模式，通过深度挖掘优质知识产权资源，对出版内容进行多维度、多层次开发和价值重塑。一方面，出版单位依托“出版 +”模式，将图书内容延伸至有声读物、数字课程、影视动漫等新兴领域；另一方面，通过“+ 出版”模式，将旅游、文创产品等内容转化为出版物。这种双向融合打破了行业边界，推动出版业与文旅产业、文创设计等领域的跨界合作，不仅延长了内容产品的生命周期，更构建起以版权为核心的产业链条，实现了从纸质出版向全媒体、多业态的文化创意产业转型，有效延展了版权运营链，深度释放了版权价值，拓展了出版发展空间。

三、出版融合发展初步形成良性循环

出版单位推动融合发展，突出目标导向、效果导向，从注重产品数量、规模向注重质量、效益转变，融合发展的质量与效益协同提升，初步形成良性循环，在传统出版稳增长压力大的情况下保持逆势上扬，成为支持出版业繁荣发展的重要新力量。

一是出版融合发展收入稳健增长。根据2025年出版融合发展调研数据，2024年出版单位融合发展收入为97.24亿元，同比增长6.32%。2021年出版融合发展收入81.62亿元，2022年收入88.30亿元，2023年收入91.46亿元，保持持续增长态势。

二是出版融合发展投入逐步加大。根据2025年出版融合发展调研数据，2024年出版融合发展投入为45.26亿元，同比增长13.58%。2021年出版融合发展投入39.52亿元，2022年投入40.01亿元，2023年投入39.85亿元，呈现波动增长趋势。

三是出版融合发展利润较快增长。根据2025年出版融合发展调研数据，2024年出版融合发展业务实现利润5.07亿元，同比增长8.33%。2021年出版融合发展实现利润为1.46亿元，2022年为4.36亿元，2023年为4.68亿元。

第三节　以融合展现出版“走出去”新气象

近年来，出版单位围绕讲好中国故事，充分发挥文化“走出去”先锋主力作用，通过拓展“走出去”形式路径、搭建国际平台、深化国际合作交流等，持续推出一批出版融合“走出去”精品，以出版融合推进中国出版业国际传播力、影响力的持续提升。

一、出版融合“走出去”路径持续拓宽

2022年7月，商务部等27部门出台《关于推进对外文化贸易高质

量发展的意见》，明确提出到2025年，建成若干覆盖全国的文化贸易专业服务平台，形成一批具有国际影响力的数字文化平台和行业领军企业。出版单位以“丝路书香工程”“经典中国国际出版工程”“中国图书对外推广计划”“中外图书互译计划”等对外出版传播工程为抓手，在加快出版“走出去”的整体格局中加大出版融合业务“走出去”的工作力度。调研显示，已有17%的出版单位有出版融合“走出去”的代表性产品。《2025中国图书海外馆藏影响力研究报告》显示：2024年度中国大陆430家出版机构进入海外图书馆系统永久收藏的11 839种图书中，有477种是数字出版物（电子书、互联网在线出版物），较上一年增加了115种。可以看到，出版主管部门与市场主体正在积极顺应全球数字化浪潮，通过健全政策体系、深化资源整合、强化科技创新协同发力，以融合产品跨越国界、直达用户的优势拓展“走出去”渠道，建立起多维度、立体化的国际传播格局。

二、出版融合“走出去”形式持续丰富

出版融合“走出去”方式取得新突破，实现电子书、有声书、互动动漫书、视频书、数据库、数字化平台等多种出版业态输出。相较传统产品输出的线性模式，融合业务“走出去”有三大特征：一是资源投入集约化，建立涵盖多语种内容、技术支持及运营服务的系统化架构；二是内容运营数据化，通过用户行为追踪实现“内容—数据—服务”的转化闭环；三是服务体系生态化，逐步形成了包括版权管理、营销、读者关系维护的全链条服务。如五洲传播出版社搭建的“that's books”数字阅读平台，聚合了国内近20家出版机构2 000多种外文版中国内容图书数字资源，以及17个国家110多家海外主流出版商的2万余种当地精品图书数字资源，在西语、阿语地区形成独家优势。其中，阿语站点在阿拉伯本地数字阅读平台的排行榜上位居第二，阿拉伯主流媒体称赞其为“送给阿拉伯读者的中国礼物”。中国出版集团世界图书出版广东公司在共建“一带一路”倡议和人工智能技术蓬勃发展的背景下，参与建设的

“MET世界语言学习馆”涵盖汉语、英语、日语、韩语、阿拉伯语、俄语、德语、法语、意大利语、西班牙语、葡萄牙语等40余个热门语种，资源覆盖电子书、音视频、题库等，深度融合人工智能技术并链接全球文化资源，为共建“一带一路”国家及国际语言学习提供全方位支持。科学出版社建设的SciEngine学术期刊全流程数字出版与知识服务平台，对接了国际主流期刊检索平台、学术社交平台和搜索引擎等，能为国内外科技期刊提供投审稿、约稿、生产出版、发布与传播、期刊评估与分析、学术营销推广等多项服务。

三、出版融合“走出去”阵地持续壮大

出版单位逐步形成了产品、版权、平台、品牌、企业、模式等全方位“走出去”的良好局面。近年来，出版单位加快构建海外文化阵地，与国外多家出版机构展开密切合作，共同参与策划选题和编辑翻译，推出具有地区针对性的出版产品，进入当地主流渠道实现本土化发行。如商务印书馆与剑桥大学出版社深化战略合作，推动优质学术资源双向流动，形成覆盖出版全链条的国际合作生态。这种资本驱动、本地扎根、开放协作的立体化发展模式，为中国出版业深度参与全球文化竞争提供了可复制的经验路径。中国出版集团在日本、英国等地建立编辑部，实现内容策划、制作与发行的全流程本地化运作，有效提升国际市场响应速度。部分出版单位通过数字内容共享平台深化跨国协作，如清华大学出版社自主研发的科技期刊国际化数字出版平台SciOpen接轨国际标准与伦理规范，与Web of Science（全球领先学术文献检索平台）、DOAJ（开放获取期刊目录检索系统）等建立数据接口，加入国际出版伦理委员会（COPE），吸引《先进陶瓷（英文版）》等期刊回归自主平台。

参考文献

［1］周蔚华. 2024：出版业在深度融合中探索前行[EB/OL].(2024-01-09)[2025-05-20]. https://digital. gmw. cn/2024-01/09/content_37079689. htm.

[2] 毛文思. 2024 年中国数字出版发展态势盘点 [J]. 中国数字出版, 2025, 3 (01): 24-31.
[3] 毛文思. 新时代我国数字出版产业发展总体性回顾 [J]. 中国数字出版, 2024, 2 (04): 101-110.
[4] 靳艺昕. AI 技术背景下数字出版平台运行的主流法则 [N]. 中国出版传媒商报, 2024-12-06 (003).
[5] 张君成. 让中华优秀传统文化换一种打开方式 [N]. 中国新闻出版广电报, 2024-08-19 (002).
[6] 许惟一. 数博会首次落户丝路明珠甘肃敦煌 [N]. 国际出版周报, 2023-09-04 (002).

第三章　规模结构

近年来，出版单位持续创新推动出版融合发展，主要业务模式形成且结构持续优化，衍生出多种新型出版融合形态，社会效益和经济效益更为显著，逐步迈向深度融合的新阶段。

第一节　总体规模

2021—2024 年，出版业的融合发展呈现收入稳健增长、投入持续加强、利润较快上升的趋势。一方面，融合业务的持续创新与拓展促进了收入规模的稳定增长；另一方面，行业内主要参与者在技术、内容和平台等关键领域的投入不断加大，为融合发展向纵深推进提供了坚实支撑。在两者的共同作用下，融合业务的盈利能力显著提升，进一步证实了出版融合发展具有长期价值和可持续发展潜力。

一、出版融合发展收入稳健增长

（一）融合发展收入总量持续增长

2025 年出版融合发展调研数据显示[1]，2021—2024 年出版融合发展收入总计 358.62 亿元，呈逐年上升趋势；2024 年出版融合发展收入总计 97.24 亿元，较 2023 年同比增长 6.32%（图 3-1）。四年间，出版融合发展总体收入持续增长，成为推动出版业高质量发展的重要引擎。出版单位在数字化出版产品与服务、纸数融合产品、自有新媒体

[1] 调研数据关于金额的单位为亿元，均保留两位小数。因四舍五入，分项累计与总计可能存在 ±0.01 的偏差；下同。

运营、自研技术与平台对外服务等方面的创新实践，促进融合发展业务模式、业务形态日渐清晰，标志着出版融合发展迈向了系统化、常态化的新阶段。同时，随着 AI 等新技术的深度应用，出版融合的业态创新更加频繁，产业发展空间进一步拓展，出版融合发展的潜力正在加速释放。

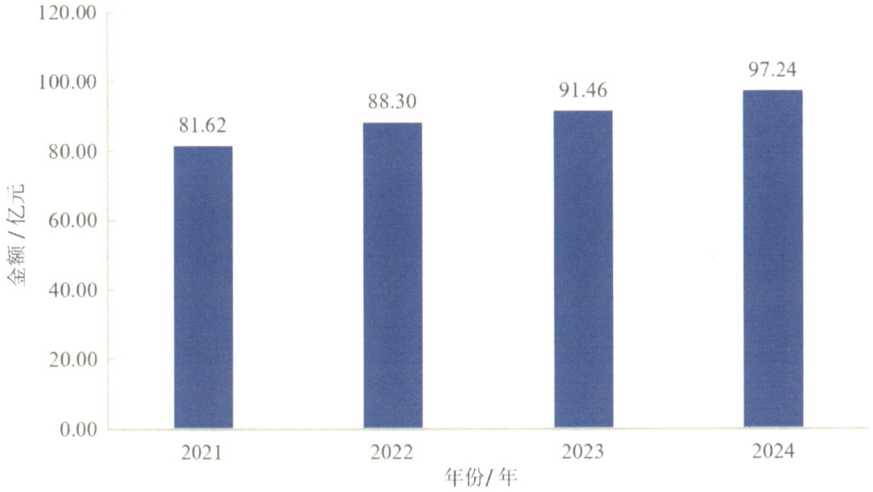

图 3-1　2021—2024 年出版融合发展收入

（二）不同类型出版单位融合发展收入分析

2024 年单体出版社、出版集团、其他类型出版单位的出版融合发展收入分别为 57.54 亿元、30.50 亿元、9.19 亿元（图 3-2）。四年间，单体出版社的出版融合发展收入有较大幅度上升；出版集团融合收入持续增长，2022 年同比较大幅度增长，2023—2024 年略有增长；其他类型出版单位 2021—2023 年下降，2024 年回升。现阶段出版融合发展仍以单体出版社为主体推动，出版集团和其他类型出版单位推进融合发展需进一步加强。

2024 年中央出版社、地方出版社、大学出版社出版融合发展收入分别为 45.70 亿元、45.64 亿元、5.89 亿元（图 3-3），均实现同比增长。2021—2024 年，中央出版社出版融合发展收入快速增长，地方出版社、大学出版社持续增长，呈现较好发展态势。

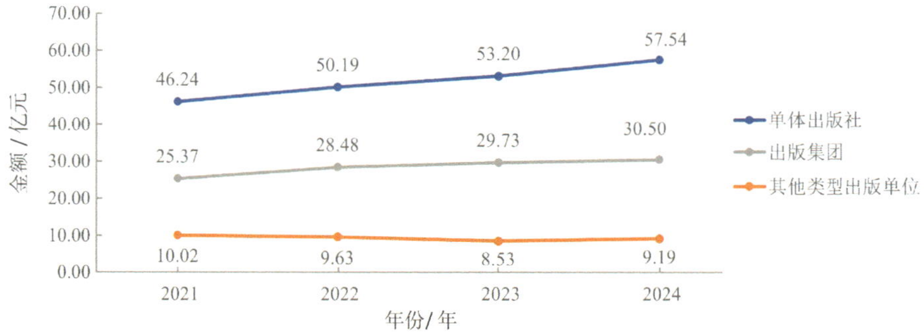

图 3-2　2021—2024 年单体出版社、出版集团、其他类型出版单位[1]出版融合发展收入

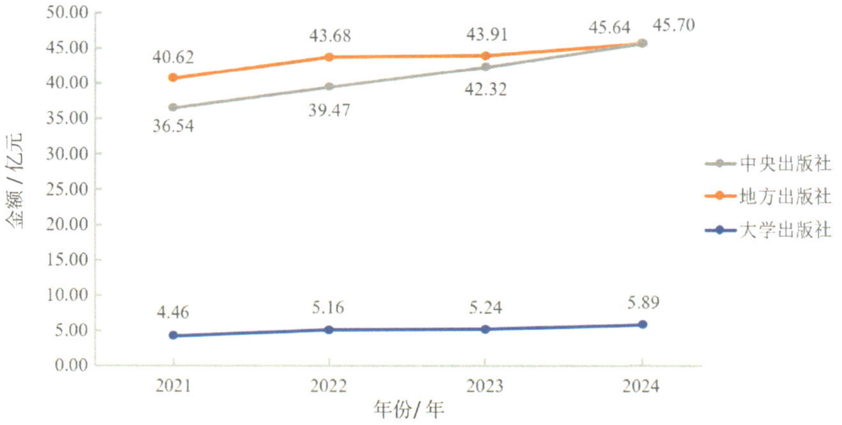

图 3-3　2021—2024 年中央出版社、地方出版社、大学出版社出版融合发展收入

（三）部分出版单位融合发展收入已形成较大规模

2024 年出版融合发展总体收入超过 1 亿元的有 18 家出版单位，包括凤凰出版传媒集团、外语教学与研究出版社、人民教育出版社、

[1] 2025 年出版融合发展调研数据中，出版集团有关数据仅包含集团总部、集团所属数字公司等单位出版融合发展相关数据，不包含集团下属单体出版社数据，以避免在统计总量时重复计算；其他类型出版单位主要包括部分电子音像社、期刊社等。

高等教育出版社、中信出版集团、中原出版传媒集团、人民卫生出版社、知识产权出版社、浙江教育出版社、电子工业出版社、海峡出版发行集团、浙江少年儿童出版社、人民邮电出版社、上海世纪出版（集团）有限公司、北京师范大学出版集团、上海外语教育出版社、中国工人出版社、金城出版社（含西苑出版社有限公司）；其中，前10家出版单位出版融合发展总体收入均超过2亿元。这些出版单位的融合发展收入已达到一定规模，出版融合发展的头部阵营已初步形成。这些头部单位的出版融合发展，不仅为本单位总体收入增长作出了较大贡献，也有效拉动出版单位坚定推进融合发展，加快布局融合发展业务。

二、出版融合发展投入逐步加大

（一）融合发展投入总量增长

2025年出版融合发展调研数据显示，2021—2024年出版融合发展投入总计164.64亿元；2024年出版融合发展投入45.26亿元，较2023年同比增长13.58%（图3-4）。近年来，出版单位逐渐认识到出版融合发展投入的重要性，加大投入力度，且投入逐步精准、理性，更加注重通过优化投入结构、提高资源使用效率、提升投入产出比，实现更高质量的融合发展。

（二）不同类型出版单位融合发展投入分析

2024年单体出版社、出版集团、其他类型出版单位的出版融合发展投入分别为30.27亿元、7.26亿元、7.73亿元（图3-5）。在投入规模上，单体出版社力度最大，四年间总计投入100.08亿元。在投入增长趋势上，单体出版社的融合发展投入逐年上升，特别是2024年投入增长显著。出版集团的出版融合发展投入近年来呈现波动态势。其他类型出版单位的投入持续下滑，需进一步关注和深入研究。

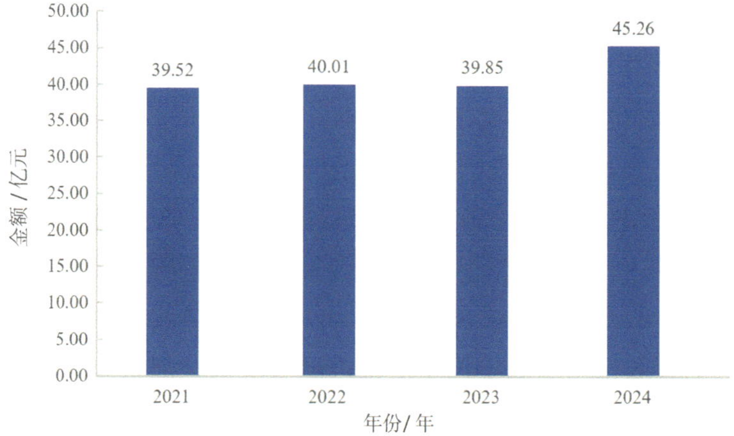

图 3-4　2021—2024 年出版单位出版融合发展投入

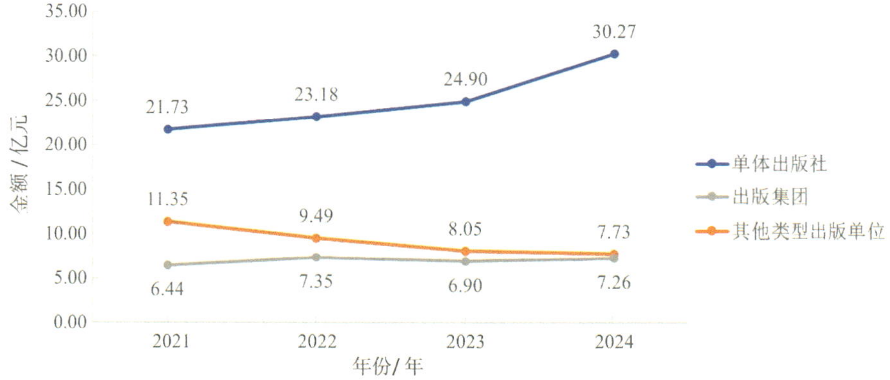

图 3-5　2021—2024 年单体出版社、出版集团、其他类型出版单位出版融合发展投入

2024 年中央出版社、地方出版社、大学出版社的出版融合发展投入分别为 25.83 亿元、16.80 亿元、2.64 亿元（图 3-6）。2021—2024 年，中央出版社的出版融合发展投入逐年加大，与收入发展态势一致；地方出版社 2021—2023 年出版融合发展投入出现下滑态势，2024 年有所回升；大学出版社的出版融合发展投入呈现波动发展。

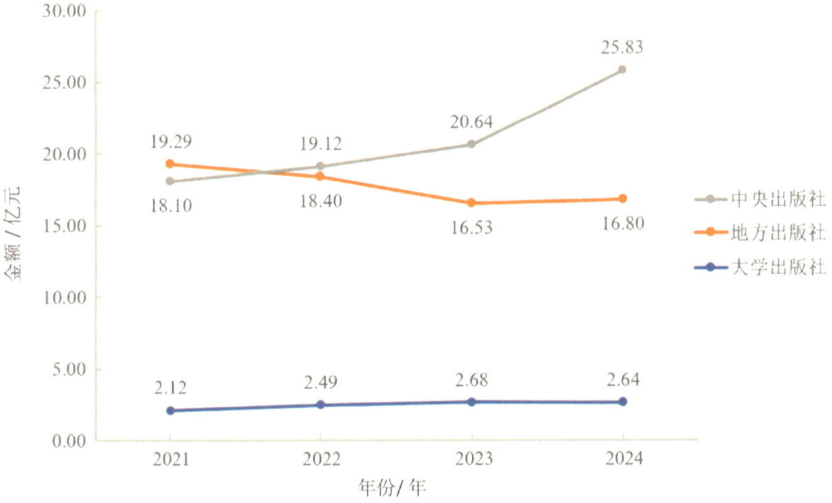

图 3-6　2021—2024 年中央出版社、地方出版社、大学出版社出版融合发展投入

投入是产出的基础，出版融合项目相较于传统出版项目，资金需求更大，运营周期更长，风险也相对更高，当投入不能在一定时间内产生效益时，就会影响后续投入。调研中，有的出版单位负责同志提出，尽管出版单位账面资金充足，但是投入时还是比较谨慎，特别是对重大项目的投入更为谨慎克制。因此需更加注重出版融合发展项目的研究工作，科学研判预期效益，做好风险防控预案，在此基础上全方位保障出版融合项目立项和实施。

三、出版融合发展利润较快增长

2025 年出版融合发展调研数据显示，2021—2024 年出版单位融合发展实现利润总计 15.57 亿元，2024 年 5.07 亿元。利润规模呈现较快增长趋势，2022 年同比大幅增长，2023 年同比增长 7.34%，2024 年同比增长 8.33%（图 3-7），反映了出版融合发展业务盈利能力持续增强，在支撑出版业整体发展方面起着越来越重要的作用。

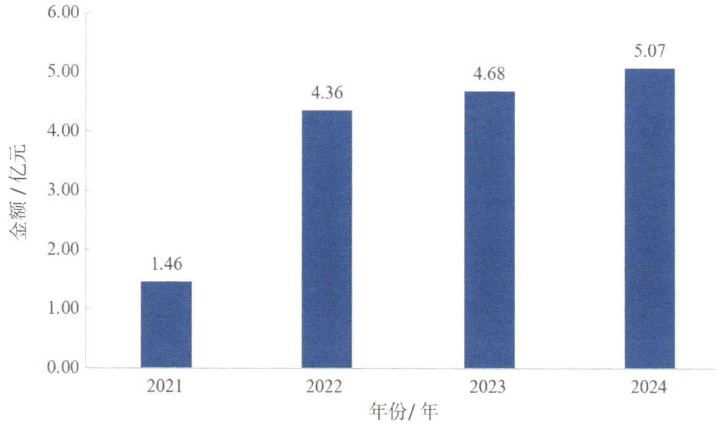

图 3-7 2021—2024 年出版融合发展利润

第二节 数字化出版产品与服务多向发力

一、收入保持较高水平

2025 年出版融合发展调研数据显示，2021—2024 年出版单位数字化出版产品与服务模式相关业务年收入总计均超过 35 亿元，是 4 种模式中创造收入最多的模式。2024 年，该模式相关业务收入总计 39.57 亿元；单体出版社、出版集团和其他类型出版单位该模式业务的收入分别为 19.48 亿元、11.71 亿元、8.38 亿元（图 3-8）；中央出版社、地方出版社、大学出版社该模式收入分别为 17.31 亿元、20.73 亿元、1.53 亿元（图 3-9）。

近四年来，数字化出版产品与服务总体收入保持稳定，呈现出 3 个特点：①市场对于数字出版产品与服务的需求具有稳定性，即具备一定的市场需求基础和稳定的服务对象。②该模式具有较强的业务韧性，在出版融合发展环境不断变化、其他业务模式快速发展的背景下，其能维持稳定的收入，说明该模式较为成熟，持续运营能力较强。③该模式提供的内容、服务或技术产品具有较强竞争力。

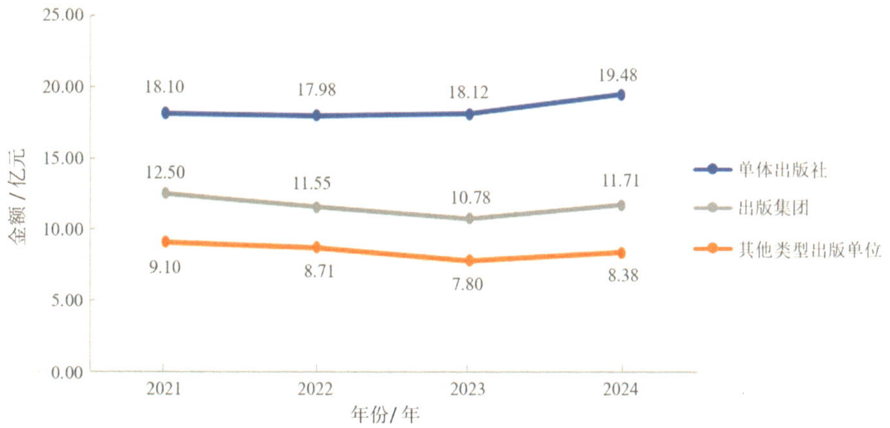

图 3-8　2021—2024 年单体出版社、出版集团、其他类型出版单位数字化出版产品与服务收入

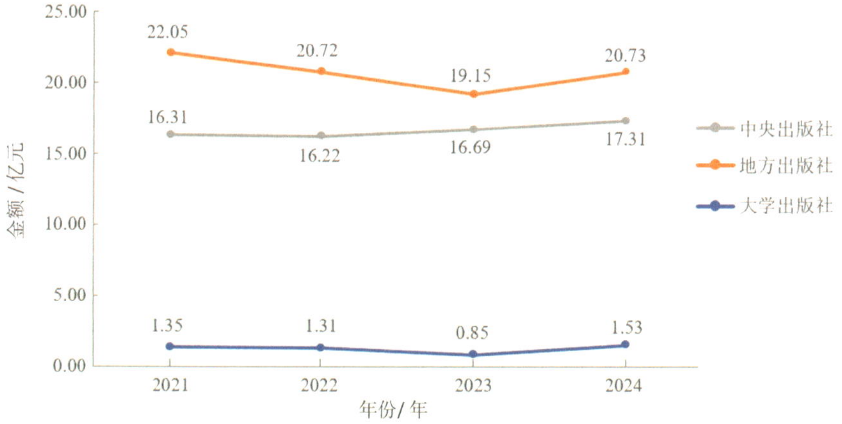

图 3-9　2021—2024 年中央出版社、地方出版社、大学出版社数字化出版产品与服务收入

二、融合内容质量和服务能力实现跃升

数字化出版产品与服务内容质量和服务能力显著提升，呈现专业化、个性化、沉浸化的特点。

（一）专业化

在出版融合发展进程中，专业化、垂直化的数字出版产品不断涌现，成为推动行业结构升级和服务能力提升的重要力量。越来越多出版单位依托自身传统优势领域，整合系统化知识内容，开发针对特定行业或场景的数字出版产品。例如，人民法院出版社推出的“法信”平台整合了法律法规、司法案例、裁判观点等数百万条专业数据，面向法官、律师、法律研究人员等群体提供类案检索、智能推荐和裁判逻辑分析等服务。中国农业出版社的“智汇三农”农业专业知识服务平台，汇聚了农业领域的权威专业知识，构建了农业领域产学研知识服务社区。人民卫生出版社建设“人卫 inside 知识库”，整合医学临床指南、病例数据等优质资源，形成专业领域的智能问答体系，已在全国 1 000 余家医疗机构落地应用。

（二）个性化

出版单位积极利用人工智能技术，结合用户画像，精准开发数字化出版产品，为用户提供个性化的知识服务，提升用户满意度并增强产品竞争力，进而在融合出版环境中形成独特优势。例如，外语教学与研究出版社研发 AI 数字人，创新性实现双重功能：一方面，作为学情分析助理，智能分析教学测评数据，提供学情预测与教学建议；另一方面，作为智能助教与学习伙伴，具备规范答疑、口语陪练等功能，支持导学促学、教学授课与情感陪伴，构建多维度学习支持体系，做到精准服务，实现从“统一化供给”到“个性化响应”的转变。江苏凤凰教育出版社依托《同步作文教程与实训》，研发“苏教社同步作文伴写”智能体，覆盖小学写作场景与需求。该智能体集成个性化路径规划、沉浸式互动体验与精准效果评估等功能，推动作文教辅从传统静态模式向智能化、动态化和个性化加速转型。

（三）沉浸化

数字出版产品和服务持续优化与增强沉浸式体验，即通过 VR/AR、3D（三维图形）动画、AI 智能体等多种技术手段，增强出版产品和服务的可感知性，以打破传统的“单向接收”模式，激发用户使用中的互动性和参与感。例如，南方出版传媒集团搭建的“南方云教育平台”，围绕“课前—课中—课后—课外”四大场景，开发 AR 教材、虚拟实验室、VR 资源库等优质产品，提升用户学习效果。浙江大学出版社和浙江大学艺术与考古学院联合开发的视听项目“每日中华名画”，以数字化形式向大众推荐“中国历代绘画大系”名画，并设有线上AR展览功能，助力出版融合产品以更丰富的形式进入用户视野。

三、未来发展趋势

当前我国出版单位开展业务实践的代表性数字化出版物形态已有十余种，涵盖电子书、有声书、数字期刊、数字教材与课程、数据库、特色App、在线教育平台、虚拟仿真产品、交互产品、智能应用或终端等。未来，数字化出版产品与服务将朝着智能化、数据化与国际化方向持续深化，不断融合先进技术，推动内容形态创新、服务模式升级与传播渠道拓展，实现内容精准推送、用户深度互动与全球化布局。

（一）智能化驱动流程重塑：从工具辅助优化迈向深度内容赋能

智能化是推动出版产业转型升级和高质量发展的重要力量。通过应用AI等技术，可实现选题策划、内容生成、审校编辑、分发推荐等环节的智能优化。如中国大百科全书出版社构建“知识图谱+语义识别”平台，实现条目间的语义联动、知识关联推荐与内容智能检索等功能，为后续开发智能问答系统和AI写作工具奠定基础。人民日报出版社引入智能语义识别和自动排版系统，实现了稿件的初步内容审校、错别字检测、格式规范检查等功能，大幅提升编辑效率，构建“人机协同”的出版流程。知识产权出版社“来出书”出版平台引入AI审稿系统，实现对学术图书稿件的学术不端检测、格式结构识别、参考文献自动排查等功能，提高了出版质量控制效率与标准化水平。在生成式人工智能等技术不断成熟的背景下，出版业的智能化发展将进一步升级，推动出版产业从“工具智能”向“决策智能”转变，不断拓展出版的边界与功能形态，开启更加高效、开放、融合的智能出版新阶段。

（二）数据化重塑融合基础能力：向服务精准化与产业智能化转型

出版融合发展向数据驱动型模式转型是提升内容服务能力的基础，是实现智能化的前提条件，有助于构建出版新型价值体系。随着数字经济进入以数据为关键资源的新阶段，出版融合发展须以数据为驱动，将内容、用户、平台、渠道等要素数字化、结构化，更好实现智能决策、精细管理与优化运营。未来，数据要素将成为出版产业核心资产，实现出版业从浅层的“数字呈现”迈向深层的“智能治理”和“数据运营”，可从以下方面着力：①建设高质量内容资源数据库。将出版内容进行结构化、标准化整理，形成可计算、可检索、可调取的内容数据库，为多场景应用提供数据支撑。②构建多层级智能语料库体系。围绕教材、图书、期刊等不同内容类型，建立专业化、分领域语料资源，支撑机器翻译、智能审校、内容生成等智能应用。③搭建统一的内容分发平台。整合数字出版物、多媒体内容与知识服务等资源，通过智能分发算法，实现按用户需求、兴趣、场景的精准推送与反馈。④制定和推广行业数据交互标准。推动内容资源格式、元数据结构、接口协议等标准化建设，打通不同系统和平台之间的数据壁垒，实现高效对接与资源共享。

（三）国际化拓展融合发展全球格局：从内容出海迈向平台共建与文化互通

数字化出版产品与服务相较于纸质出版物的最大优势在于突破了物理空间的限制，实现内容的跨地域、跨语言传播。国际化不仅是数字化出版产品与服务实现高质量发展的必由之路，更是对外讲好中国故事、增强国家文化软实力的重要路径。如北京语言大学出版社充分利用人工智能等技术，研发了“国际中文数字教材编撰与出版引擎”“智能化混合式任务教学系统”“HSK 模拟考评系统”和一系列国际中文智慧教学工具，并以此为核心能力层，打造了“智慧梧桐国际中文教育智慧教学平台”，平台上线数字教材、课件、在线课程、文化视频、多模态练习等数字资源超过 10 000 个，用户覆盖全球 178 个国家和地区的 3 000 多所大学、5 000 多所中小学，海外用户超过 100 万人。未来，数字化出版产品与服务的国际化发展应从“内容出海”走向更深层次的标准输出、服务输出、平台共建和文化互通，即从单一产品到知识、平台、服务等全方位“走出去”，并在教育出版、专业及学术出版、大众出版等方面精准布局，构建契合多元文化语境的数字内容表达体系，推动形成可持续发展的国际文化传播网络。

第三节　纸数融合产品夯实发展基础

纸质出版物以系统化的文字为载体，承载着人类知识与思想的精髓，而数字媒体则能通过图像、音频、视频等多媒体形式，丰富内容呈现维度，提升内容传播效能。两者的深度融合将推动纸质出版物向多模态、立体化转型，不仅能够提升知识传播效率，更能创造全新价值体验。

一、收入稳步增长

2025 年出版融合发展调研数据显示，2021—2024 年出版单位纸数融合产品模式相关业务收入持续上升，年均增长率超过 10%。2024 年，该模式相关业务收入总计 19.41 亿元。其中，单体出版社、出版集团和其他类型出版单位该模式业务的收入分别为 14.22 亿元、4.78 亿元、0.41 亿元，单体出版社相关收入保持较大幅度增长（图 3-10）。中央出版社、地方出版社、大学出版社该模式收入分别为 11.81 亿元、5.51 亿元、2.10 亿元，中央出版社相关收入保持较大幅度增长（图 3-11）。

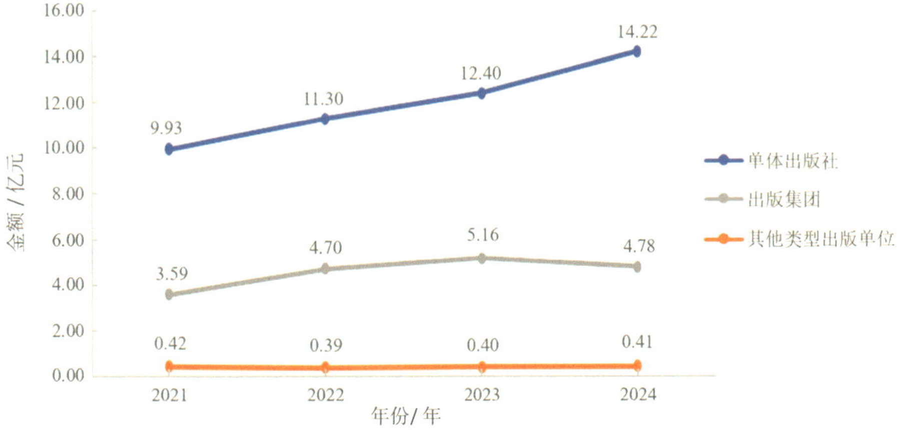

图 3-10　2021—2024 年单体出版社、出版集团、其他类型出版单位纸数融合产品收入

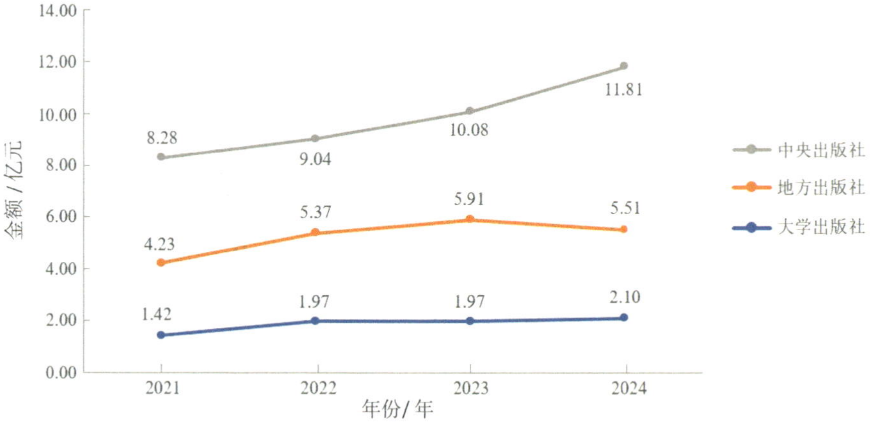

图 3-11　2021—2024 年中央出版社、地方出版社、大学出版社纸数融合产品收入

纸数融合产品经过多年发展，年收入保持较大幅度增长，说明该模式虽已进入成熟期，仍具有强劲的发展潜力。下一步需以读者需求为导向，以新兴技术为手段，充分释放其发展潜力。

二、多优势夯实融合发展基础

纸数融合产品具有基础性、普及性和成熟性特征，已成为出版单位普遍采用的出版融合形态。该模式相关业务收入虽是 4 种模式中相对较低的，但对出版产业发展和人才培养具有稳定的支撑作用，是推动出版融合向纵深发展的重要基础模式。

（一）夯实出版业发展基础：畅通传统出版与新兴出版的资源与路径链接

纸数融合模式因其技术门槛相对较低、业务路径清晰、适配性强，逐步成为出版单位实现数字化转型的“标配”。纸数融合不仅打破了纸质出版物与数字产品之间的壁垒，为出版社积累数字内容资源、提升融合出版能力、完善数字化工作流程奠定了基础，也为后续更高层次的智能化、数据化发展提供了技术储备和资源支持。纸数融合为大多数出版单位的融合发展实现了“从 0 到 1”的跨越，是出版单位实现数字化转型的起点，也是整个融合发展体系中不可或缺的重要一环，具有长期的战略价值与现实意义。同时，纸数融合模式倡导一体化策划纸书和数字产品，这对纸书的内容策划、功能拓展、传播推广大有裨益，让纸书更加符合数字时代读者的阅读需求。

（二）促进出版融合广泛实施：助力内容形态与传播方式全面升级

纸数融合已成为出版单位普遍采用的融合发展业务模式，从教材、教辅到专业出版、工具书出版，各类出版机构都在其出版实践中部署了这一模式的产品，将数字化手段融入选题策划、内容生产、产品设计与用户服务全过程，实现从内容形态到传播方式的全面融合。如中国地图出版社的地理读物通过配套 AR 应用，实现纸质地图与虚拟场景、知识科普的联动展示，增强了纸质出版物的互动性与趣味性。中国人民大学出版社将社会科学类纸质图书与“中国审判案例数据库”“中国思想与文化名家数据库”等数字平台联动，提供全文检索、文献追踪与延伸学习服务，推进人文社科知识服务的融合出版转型。

（三）推动纸数融合深度共生：促进内部协同与全员参与

纸数融合模式已进入成熟发展阶段，集中体现在其常态化运行、协同运作、全员参与等方面。首先，出版单位将其视为推动出版流程数字化、内容资源结构化的基础模式。其次，“纸”与“数”实现深度嵌套，真正做到了“你中有我，我中有你”，不再是附加关系或“先纸后数”的关系，而更多是“纸数同步”、协同共生的关系，共同构成了出版的内容体系与服务体系。再者，纸数融合全员参与的特点加速了出版单位出版融合人才的培养进程。

三、未来发展趋势

在数字技术持续演进和用户需求不断变化的背景下，纸数融合正朝着更深层次、更高质量的方向发展。

（一）从“先纸后数、纸数共生”走向“数字优先”

随着数字中国建设的深入推进，数字技术更新迭代加速，全社会千行百业的数字化、智能化程度将越来越高。在这样的时代背景下，出版融合发展也将快速迈向“数字优先”阶段。出版物的策划、传播和服务将更强调数字形态的首发和主导地位，实现出版内容在多平台的跨媒介共生。“数字优先”模式具有3方面的优势：①发布更迅速、响应更灵活；②印刷和库存压力小，风险较低；③数据驱动内容优化和产品迭代，指导选题策划和内容改进，提高出版效率和市场匹配度。

（二）“以数带纸”反哺纸质出版

数字技术的进步并不意味着数字出版将完全独立发展，或必然压缩纸质出版的生存空间。反而，数字技术的发展在一定程度上会带动纸质出版，即通过数据挖掘、用户画像、精准推荐等方式反哺纸质出版。如一本电子书的点击热度和读者反馈可以反向指导纸质书选题，或促进用户购买纸质书的意愿。“以数带纸”必然为纸质出版带来附加值或竞争力，是未来重要的发展趋势之一，“纸”与“数”之间将形成良性发展生态。

（三）“纸数有机融合”重构内容生产与服务流程

未来的纸数融合不是两者的简单相加，而是内容形态、传播路径、技术支撑、运营逻辑等层面的深度整合，体现为内容一体策划、形态互为支撑、功能互补拓展、传播协同联动。“纸数有机融合”强调的是共生共进、优势互补。在操作层面，尤其要以用户为导向，围绕用户的阅读意愿和消费习惯，在策划之初即考虑内容的多形态呈现，并建立贯通选题、编辑、营销、用户运营的有机协同机制，以更好满足多样化、分众化的阅读和知识服务需求。

第四节　自有新媒体运营充分释放潜能

目前，传统营销渠道竞争愈发激烈，出版单位日益重视以自有新媒体渠道激活内容资源，组建专门团队建设和运营自有新媒体矩阵，有效释放了出版单位潜能，相关业务收入实现了快速增长。

一、收入实现高速增长

2025 年出版融合发展调研数据显示，2021—2024 年出版单位自有新媒体运营模式相关业务收入年均增长率超过 14%，是目前 4 种模式中年均增速最快的模式，已成为出版融合发展收入的重要增长维度。2024 年，该模式相关业务收入总计 30.63 亿元；单体出版社、出版集团和其他类型出版单位该模式的收入分别为 17.41 亿元、13.09 亿元、0.13 亿元（图 3-12）；中央出版社、地方出版社、大学出版社该模式的收入分别为 11.87 亿元、16.75 亿元、2.02 亿元（图 3-13）。

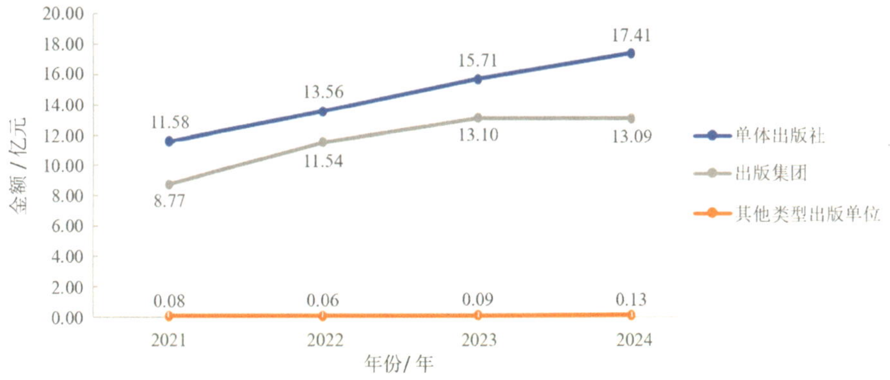

图 3-12　2021—2024 年单体出版社、出版集团、其他类型出版单位自有新媒体运营收入

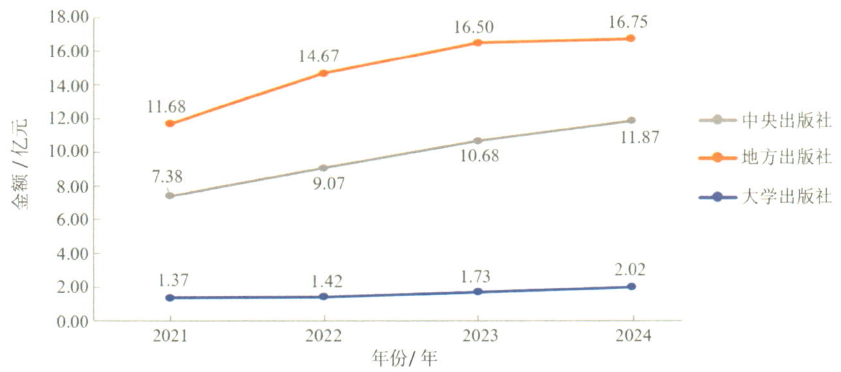

图 3-13　2021—2024 年中央出版社、地方出版社、大学出版社自有新媒体运营收入

自有新媒体运营收入增速远高于传统出版业的平均增长水平，说明新媒体营销对出版单位收入的拉动作用非常显著。随着用户获取信息习惯的变化，更多读者倾向于通过新媒体平台获取内容和服务，出版单位通过调整运营策略，加速向线上迁移，自有新媒体（如微信公众号、短视频、知识付费平台）随之发展为重要收入来源。

二、多维度构建全域运营体系

2025 年我国出版市场依然在变革转型阶段，变革不仅体现在用户消费习惯与模式的转变上，还体现在渠道分化、技术变革等多个层面。出版单位着力推进全域运营体系建设，除了天猫、京东、当当等平台电商，抖音、快手等短视频平台以及微信视频号、小红书等平台也成为“新书种草”、“老书回温”、拉动营销的重要渠道。有的出版单位设立了专职部门，统筹布局自有新媒体账号运营，通过构建新媒体矩阵，聚集人气、增加流量，有效引流和转化，对推动出版融合发展起到有力促进作用。同时，内容和 IP 成为出版单位运营的重要维度。出版单位精准定位目标用户，通过升级内容运营模式，为不同圈层的受众提供有价值的内容，进行精准化营销。通过打造和运营 IP，不仅延伸了出版价值链和产业链，还强化了出版单位的品牌建设。

（一）加大力度布局线上渠道

出版单位依托京东、天猫等平台电商开设官方旗舰店，围绕品牌塑造及推广，强化精细化运营，通过大数据深入分析用户需求和行为，根据用户购物偏好进行个性化推荐和定制化营销，增强用户黏性，提升用户体验。同时，通过数据分析了解产品的销售情况和市场趋势，及时制定相应的市场营销策略，提升经济效益和市场份额，成为自有新媒体运营的“基本盘”。随着短视频和直播带货迅速崛起，抖音、小红书等内容电商平台成为图书宣发重要阵地，直播成为出版营销常态化工作。与此同时，出版单位积极探索新的模式和业态，布局数字媒体、网络直播平台，利用小红书、B 站（哔哩哔哩）等平台开展线上读书和研学活动、建立社交媒体账号，增强与读者的互动和交流。

（二）线上线下多渠道联动

为拓展传播范围与内容影响力，出版单位着力构建线上线下融合的多渠道推广体系。主要包括整合传播平台，广泛利用微信公众号、短视频平台、知识付费平台等线上渠道，以及实体书店等线下资源，构建全域传播网络，并通过建立统一的内容标签库和实时同步的数据中台，有效管理各渠道内容信息，追踪销售与用户行为数据，确保多触点信息统一协同。在此基础上，构建“纸电同步”和“实体书店 + 直播”模式，将纸质图书与数字产品一体化策划与发行、线上与线下同步推广，打通各类产品线上线下同步运营模式，实现宣传推广效能最大化。

（三）多维度运营策略优化升级

为提升运营效率，出版单位广泛借助社交媒体加强内容传播和产品推广，利用社交裂变降低获客成本、扩大用户覆盖面、提升品牌曝光度。主要方式包括：①采用订阅制与会员制形式，除吸引用户成为付费会员外，邀请广大用户直接参与到内容创作、编辑、推广等环节，加强用户联系，增强用户黏性。②利用短视频矩阵，集合多个短视频平台资源，在抖音、快手、视频号、小红书、B 站等多个平台上实现内容的一键发布、统一管理，以及数据的实时监控和分析。通过以上措施不仅提高了内容创作效率，还扩大了内容传播范围，带来更多的曝光和获客机会，使内容供给更丰富、分销渠道更多元、合作机制更透明、运营效率更优化。

出版单位通过打造自有优质 IP 或借助外部高影响力 IP，形成新产品和新的文化符号，可有效激发读者的新需求，成为新的收入增长点。如电影《哪吒 2》上映后，《哪吒：三界往事》《哪吒之魔童闹海艺术设定集》《敖丙传（壹）》等图书一周累计售出量高达 12 万套，成为抖音平台上的热销爆款。

三、未来发展趋势

随着市场竞争态势从增量竞争变为存量竞争，新媒体平台的流量竞争也逐步从公域流量竞争向私域流量竞争倾斜，倒逼出版单位在公域流量的基础上，强化私域流量运营，搭建自有新媒体运营渠道。在渠道建设的方式上，首先，通过购买平台流量并与达人合作来汇聚公域流量，随后加强品牌塑造，将其引入私域流量运营体系，形成以信息传递为主体的流量环。其次，出版单位充分挖掘私域用户，在为企业创造经济收益的同时裂变新的用户。部分头部出版单位通过私域流量运营实现的销售转化率超过公域流量销售转化率 3 倍。

（一）精耕与激活私域流量

出版单位通过自建电商平台和自营 App 等私域渠道直接触达用户，持续加强对读者的维护，增强用户黏性，提高消费转化率。主要模式包括："内容种草 + 社群裂变"，通过免费试读、专家授课邀请用户入群，再以团购、秒杀促进销售转化；定制化服务，根据用户需求提供"阅读能力诊断""一对一选书顾问"等高附加值服务。如中信出版集团推出的童书"妈妈陪伴计划"，通过企业微信社群提供每日共读打卡、专家答疑等服务，会员年消费额较普通用户高 2.3 倍。

（二）达人共创与裂变传播

出版单位更加重视自身新媒体账号建设和与中腰部达人的合作。2024 年，一些出版单位成立了"达人商务小组"，安排部分营销编辑、发行人员主动寻找达人带货。如图书《大女孩》推广时进行了三轮达人推荐，第一波重点寻找绘本圈内的专业人士，第二波瞄准流量大、转化高的头腰部博主，第三波尽可能多地与达人合作；经过三轮推荐，《大女孩》上市 1 个月首印的 2 万册售罄。

（三）自播 IP 与渠道适配

越来越多的出版单位开始设立专门的主播岗位，有的将营销人员转岗为主播，如机械工业出版社、电子工业出版社、中华书局等；有的出版单位招聘专职主播，如人民文学出版社、中信出版集团等。专职主播的出现有利于增强粉丝黏性，助力出版单位自有新媒体品牌建设。目前，出版单位自播已经从初期的单人直播逐渐升级到直播团队建设阶段，相应地对主播和辅助岗位的设计越来越细致，对助播、客服、售后、摄像、控台等岗位分工越来越明确。如河南科学技术出版社组建 5 人的新媒体团队，其中主播 2 名、运营 2 名，团队在运营抖音、小红书、微信视频号等新媒体账号的同时，还运营抖音商城、天猫商城、小红书店铺、视频号小店 4 个自营网店，自营销售额从 2021 年的 40 万元增长至 2024 年的 500 万元。

第五节　自研技术与平台对外服务在探索中进步

出版单位转变发展思路，聚焦技术能力输出，积极探索数字化与智能化技术在出版领域的应用实践，逐步形成了一条技术产品化、平台生态化的演进路径。

一、新模式初步形成

2025 年出版融合发展调研数据显示，2021—2024 年出版单位自研技术与平台对外服务模式相关业务收入形成一定规模，但未出现稳定上涨态势。2024 年，该模式相关业务收入总计 4.75 亿元；单体出版社、出版集团和其他类型出版单位该模式的收入分别为 3.56 亿元、0.91 亿元、0.27 亿元（图 3-14）；中央出版社、地方出版社及大学出版社该模式的收入分别为 3.29 亿元、1.27 亿元、0.19 亿元（图 3-15）。

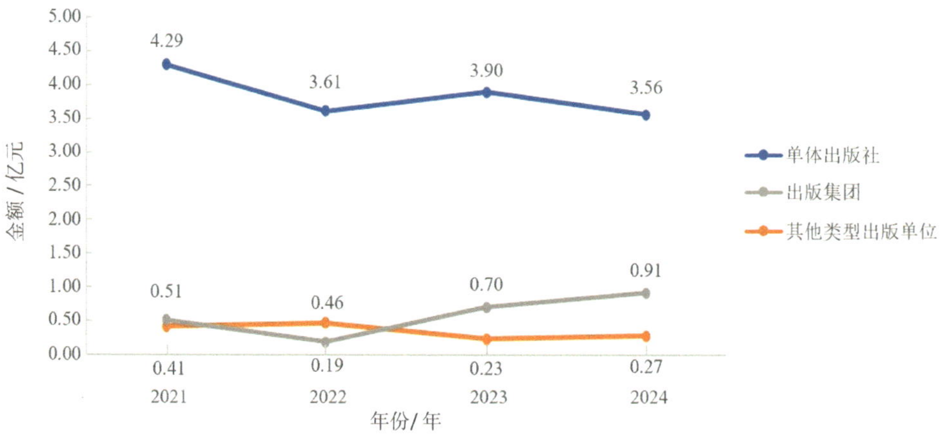

图 3-14　2021—2024 年单体出版社、出版集团、其他类型出版单位自研技术与平台对外服务收入

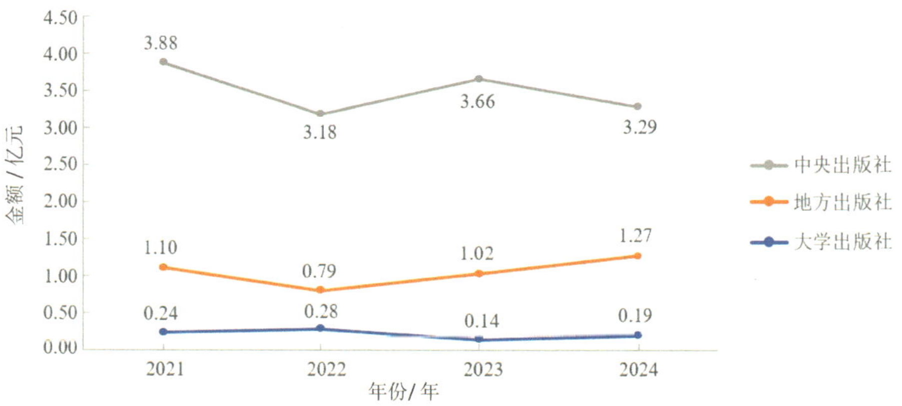

图 3-15　2021—2024 年中央出版社、地方出版社、大学出版社自研技术与平台对外服务收入

自研技术与平台对外服务是出版单位凭借自身技术优势，将研发的出版技术平台向其他机构输出，实现行业内外的资源共享与协同发展，共同推动出版数字化转型升级进程。这一模式不仅有助于解决部分出版单位技术短板问题，也使技术输出方形成新的业务增长点，提升了行业影响力。

二、多场景探索升级服务矩阵

出版单位瞄准自身业务流程重塑和产业生态重构，发挥技术、人才和专业优势，将新技术和管理创新融入出版各领域各环节，围绕产业链研发部署各类生产工具，升级服务矩阵，推动智能生产工具规模化落地，逐步实现技术能力变现。

（一）生产端变革：技术驱动内容生产质效升级

出版单位在生产端对外输出的平台及工具涵盖智能审校系统、AI辅助创作工具、协同编辑云平台等。智能审校系统依据行业规范、标准和业务知识，能够迅速且精确地识别文稿中的各类编校差错，并提供相应的修正建议。该类型技术工具能够帮助编校人员高效地识别问题，提升校对质量与审稿效率，确保内容的安全生产。在需求推动下，一些出版单位对外输出的平台和工具获得了市场认可。如山东出版集团“出版产业大脑”研发了基于人工智能技术的11项算法工具，建设了完善业务流程辅助执行模块，构建了智能选题、审校和内容生成等场景，相关功能已成功推广至多家出版单位。上海辞书出版社发布的“辞文智能知识审校系统”，可以在10分钟内完成40万字文本量的审校，并支持多种主流文档格式，差错识别准确率达到80%，目前该系统已应用于人文社科等出版领域的文本审校，多家出版单位已经引入该系统。

（二）管理端优化：技术助力资源整合与流程再造

管理端系统包括DAMS（数字资产管理系统）、智能印务系统等。DAMS通过优化工作流程、提升品牌一致性和确保数据安全性，帮助出版单位集中、高效地管理和利用其在出版过程中产生的各种数字和非数字资源。这些资源包括文本、图片、音视频、排版文件、版权信息、合同等。通过智能分类、精准检索和工具协作，让版权管理更安全、资源复用更高效。部分出版单位自主开发DAMS，通过将三审三校、印制文件等进行集成管理，实现了出版单位对样书等出版核心内容资源的集中高效管理，为数字样书缴送以及数字资产入表等工作打下良好基础。为加大管理力度、实现降本增效，部分出版单位投资成立印务公司或上线智能印务系统，通过智能系统分析销售数据，动态调整印刷量，避免库存积压。如人民教育出版社开发的“真源”出版印务管理平台，以教辅印前生产资源收集调用系统为起点，以生产资源总库为基础，实现了教辅电子胶片的环保、高效、安全远程传版。同时，还建立了印务流程及质量跟踪管理模块，能够实现印刷进度的可视化和可控性。该系统已向全国200余家印厂及代理商提供教辅传版服务，成为推动印刷行业数字化转型的重要力量。

（三）营销端创新：技术赋能精准运营

在数字化时代，数字技术显著降低了内容生产门槛，同时，用户参与式协作方式为平台生产者和消费者行为的商品化奠定了基础。出版单位借助研发平台的分析系统，收集并深入分析用户消费偏好数据，旨在准确评估产品在用户中的受欢迎程度，从而实现精细化运营。如电子工业出版社牵头多家出版社与技术公司协同构建了去中心化的“可知知识服务平台”，200余家出版社入驻，累计上架超过30万种电子书，触达1 800余家机构客户。出版社基于数据后台，能够了解用户对不同内容类型的偏好、阅读时长、访问频率，利用这些数据，持续优化产品和服务、提升营销效率，提高用户满意度和忠诚度，更精确地满足市场需求。

三、未来发展趋势

自研技术与平台服务有利于推动出版社升级转型，供给方将不断以知识产权运营、定制化开发等为突破，强化技术输出服务，针对垂直出版领域提供更加专业化、精准化、定制化的解决方案，同时围绕产业生态形成涵盖技术研发、应用服务、人才培训等环节相互协作、共同发展的新模式、新业态。大型出版单位发挥规模大、技术水平高的优势，未来自研技术与平台对外服务将呈现专业化、生态化趋势。

（一）云平台应用成为出版管理新常态

现有的出版 ERP 系统、数字出版平台以及相关业务系统经云化升级，向行业提供出版管理平台。出版管理平台通过网络为客户提供服务，允许用户在线使用，从而有效降低中小出版单位投入成本。在产品设计上，不仅包括版权管理、智能排版、销售数据分析等标准模块，还可根据出版单位需求开发特色功能。在运营模式上，既可技术托管，也可以本地运营，同时执行灵活的收费模式，如订阅模式、分成模式等。如高等教育出版社自主研发、具备自主知识产权的数字教材生产创作工具“云创”平台，建立了从选题策划、创作编辑、在线审核、线上出版到运营服务的全流程生态体系，并在行业内积极探索开放平台的共建共享机制，为用户提供数字教材“创、编、用、管”全流程服务。

（二）知识服务向一体化解决方案升级

随着出版业数字化转型深化，专业知识服务正成为重要增长板块。同时，用户对知识的需求从“静态内容”向“场景化解决方案”转变，倒逼出版业突破传统内容生产边界。出版单位不再局限于内容生产，而是依托垂直领域资源积累，通过自研技术与平台，构建集数据、工具、场景应用于一体的知识解决方案，推动商业模式从“产品销售”向“价值服务”跃迁。这种平台输出的模式，不仅促进了出版业内部的资源共享和协同创新，还加速了知识服务在整个行业的普及和应用。

（三）区块链技术助力版权治理

区块链技术在出版领域的应用主要包括版权追踪、电子书发行、交易授权等方面。目前，国内区块链平台包括腾讯云区块链、阿里云区块链、百度超级链等，可提供全面的区块链服务。此外，由出版单位开发的知信链等专用出版区块链服务平台，能够为媒体、企业、机构的原创作品提供版权确权、内容分发、侵权监测、证据固化、自助交易和维权保护等服务。

第六节　多元融合驱动战略升级

除前文所述的出版融合发展主要业务模式外，随着科技的不断发展和出版业的持续创新，出版单位在培育新质生产力、推动高质量发展上进行了大量探索，新型出版融合发展形态不断涌现，为文化产业的繁荣发展贡献了力量。

一、构建开放生态，拓展“出版 +”边界

目前，不少出版单位开始向“出版 +”的二元型新业态转型，加强与科技、文化、旅游等产业“相加相融”，与上下游企业、技术公司等加强合作，构建开放包容的“出版 +”生态，如将图书内容转化为旅游 IP 或文创产品，形成“出版 + 文旅”生态；为专业领域（如医疗、工程）提供知识服务，形成“出版 + 行业”生态等。以“出版 + 文旅”为例，近几年来，随着文旅业的蓬勃发展，出版与文旅的融合已成为行业发展的新趋势，一些出版单位开始有意识地深度挖掘旅游出版的文化内涵，并根据自身优势策划相关“出版 + 文旅”活动，这一业务模式正逐渐成为出版单位新的盈利增长点。

（一）探索出版研学发展路径

出版单位开展研学业务，既是响应国家素质教育和文旅融合政策的必然举措，也是突破行业发展瓶颈、激活内容与渠道资源的战略转型。在市场需求和自身优势的驱动下，出版单位正通过专业运营、科技赋能和跨界整合，逐步构建“内容 + 服务 + 场景”的全新生态。当前，出版单位的研学业务呈现以下特点。

一是规模化。全国涉及研学业务的出版发行机构已超百家。如安徽出版集团构建“皖美研学”平台，整合全省 16 个地市 490 余家研学基地、330 余家旅行社、2 600 门特色课程与 1 300 条精品线路，形成“课程研发—数字服务—产业运营”全产业链。

二是品牌化。出版单位的研学业务由探索性向专业化转变，立足自身优势，加强品牌建设，吸引力竞争力不断增强。如山东出版集团“书香研学”品牌开发 200 余条线路，在曲阜建设传统文化营地等，并推出“济南文学地图”“你好，古文字”等研学课程。北京出版集团《十月少年文学》深耕“小十月研学”品牌，已打造 20 多条特色课程线路，努力让研学成为真正的行走课堂。

三是标准化。出版单位积极参与研学标准制定。如新华文轩出版传媒股份有限公司加入四川省研学旅游产业促进会，参与行业标准制定，促进文化旅游资源与出版业资源对接，以标准建设推动研学业务开展。

（二）打造新型文化展示空间

随着实体书店的转型升级，越来越多装修精美、格调高雅的书店开始进入人们的旅游打卡清单，“书店式文化空间”将文化体验、物质消费以及休闲日常融为一体，逐渐发展为新的“出版 +”生态。受实体书店启发，出版单位也开始积极探索打造独具特色的文化空间，为用户带来更加丰富多彩、深入人心的文化体验。如中信书店以“文化生活目的地”为定位，突破传统书店的“卖书”逻辑，构建“图书 + 文创 + 咖啡 + 活动”的复合业态，将图书陈列与沉浸式展览、作者沙龙、行业论坛相结合，打造“阅读 + 社交 + 思想交流”的立体空间，成为出版单位打造新型文化空间的创新实践。

二、研发智能硬件，提升阅读体验

随着技术升级与行业发展，智能硬件正逐步向多元化、智能化方向发展，从知识传授、学习体验等多个方面对学习模式深度重塑，从目前的硬件功能型，逐步迭代为增值服务型，盈利点也逐渐从硬件本身向配套内容和增值服务延伸。出版单位正是凭借其内容优势进入智能硬件赛道，以“硬件 + 软件 + 内容 + 服务”为核心，为用户提供数据化、个性化的学习体验。目前，已有多家出版单位开发自研终端，包括电子书阅读器、教育类智能硬件等。如商务印书馆与新东方合作推出教育智能硬件产品“新东方 × 商务印书馆词典笔”，该产品以商务印书馆权威词典资源为核心，构建值得信赖的查询、翻译内容体系，为用户营造全面、专业、高效的语言学习体验。

三、联动多元业态，延伸出版价值链

出版单位通过与影视、游戏、动画等联动，积极拓展内容表现形式和传播渠道，为用户提供更加丰富、多元的文化体验，同时为出版优质内容创造了新的价值空间。

出版单位通过深入挖掘图书的 IP 价值，打造高质量的影视作品，不仅提升了纸质图书的知名度和销量，也为影视行业提供了丰富的素材和灵感。如《我的阿勒泰》通过图书、影视、文旅等多维度的联动，成功掀起了“阿勒泰热潮”，短时间内图书销量突破百万册，同名影视剧创下多项播出纪录，展示了图书到影视跨界融合的巨大潜力。

出版单位通过与游戏的创新融合，实现了优质内容资源的多元化开发和盈利，同时也为版权方提供了新的品牌延伸路径。如人民文学出版社与网易游戏合作，在《蛋仔派对》游戏 IP 的跨媒介改编、出版融合模式创新等方面展开深入探索，开创“原创数字 IP + 文化原创”的新模式，促进文化产业的数字化转型和创新。

出版单位将文字与动画联动，使优质内容变得更加灵动鲜活、可感可知。如《中国奇谭》通过动画与图书的联动，构建起一个丰富多元的文化生态，凭借其生动的视听语言吸引大量观众，打开了市场知名度，而图书则以深度解读、实体收藏、互动体验等优势，进一步挖掘故事内涵，满足了不同受众需求。

这些新型出版形态不仅丰富了内容产业的生态系统，也为出版业注入了新的发展活力和创新动力。通过积极拥抱技术变革和市场变化，出版单位正在推动出版业向深度融合发展转型，开拓更广阔的社会价值和经济价值实现空间。

参考文献

[1] 王飚, 毛文思. 2023 年中国数字出版发展态势盘点及 2024 年发展展望 [J]. 科技与出版, 2024 (03): 14-25.

[2] 中华人民共和国教育部. 教育部部长怀进鹏在 2024 世界数字教育大会上的主旨演讲：携手推动数字教育应用、共享与创新 [EB/OL].[2025-05-02]. http://www. moe. gov. cn/jyb_xwfb/moe_176/202402/t20240201_1113761. html.

[3] 王壮, 陆贵曦, 卢明嘉, 等. 全面迈向智慧出版：AI 时代 AR/VR 类童书的发展困境、技术赋能及价值重构 [J]. 科技与出版, 2024 (08): 51-59.

[4] 白晓晴. "智能 +" 数字出版发展图景与革新方向 [J]. 中国出版, 2024 (02): 25-30.

[5] 本刊编辑部, 黄强. 人工智能：教育出版转型升级的方法论：本刊编辑部就 "教育出版转型" 专访人教社社长黄强先生 [J]. 数字出版研究, 2023, 2 (04): 8-14.

[6] 刘红霞, 程富. 人工智能赋能学术期刊深度融合发展：理论逻辑、现实困境与实践进路 [J]. 中国出版, 2024 (12): 47-51.

[7] 毛文思. 数字文化创意视野下出版业转型融合路径思考 [J]. 出版发行研究, 2020 (05): 38-45.

第四章　重点业态

经过多年发展探索，出版融合发展已形成4种相对成熟的主要业务模式及一批相对成熟的产品与服务业态。课题组研究了其中的重点业态，以期为成熟业态的健康发展与新型业态的加速孵化提供参考。

第一节　数字化出版产品与服务模式的重点业态

数字技术、移动互联网及智能终端的快速发展与普及，催生了电子书、有声书、数字期刊、在线教育平台、数字教材及课程、数据库、App、小程序等数字产品，正在有力驱动出版融合向数智化方向迈进。

一、电子书、有声书等数字化出版产品

2025年出版融合发展调研数据显示，在参与调研的出版单位中，开展电子书和有声书业务的出版单位比例均已超过半数，分别为77.02%和61.76%。这两种形态的数字出版产品因与既有出版内容结合紧密、制作周期短、投入成本低、盈利模式明确，已成为当前重要的数字化出版产品类型。

（一）电子书全面升级

电子书凭借便捷易携、成本可控和受众广泛等优势，已经成为基础的数字化出版产品。随着技术的发展和读者阅读偏好的变化，出版单位也在推动电子书产品类型和配套服务不断升级，在内容呈现、交互体验、商业运营等方面持续创新。

电子书呈现方式向多元化、智能化升级。数字技术创新推动了电子书从静态展示转向智能化、交互化展示，如动态交互式电子书支持读

者与内容的深度互动，智能推荐系统基于用户阅读习惯提供个性化内容推送，流式排版技术实现内容在不同设备间的自适应展示。此外，大数据、人工智能等技术未来将进一步深度赋能电子书，推动电子书的呈现方式、产品形态、服务形式创新发展。

电子书市场向精细化、场景化延伸。不同读者群体的阅读需求和偏好越来越分化，比如“银发族”青睐简单化、大字版电子书，年轻人群体则更喜欢互动性强、社交属性突出的电子书，这就要求出版单位根据不同群体的个性化需求，提供更加精准的电子书阅读服务。随着科技的发展，能够提供阅读功能的终端设备种类越来越多，相应催生了许多新的阅读场景，这就要求出版单位对电子书供给方式进行升级，使其与更多终端设备相适配，与更多阅读场景相结合，不断提高电子书阅读服务质量和效能。

（二）有声书品质提升

在现代生活节奏加快的背景下，有声书作为对传统纸质图书的音频化延伸，为读者提供了一种更加便捷的阅读和学习方式，已经成为重要的出版融合发展业务板块，很多出版单位都已进军这个领域。同时，有声书开发相对难度小、周期短、投入少，能够转化成有声书的项目多并且实施可行性更强，也是出版单位涉足有声书业务的重要因素。当前，出版单位为进一步发展壮大有声书业务，将相关作品触达更多人群，不断做强做优有声书品牌，在多个方面作出探索尝试。

内容建设方面，大力开发精品有声书、有声剧。如浙江文艺出版社携手喜马拉雅，推出基于莫言获诺贝尔奖后的最新力作《鳄鱼》的精品有声剧，通过声音构建一个既真实又超现实的戏剧空间，让受众通过听觉感受文学作品魅力。

产品形式方面，进一步丰富有声书表达方式和呈现形式。如人民文学出版社根据不同资源脚本特点，“一品一策”确定适合的音频制作方式，既有单播、对播、多播等演播形式，也有为有声书专门创作的主题曲、动漫等配套资源。

运营推广方面，注重借助平台和读者力量扩大营销影响。如中信出版集团以《我的情报与外交生涯》一书为基础，与蜻蜓 FM（网络音频平台）独家合作，推出同名多人有声剧节目，同步提升有声书订阅量并带动纸质书销售量。有的出版单位通过作者领读、读者共读，让更多朗读爱好者和读者参与到有声书制作中，从而进一步增强有声作品的互动性和营销效果。

技术应用方面，注重探索前沿数字技术赋能。AI 语音合成技术近年来取得突破性进展，有声书生产效率显著提升。如山东教育出版社探索用 AI 技术制作了有声书《西游记》。

（三）数字期刊多维跃升

从国际期刊发展来看，期刊应该具有较高的数字化程度，尤其是学术期刊、专业期刊。我国数字期刊建设，正在从内容的数字化、生产模式和运作流程的数字化、传播载体的数字化、阅读消费和学习形态的数字化等方面全面发力，尤其在内容分发、个性化推荐等技术的加持下，不断实现新的突破。

内容服务创新方面，注重满足读者个性化、多元化阅读需求。比如，人民美术出版社整合期刊优质资源，推出“人美数字刊”会员服务，涵盖理论研究、美术技法、艺术鉴赏、艺术家访谈、艺术设计、连环画故事、书法等众多板块，能够满足不同读者的美术学习和研究需求。

平台技术创新方面，注重人工智能、大数据等技术应用，进一步提升数字期刊的制作效率和阅读体验。比如，中国纺织出版社《中国服饰》杂志打造垂域大模型“智纺”，具备行业知识问答、杂志导读、知识链接、知识溯源、知识更新、交互广告等功能，助推纺织服装产业智能化升级。

传播渠道创新方面，注重“走出去”渠道和能力建设。如科学出版社开发的 SciEngine 学术期刊全流程数字出版与知识服务平台、SciCloud 期刊同行评议系统、COAJ 中国科技期刊开放获取平台等期刊技术平台，为该社和其他出版单位期刊增强国际传播能力提供有力支撑。

二、数据库

数据库产品主要基于内容聚合，经系统化、结构化处理后，为相关领域提供知识的存储、管理、检索与查询服务。2025 年出版融合发展调研数据显示，开展数据库产品服务的出版单位占比 40.22%。众多出版单位深耕特定学术或细分行业领域，开发专业数据库产品，经过多年积累，数据库已汇聚海量经过专业筛选编校的高质量文献资料与学术期刊，成为学者、行业专家及从业者的可靠信息源，并在推动知识传播与应用中发挥着日益重要的作用。

（一）古籍数据库繁荣发展

近年来，出版单位顺应前沿数字技术发展趋势，在古籍数据库建设过程中，深入探索人工智能、区块链等技术与古籍保护利用的深度融合，不断提高古籍智慧化服务水平，强化古籍资源的版权保护和数据资产管理，使珍贵文化遗产和相关数据资产得到有效开发、管理和维护。

古籍数据库挖掘典籍内涵，推动中华优秀传统文化创造性转化、创新性发展。中国文史出版社“中国文史数据库”通过对大量的图书、期刊、图片、音视频资源进行结构化加工和标引，支持高效检索和数据分析。上海古籍出版社《文渊阁四库全书》数据库，通过精准的图文对照阅读和全文检索功能，不仅支持内容的快速查找，还确保了高精度的数字化数据管理，为用户提供了深入探索古籍的新途径。

（二）专业数据库深耕垂域

在专业垂直领域方面，数据库产品也发挥了重要作用。如中国计划出版社的“中国工程建设标准知识服务库”全面收录工程建设国家标准、行业标准、团体标准、建设标准、地方标准等 7 900 多种，涵盖 10 类职业工种与 27 个细分专业，几乎覆盖工程建设行业全领域。这种将工程建设行业的标准、法规、视频、电子书等多种资源整合在一个数据库平台内并支持多终端使用的做法，极大地提高了资源的利用效率和用户使用的便捷性。法律出版社的“有章”法律专业知识服务平台，通过其强大的数据库管理能力，结合个性化的法律知识服务，向用户提供了法律书籍、案例、法规、观点等专业内容，极大地提升了法律研究和应用实践的效率。

大模型和增强检索技术的深度应用，正有效赋能专业数据库在垂直领域深耕。当前，多家出版单位已将相关技术应用于数据库产品的升级迭代，致力于构建语料精准、边界清晰的垂域模型，为用户提供更加高效优质的服务。这种探索将为出版服务千行百业提供强大的智能化支撑，已经成为数据库出版下一步升级的重点方向之一。在人工智能、大数据、知识图谱等新兴技术的驱动下，数据库功能将持续进化，在实现更智能的检索与推荐、提升内容精准性、加速信息高效传播、优化用户体验等方面发挥愈加关键的作用。

三、特色 App/ 小程序

开发面向特定用户群体的特色 App/ 小程序，是出版单位在移动互联网时代推动数字化转型的关键举措。此类应用不仅提供便捷的移动阅读功能，更能通过评论、直播、互动等社交交互模块，强化内容与用户的深度连接，显著提升用户黏性与优化使用体验。2025 年出版融合发展调研数据显示，开展特色 App/ 小程序服务的出版单位占比 28.73%。

（一）工具书类 App/ 小程序体验升级

工具书类 App/ 小程序充分结合了出版单位的权威工具书资源，较好地展现了内容数字化与移动便携优势。以商务印书馆的《成语大词典》App（图 4-1）为例，该应用融合 13 部辞书内容，收录了 7 万余个词条、20 余万个例句的汉语发音，以及唐诗 300 首、宋词 300 首等，配有近千幅插图，是功能全面、内容丰富的数字工具。通过强大的搜索、解释和示例功能，用户可以高效地查询和学习相关内容，这些功能为教师、学生和其他语言文字工作者、学习者提供了有力的支持。通过将多个权威辞书数字化，并提供多样化的查询工具，工具书类 App/ 小程序不仅提升了内容的可访问性，也优化了用户的使用体验，能够满足不同群体便捷化、移动化使用权威工具书的需求。

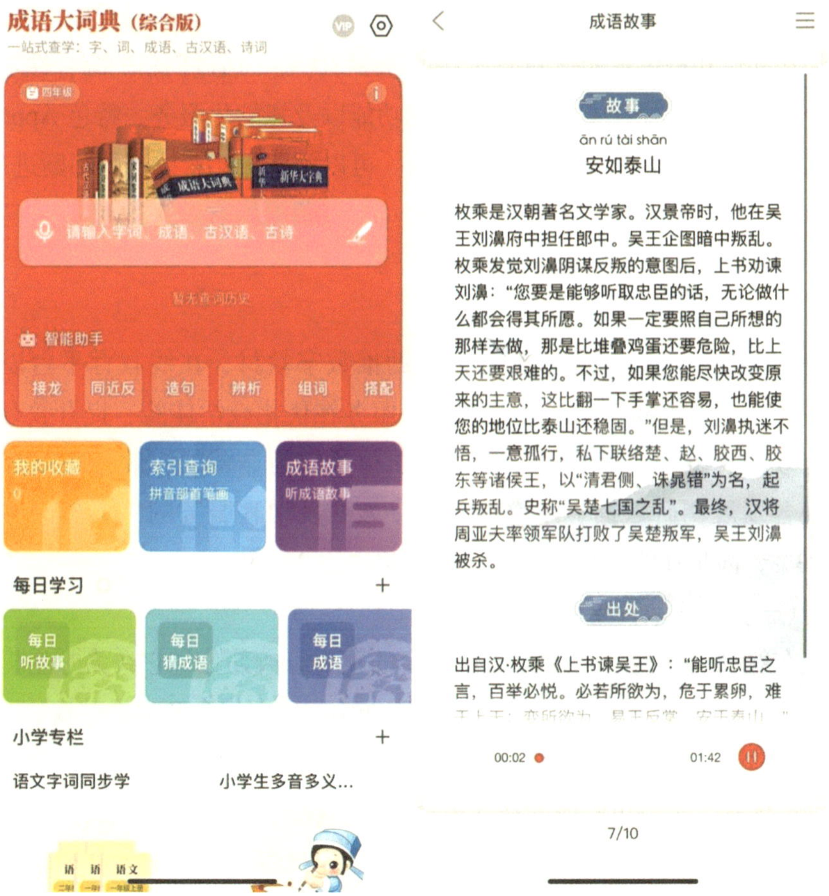

图 4-1　商务印书馆《成语大词典》App

（二）知识服务类 App/ 小程序交互性增强

知识服务类 App/ 小程序将知识学习与社交互动深度融合，让用户既能够自主学习，还能通过平台与他人进行信息交流和经验分享，在促进知识普及和社交互动方面发挥了重要作用。同时，这类 App/ 小程序极大增强了用户参与感和社区归属感，有利于为出版单位构建精准的私域流量池，更好推动产品推广和知识传播。如海峡书局出版社的“识鸟家”小程序，将鸟类识别与社交平台功能相结合，用户通过该小程序进行鸟类识别的同时，可即时与其他用户分享经验和知识。

特色 App/ 小程序在出版业中的广泛应用，展现了其在提升用户体验、加强互动性和提供智能化服务等方面的独特优势。通过创新的综合性学习平台、辞书类数字工具、社交与识别功能以及智能化服务，特色 App/ 小程序不断满足用户日益多样化的需求。可以预期，随着技术的不断进步，特色 App/ 小程序在未来出版融合发展中将扮演更加重要的角色。

四、数字教育服务

教育领域的数字化进程加速，助推数字教材、在线教育平台以及数字课程服务不断发展，这些产品与服务在优化教学体验、提升教育质量与效率、实现个性化教学等方面取得了较为显著的成效。2025 年出版融合发展调研数据显示，涉足数字教材及课程服务的出版单位占比 41.83%，涉足在线教育平台的出版单位占比 28.73%。

（一）在线教育平台成绩亮眼

在线教育平台已经成为现代教育的重要组成部分，它在为师生提供海量内容资源的同时，也为学生提供在线学习空间，为教师提供教学、辅导、评估工具，是出版单位参与构建教育服务生态的重要载体。出版单位已经推出一大批特色鲜明的在线教育服务平台，呈现以下突出特点。

一是聚集了丰富的教育内容资源。多家出版单位针对各类教学任务和场景在其平台上汇聚了大量文字、图片、音视频等特色资源。如大象出版社的大象课堂融媒教育云平台，资源建设聚焦微课、课件、教案、习题、素材五大类，覆盖初中学段全年级、全学科，形成体系化优质教育资源。累计开发微课、教案、课件等各类资源近 3 000 个，同时结合核心助学读物产品（如《基础训练》《高中新课程学习指导》等）提供纸数融合服务，包括二维码关联、在线解析、多形态视频等数字化增值服务，拓宽纸质图书内容维度。

二是能够满足不同群体的学习教育需求。除面向 K12 教育、高等教育、职业教育的各类在线教育平台外，出版单位还推出了许多能够满足其他类型人群需求的在线教育平台。如中国社会出版社“中社在线”平台，专门为社会工作师职业水平考试备考及继续教育培训打造，吸引各类社工群体在线学习，不仅拓宽了教育的受众面，也促进了教育资源的高效配置。

三是提供在线学习、智能互动、测试评价等覆盖学习完整过程的全链条服务。如华东师范大学出版社“教育汇”平台（图 4–2），一方面具有扫描二维码查看图书配套微视频的在线学习功能，实现针对试题或知识点的精准解析、测评，使用户更加有效地掌握知识；另一方面还能够对学习中

图 4–2　华东师范大学出版社“教育汇”App 首页

收集的数据进行分析，针对性反馈教学成果，提供改进优化建议。

（二）数字教材推动范式转型

数字教材是传统纸质教材与数字技术深度融合的产物，既传承了教材的教育特性，又呈现丰富的数字化特征，经过多年的技术迭代与融合发展，已经从早期作为纸质教材的补充，逐渐发展为独立存在的产品与服务，并正持续推动教育范式转型。

产品构建方面，数字教材作为一种复合型的知识载体，其内容构成呈现显著的多模态特征：既包含文本、图像、音视频等内容，又蕴含知识点网络、概念关系体系以及课程结构框架等组织结构要素。如东北师范大学出版社的《课程设计与评价》云教材，作为教育学知识图谱版 AI 数字教材，不仅具备数字教材多媒体性、互动性、实时更新等特点，还能够通过云教材平台和知识图谱技术的应用，直观展现知识之间的内在联系和逻辑关系，帮助学习者更好地掌握和理解知识，有效提升学习效果。

形式创新方面，随着人工智能技术的深度融入，人机交互在数字教材中呈现出沉浸式、智能化、多模态化等特征，正助力数字教材焕发新活力。如北京师范大学出版集团研发的“北师数字教材”，依据国家课程标准，以基础教育教材内容为基础，围绕教学目标和教学重难点，融合多维度、可交互的精品学习资源，深度结合智能语音测评、大数据、AI 等先进技术，为教育者和学生提供教材浏览、资源查看、课本点读、口语评测、班级管理、学情报告等功能。

大语言模型与数字教材的深度融合已成为数字教材未来发展的重要方向。随着人工智能认知建模与知识表示技术的持续突破，数字教材将逐步实现从传统知识载体向智能化认知增强系统的范式转换，在教育生态系统中实现从被动知识容器到主动智慧大脑的角色重构。

（三）数字课程促进教育变革

数字课程不仅保留了传统课程的内容优势，更在信息技术的支持下呈现智能化与多元化的特点。在新的教育理念驱动下，教学主体、资源、模式、场景等教育教学要素均在发生变化，进一步推动教育实现深层变革。数字课程的价值不仅在于技术应用，更强调教育理念的重构，推动课程建设从“标准化生产”转向“个性化生长”。通过理念更新与技术赋能，数字课程得以充分发挥其交互性、生成性、动态性优势，从而构建一个更为开放、包容并充满生命力的学习与教育新图景。

内容资源建设方面，数字课程不应仅仅是课程的数字化，而应秉持“内容 +”的定位，将优质教育内容作为核心驱动，连接外部的泛教育内容资源，实现深度融合的内容供给态势。目前，许多出版单位不仅将课程本身的内容数字化，还以课程内容为核心作横向和纵向延伸，实现课程配套内容、课程拓展资料、知识点分析内容、教研资源、实时共享内容等方面数字化，构建全方位、立体化的数字教学体系。

创新技术应用方面，通过应用大数据、移动互联网、人工智能等技术，数字课程的载体、形式、传播方式等更加丰富。例如，出版单位通过应用数字技术，使得数字课程的图、文、声、像更加立体形象，能为学习者营造“声、影、像”三位一体的学习环境。通过应用 AR/VR，丰富学习者的场景体验；通过应用语音和图像识别技术等，使学习者和课程实现动态互动，并在人机交互中极大地提升学习者的积极性。

场景拓展方面，数字课程以解决教学需求为目的，实现了线上线下场景化。出版单位建设的数字课程依据学习者的思维方式，设置动态化、递进式的引导内容，使学习者的学习路径更加清晰，有效地解决了学习者在学习初期面对平面、静态图书内容时感到无从下手的困扰。

数字课程建设模式方面，目前大部分数字课程出版工作都在出版单位内部运作完成，从选题策划、内容整合、板块搭建、平台创设到市场运营，几乎全部由出版单位承担，只是在涉及相关业务板块时才与外部技术公司合作。由于数字课程的功能板块设计科技感较强、前期的投入成本较大、传播方式较灵活，出版单位可以调整出版模式，加强与外部技术公司合作。出版单位发挥内容资源优势，技术公司发挥技术支持优势或运营渠道优势，共同开发、合作运营，优势互补、各尽其力，风险共担、效益共享。

第二节 纸数融合产品模式的重点业态

纸数融合出版物历经从“物理附加”（如书配光盘）到“智能共生”（即以纸质为载体的创新形态）的演进，映射出出版融合在数字化转型过程中的路径探索和价值创新进程。其迭代升级的本质，不仅是技术应用的突破，更驱动出版价值链的重构变革与数字业态的协同融合。在此背景下，运用二维码技术的纸数融合模式应运而生，这是一种典型的纸数融合图书范式，即通过在纸质图书上印制二维码，读者可使用移动设备扫码获取延伸内容与增值服务。经过多年发展，这种模式形态日益丰富且内涵不断深化。

一、延伸内容二维码图书

在出版数字化转型的初始阶段，多数出版单位选择以“纸质书+数字资源”模式为切入点。二维码凭借其高效便捷的特性，成为连接内容的首选载体。出版单位通过在图书中印制二维码，为读者提供了丰富的延伸内容服务。例如，《新华字典》同步推出纸质版和应用程序，在正文各页增加了二维码，用 App 扫码，就可看到当页所有字头的部首、笔画、结构等信息，并可免费收听标准读音、观看笔顺动画、查检知识讲解等。很多图书中也插入了视频二维码，如人民文学出版社推出的《朗读者》，扫描其书内二维码即可观看《朗读者》节目相关视频。

二、构建场景二维码图书

伴随数字技术的持续迭代，更多出版单位正积极引入大数据、区块链、XR、人工智能等前沿技术，旨在深化服务功能为读者打造更富交互性与沉浸感的阅读体验，拓展纸数融合出版物的应用场景与表现空间。如故宫出版社《故宫的声音》一书，通过二维码向读者展示来自故宫的46种声音，有故宫的开门声、建造宫殿声、唱戏声、读书声、自鸣钟声、乌鸦声、滑冰声……读文、赏图、听书，可谓一种全新的阅读体验。

三、链接平台二维码图书

众多图书在封底或内页显著位置印制出版单位官方公众号、官方网站、小程序的对应二维码，旨在引导读者进入私域流量池，增加用户黏性与互动，进而促进销量提升。同时，二维码也被广泛应用于纸质图书的版权保护环节。如北京交通大学出版社研发出“一册一码”版权保护技术，上海音乐出版社为每本图书印有一一对应的二维码，通过手机终端扫描即可简单、有效地验证图书真伪。

与此同时，不少出版单位在建设功能较完善、规模较大的纸数融合图书出版平台方面进行了有益尝试和探索。如人民卫生出版社建设了融合图书与各类数字产品内容生产、管理与运营的全流程线上一站式融合出版平台——人卫融合出版平台，实现了数字内容与出版产业链深度融合。平台特色体现在5个方面：①充分利用新兴技术创新内容形态；②内容资源统一管理、多次应用；③全流程在线管理提质增效；④数据驱动提升内容生产质量；⑤推动内容生产向内容经营转变。江苏凤凰报刊出版传媒公司为充分挖掘下属各报纸、杂志的内容、活动等资源并更好整合用户流量，自2024年3月开始建设“爱报刊”平台，通过汇集报纸、期刊中读者刚性需求较强的各类资源，如英语听力材料、配套试卷答案、难题讲解微课、奖项证书查询等内容及服务，以刊载二维码的形式直接触达读者、聚拢流量，后期再借助AI智能助手解决用户关于产品咨询、资源查找、活动资讯等方面的各类问题，从人工服务无痕升级至智能高效的AI服务模式。目前，该平台累计注册用户已超百万人，线上销售收入 700 多万元。

从当前发展趋势看，基于数字技术的纸数融合产品仍将保持较强的增长势头。一是纸质出版物中纸数融合的比例将越来越高。这主要因为出版融合发展工作力度不断加大，从业人员融合发展的素养和主动性不断提升。二是纸数融合出版物中运用的技术越来越丰富、越来越先进。这主要因为信息技术的快速发展和普及，特别是人工智能技术方兴未艾，未来还有很大的发展和应用空间。三是纸数融合出版物将更加重视吸引用户和留存用户。当前融合图书主要通过图书加价或数字资源获得增值收入，出版单位为获得更多和更持久的收入，将逐渐转向经营用户，通过用户画像有针对性地进行资源和服务的推送，从而获得更大的经济效益。

第三节　自有新媒体运营模式的重点业态

互联网的深度普及推动短视频与直播成为图书营销发行的关键阵地。在新媒体环境下，构建自有新媒体矩阵已成为出版单位的营销核心策略。通过“引流—转化—沉淀—复购”的闭环运营，即利用短视频内容精准引流，在直播间实现高效转化，并在自营渠道沉淀用户以实现持续复购，出版单位能够更精准、更广泛地触达并服务目标读者群体。

根据开卷联合抖音电商共同发布的《2024 用户图书消费趋势洞察报告》，2024 年图书零售市场依然经历着深刻变革和转型，全年整体图书零售市场码洋规模为 1 129 亿元，其中平台电商码洋占比 40.92%，内容电商码洋占比 30.38%，垂直及其他电商和实体店占比分别是 14.70% 和 13.99%。2024 年抖音电商的图书销售中，读者通过直播形式购买的 GMV（商品交易总额）占比为 45%，通过观看短视频进行购买的 GMV 占比为 37%，直接通过货架进行购买的 GMV 占比为 18%（图 4-3）。值得一提的是，2024 年抖音电商平台上购买图书的用户数量同比增长了130%，彰显出图书消费在抖音平台上的增长势头和活力。

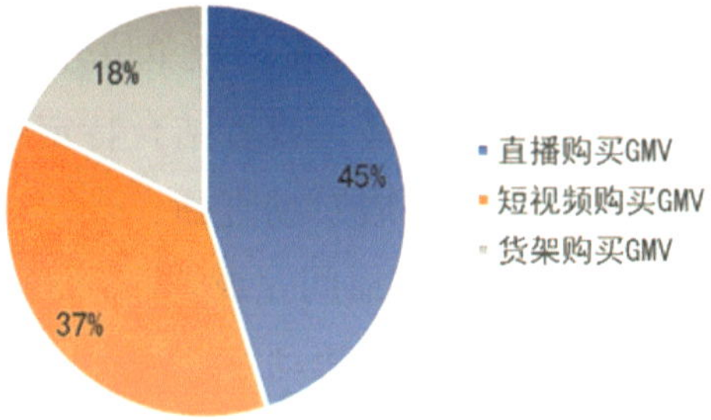

图4-3 2024年抖音电商中不同形式购买图书GMV比例

一、以直播带货形式运营

自2019年起，众多出版单位探索与头部主播合作带货模式，取得初步成效。然而，伴随行业价格竞争加剧，出版单位加速推动“自播”战略，积极构建自有新媒体直播矩阵，探索差异化直播形式，逐步摒弃单一低价策略，转向“内容+场景”驱动的立体化营销体系。目前，出版业自播已步入深化发展阶段，呈现渠道多元化、内容专业化及技术赋能化等显著特征。2024年《出版人》杂志监测的690个出版、发行机构账号中，有391个账号进行直播带货，占比57%，其中，中信出版集团旗下直播间中的“中信出版童书旗舰店”“中信优选书品”“中信书店直播间”年销售额均超过2 000万元，“外研社官方旗舰店”“岳麓书社”“浙江文艺出版社”自播账号年销售额均超过1 000万元。2025年4月，抖音电商发布《2025年一季度图书消费报告》，显示平台日均售出图书超300万册，日均直播销售额同比增长56%，店播商家数量同比增长45%，图书相关直播累计时长同比增长61%。其中，“90后”是直播购书的主力军，直播订单占比50%；“00后”直播购书消费额同比增幅最大，达206%。

当前，出版单位直播带货有3个重要趋势值得关注。

一是加快推进多元化场景直播。一方面，出版单位不断从场景打造、图书选品、营销策略等方面创新直播方式，力图更好吸引读者、扩大流量、转化销量。另一方面，许多出版单位开始尝试走出直播间，在书展、仓库等进行特定场景直播，或者结合特定主题，开展特色专场直播，如开学季主题直播、微瑕专场直播、作者签售直播等。湖南少年儿童出版社2024年在抖音直播间完成直播200多场，累计直播时长600多小时，通过“平播+主题活动大场”直播模式，将地方文化特色景点与图书直播相结合，年度GMV增长4倍，带货商品累计曝光过亿。浙江少年儿童出版社作者沈石溪亲签本专场直播，根据直播间下单用户需求由作者进行签名，每名下单的用户都能够收获属于自己的定制签名图书。

二是以优质内容串联“人货场”。随着平台上以直播形式进行营销的货品越来越多，平台对货品的品质要求也越来越高，相应地对出版单位选品能力要求也越来越高。出版单位通过对相关平台用户的年龄、性别、地域分布以及浏览偏好等进行深入分析，对平台上的目标受众进行画像，并精心选择合适的图书品种上架直播，实现平台适配内容的精准分发，提升受众对直播内容的兴趣与参与度，最终提升购买转化率。比如，大象出版社日常每场直播时长为3小时，但通常会用一周时间进行选书、提炼卖点，竭力将图书内容价值全面呈现给直播间的用户。

三是以技术赋能打造互动体验新场景。技术赋能正在重构出版从生产到营销的各个环节，受此影响，新媒体营销渠道诞生了越来越多的互动体验新场景。如中华书局、湖南博物院携手抖音开展战略合作，采用“文物实景+AI交互+学术讲解”模式，在博物馆举办“帛书里的中国智慧——《道德经》数字活化直播盛典”。在抖音平台进行传播时，利用最新AI技术生成“数字老子”，实时回应在线弹幕提问，并从弹幕中提取高频关键词生成金句，增强直播吸引力。在直播中，观众不仅能和考古大咖一同“线上云游”，还能与“数字老子”在直播间展开互动，最终实现累计观看总人数超过 50 万、最高在线人数 5.80 万的佳绩，带动相关出版物销量增长。

二、以短视频形式运营

短视频以其传播快、易分享、内容生动直观等特点，已成为信息时代的主流传播渠道之一。据中国互联网络信息中心（CNNIC）发布的第 56 次《中国互联网络发展状况统计报告》显示，截至 2025 年 6 月，我国短视频用户规模已达 10.68 亿人，占网民整体的 95.1%。面对如此庞大的用户群体，众多出版单位纷纷布局短视频平台，将其作为品牌在移动终端的重要延伸。通过图书与短视频的融合，出版单位能够生动直观地展示图书的内容特色，有效吸引潜在消费者，提高图书曝光度和品牌知名度，实现用户从“关注”到“购买”再到“铁粉”的转化路径。然而回望发展历程，在抖音、快手等平台兴起初期，出版单位对涉足短视频领域普遍持谨慎观望态度。2018—2019 年间，短视频用户规模突破 6 亿，伴随算法推荐机制的成熟，为出版内容的精准推送奠定了基础。此时，部分编辑开始自发运营短视频账号进行图书宣传，但尚未形成规模效应。2020 年起，更多出版单位系统性布局短视频平台，并涌现出诸多现象级案例，如图书《被讨厌的勇气》经过视频达人带货推广后，年度销量一举超过前五年总和，凸显了短视频营销的爆发力。

短视频形式的营销呈现 3 个主要特点。

一是加速布局掌握渠道主动权。面对日趋激烈的市场竞争，出版单位越来越重视对渠道的掌控，短视频的渗透越来越深入，为出版单位加速布局自主可控渠道、争取掌握渠道主动权提供了有利条件。例如，《剑来》的多元开发就是浙江文艺出版社的一个成功探索。出版单位作为主导，将抖音作为主要传播销售平台，通过全方位自营承接流量，最终实现可持续的产品线开发。仅 2024 年，《剑来》系列的全年发货码洋近 4 000 万元，成为该社重要的产品矩阵和经济支柱之一。浙江文艺出版社的抖音官方账号在承接《剑来》系列产品的基础上，同时裂变新的垂类账号“浙江文艺出版社落魄山分社”，让整个系列产品的发展呈现“总量越来越大、社内份额越来越高”的双佳局面。至2024年底，社内账号销量占比已达到总量的50%以上，社自播账号真正成为达人账号矩阵的领头羊，由此获取的利润也大幅上升。

二是以图书IP为核心带动周边产品销售。2024年以来，“谷子经济”[1]爆发式增长，艾媒咨询数据显示，兴起不久的“谷子经济”市场规模已增至1 689亿元，预计2029年整体市场规模有望达3 089亿元。充分利用“谷子经济”推动IP联动，成为出版单位网络营销工作的重要手段，许多出版单位已经开始尝试打造“图书+短视频+衍生品”IP矩阵。如上海译文出版社围绕版权资源开发独立文创品牌“七海制造局”，通过短视频推流营销，全年销售额接近600万元，在行业内引起了广泛关注。

三是精细化运营开发优质内容。随着越来越多主体涌入短视频赛道，出版单位在短视频营销过程中，越来越注重通过精细化运营维持竞争优势。例如，机械工业出版社华章分社2024年自营短视频电商销售额同比增长超过50%，即便如此，团队仍然在强烈的危机意识驱使下深入开展市场调研，力求准确捕捉反映市场机会和产品优势的“真数据”，找到市场真正的机会点，更好打造爆款产品。2025年初，该社敏锐捕捉到国产大模型的热度，策划的《高效使用DeepSeek》仅两个月即正式出版，营销团队积极用好短视频等流量资源，为图书的推广搭建了坚实的桥梁，助推该书全渠道预售突破5万册。浙江人民出版社长期跟踪分析不同图书在不同平台的转化效果，并有针对性地为不同类型图书量身定制推广方案，以《失去的三百年》为例，经综合调研分析后以短视频为主要推广渠道，2024年10月上市一周即加印，3个月内实现加印3次，发行近3万册，多次登上当当图书畅销榜。

[1]“谷子经济”是指围绕二次元IP周边商品的消费文化和经济形态，其核心概念是“谷子”，即英文“Goods”的音译，指动漫、游戏等版权作品的周边商品。概念解释来源于中国日报网。

三、以自营矩阵多维运营

近年来，出版业承受着价格竞争加剧与渠道格局变革的双重挑战。图书营销渠道分化显著，抖音、淘宝天猫、小红书、微信视频号、快手、B 站、拼多多等平台纷纷崛起，倒逼出版单位加速构建自营电商矩阵，在核心平台开设官方店铺，以实现更自主灵活的市场运营。自设店铺营销呈现以下 3 个主要特点。

一是自营渠道与品牌建设进一步深化。近年来，自营渠道的构建与品牌建设成为出版单位重要议题，许多出版单位已在抖音、京东、淘宝天猫等平台开设官方旗舰店，直接面向消费者销售图书，部分出版单位还通过自营店铺推出独家版本或特装书，增强品牌溢价能力。例如，上海译文出版社自 2020 年开始搭建立体化自营渠道，到 2024 年底自营销售额已占图书销售总额的 25%，极大减轻了出版单位对渠道的依赖。

二是私域流量运营进一步深化。出版单位自身多元化的渠道建设能够培育私域流量，直接触达读者，在一定程度上增加了与电商竞争的底气。①通过微信社群、会员体系和知识付费服务构建私域流量池。比如，上海外语教育出版社重视激活现有的微信社群，如产品用户群、教师学生群、读者群等，在群内提前发布直播信息、精彩预告及参与链接，并借助社群成员自发扩散，将相关信息传播给更多潜在受众，以形成裂变效应。②利用微信公众号和小程序搭建私域流量，结合推文内容推荐图书，并嵌入购买链接，用户可直接跳转至小程序完成交易。③通过社群运营提升复购率。例如，二十一世纪出版社集团在微信视频号运营中以私域裂变激活长效价值，将视频号内容与微信公众号、企业微信联动，把用户引流至社群，累计沉淀数十万高活跃用户，私域复购率提升 25%。

三是内容电商作用进一步凸显。开卷数据显示，2025 年第一季度图书零售市场码洋同比提升 11%，其中内容电商渠道码洋同比增长 87%，在细分渠道中唯一实现正增长，成为图书零售市场增长动能的主要来源，也反映出内容与电商进一步融合的趋势。近年来，内容电商作为出版单位的重要营销阵地越来越不可或缺，以小红书为例，从图文笔记到直播带货，许多出版单位的产品实现了从“种草”到销售的目标。中信出版集团《赤壁赋（绘本版）》通过其多个小红书账号矩阵同步发文，1周内产出5条获赞量上千的笔记，助力单场直播销售额突破10万元。

第四节　自研技术与平台对外服务模式的重点业态

数字技术的深度渗透不仅显著增强了出版业各环节的技术含量，更催生了多样化、个性化的技术需求。在此背景下，部分大型出版单位依托人才储备与技术积淀，已构筑起显著的技术优势。这使得它们能够对外输出成熟的出版技术与平台服务，并以此为契机，积极探索发展新质生产力的创新路径与模式。

一、自研技术对外服务

出版融合发展技术服务的历史可追溯到本世纪初出版单位的ERP、OA（办公自动化系统）等内部管理系统建设。鉴于出版业经营管理的独特性，外部通用型软件难以满足出版业需求，部分出版单位依托信息中心等部门组建技术团队，进行管理软件的自研开发。随着自研系统的不断演进与功能完善，一些出版单位逐渐具备了技术服务输出能力，其成熟系统经针对性定制及优化后，已在多家出版单位成功部署应用。

近年来，部分出版单位积极把握生成式人工智能发展契机，通过接入先进大模型，构建符合出版业务特点、适配行业需求的垂直领域大模型及智能应用。此类工具既可满足内部业务需求，亦可为同业机构提供技术赋能服务。如凤凰出版传媒集团2024年重点打造了面向出版、文化领域的人工智能综合应用平台——“凤凰智灵”（图4-4），以AI能力为引擎，辅助内容创作、提升制作效率，探索出版、营销、办公、培训等多场景智能化服务。在出版环节，平台具备内容自动生成和智能编辑校对能力，通过 AI 选题策划、书评撰写、校对、绘图等应用，协助编辑进行高效内容创作和编校，帮助提升出版环节生产效率和质量。在营销环节，平台可提供自动生成书籍概要、定制化营销文案和广告素材的功能，通过 AI 撰写营销文案、宣传视频脚本、活动策划方案，设计营销海报等，助力营销人员精准制定策略，提升图书市场曝光度和销售量。“凤凰智灵”经过多轮升级迭代已较为成熟，目前已在多家出版单位开展试用。

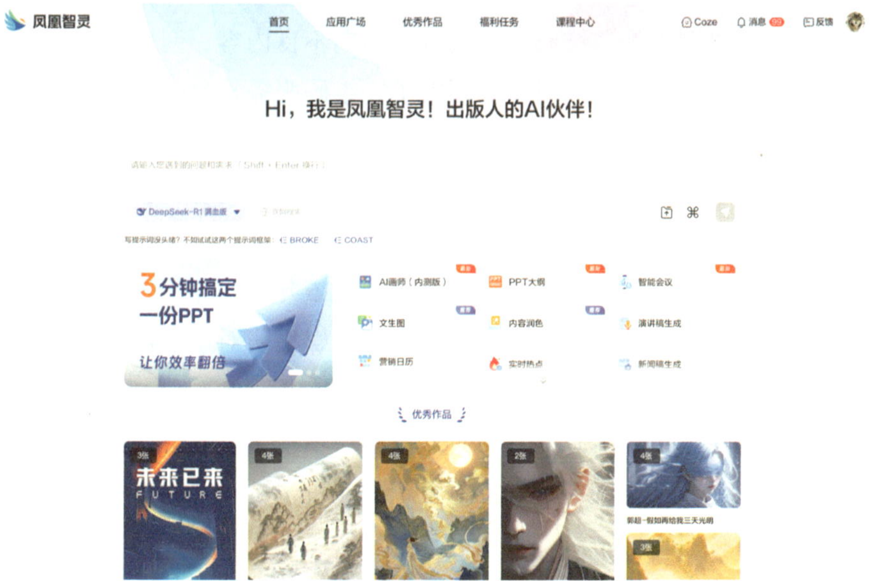

图 4-4　“凤凰智灵”平台入口

出版业始终高度重视编校质量，一些出版单位结合自身实践自主进行了智能编校软件开发。特别是近年来，随着人工智能技术的发展，许多单位将编校软件接入大模型，使其性能有了显著提升。部分智能编校软件也因此获得了同行认可，开展了一定程度的推广应用。如凤凰报刊出版传媒公司开发的“凤凰智能校对系统”全新升级“AI 校对”功能，查出率和查准率明显提升。除了“AI 改稿润色”和“图片文字校对”等基本功能之外，“音视图审核”接口升级为大模型审核接口，对图片、音频、视频等多媒体文件中的风险或违规内容的审核能力显著加强。该平台的客户数目前已超过百家，包括出版单位、期刊社、政府机关等。

二、自研平台对外服务

出版单位开展平台服务的核心优势在于其深厚的行业洞察力，能精准识别并响应出版业的差异化需求。同时，伴随技术实力的显著提升，出版单位在平台开发过程中持续深挖行业痛点，致力于探索解决方案与业务场景深度适配。

为了解决图书配二维码产生的链接指向不良内容、网址过期、网络安全等问题，凤凰出版传媒集团开发了二维码服务平台，能够实现在本单位、本部门内二维码资源的统一管理与统计分析，并可通过多种手段有效保障二维码的网络安全，包括更改二维码对应网址、设置二维码生效与失效状态、设置二维码有效时间段以及对二维码定期安全检测等功能，目前已在该集团各出版社广泛使用，2025 年上半年扫码量近 800 万次。为便于其他出版单位使用，凤凰出版传媒集团对该平台进行了专门改造，改造完成后，外部出版单位可独立部署和运维该平台。

此外，一些数字出版平台的研发应用还填补了行业空白，不仅满足了本单位融合发展中的需求，也给整个行业带来了一定的价值。如广西教育出版社针对古壮字录入、展示及检索的个性化需求，建成古壮字古籍资源库“中华古壮字古籍库”，自主研发“那蛙民族古籍智能编辑校对平台”，独创“那蛙古壮字输入法”，收录常见古壮字字符 13 000 多个，解决了古壮字在计算机输入、显示、编辑和整理中的技术难题，实现古壮字古籍的智能化处理。

同时需要说明的是，当前通过自研技术与平台对外服务形成的收益规模并不大。究其原因，一方面，出版单位自主研发面临诸多挑战，出版单位需要投入较多的资金推进技术研发与应用、内容创新与制作、平台建设与推广，研发难度较大，技术应用难题较多；另一方面，大部分出版单位研发新技术或新模型以自用为主，缺乏向其他出版单位进行推广的积极性，同时其他出版单位对使用同行的产品也存在种种顾虑。

因此，下一步实力较强的出版单位应加大通用技术和平台的推广力度，力争在行业更大范围内落地应用，在实现技术、平台价值和效益的最大化的同时，减少行业相关平台的重复建设和资源浪费。与此同时，缺乏技术自研实力的出版单位，应以开放包容的心态，积极试用、应用行业内可落地的技术、平台，与业内同行在合作中实现互利共赢。

第五节　新兴数字产品和服务的重点业态

新一轮科技革命和产业变革正向纵深演进，科技创新已成为推动出版深度融合发展的核心引擎。在技术赋能的加持下，出版业持续重构生产流程、延展服务边界、创新服务生态，建设兼具内容品质、多元形态与专业水准的新兴数字产品和服务体系。这些新兴业态的涌现，不仅对出版融合发展产生系统性、深层次影响，更直观展现出新时期出版业与前沿技术深度融合所取得的阶段性成果。

一、虚拟现实仿真产品

技术的迭代升级加速交互式产品的进化进程，AR、VR 等虚拟仿真技术在数字化出版领域的深度应用，正重构用户阅读的场景与范式。此类产品不仅催生了沉浸式纸质出版物互动模式，更通过多感官融合体验提升阅读乐趣。出版业的虚拟现实仿真产品已对科普传播、大众教育及文化传承产生重要影响，成为突破传统阅读边界、推动阅读方式革新的重要力量。

2025 年出版融合发展调研数据显示，开展虚拟仿真产品业务的出版单位占比 10.05%，占比相对较低的主要原因在于其较高的技术投入与硬件设备要求。尽管如此，一些出版单位已在该领域开展了富有成效的探索。如西北大学出版社“穿越地球 46 亿年”数字博物馆项目，依托 VR 等技术，构建起融合场景搭建、三维设计与智能交互功能为一体的虚拟博物馆。该项目围绕科普主题，以数字形式沉浸化展现地球的演变历程，不仅实现了传统科普的线上化、数字化转型，也为用户提供了跨越物理时空限制的新型互动学习体验。

同时，调研发现，业内其他融媒体交互产品也呈现类似创新趋势，产生了一批模式新颖、寓教于乐的融媒体交互产品。如延边教育出版社《图说中国朝鲜族岁时风俗》数字图书项目、黑龙江少年儿童出版社《史前王者》增强现实交互式电子书等，均通过数字交互技术赋能传统出版物，为读者带来身临其境的文化体验。此外，还有不少项目正在探索传统文化与虚拟仿真技术的融合，以实现传统文化内容的创新性传播。

随着用户对互动和沉浸体验需求的日益增长，交互与虚拟仿真技术在出版融合发展中的作用将愈发重要。为响应市场需求，行业需持续提升技术水平，深化虚拟仿真技术与内容创作的深度融合。如人民卫生出版社研发建设中国医学教育虚拟仿真案例库，借助虚拟仿真技术，打造临床环境和病例场景，使医学教材内容更加生动、直观、易于理解，让医学生在虚拟环境中进行与真实临床相似的技能操作和疾病诊治。艾瑞咨询《2024 年中国虚拟现实（VR）行业研究报告》指出，当前“内容开发挑战限制精品内容扩充，内容市场闭环存在漏洞”，主要体现为内容设计创意消耗大，加之 3D 建模、渲染、交互等高技术门槛，导致精品制作周期拉长，留存用户亟须更符合其视觉及空间交互预期的优质内容。出版单位应抓住机遇，充分发挥优质内容资源优势，积极投入虚拟现实仿真技术加持的内容建设中，以技术赋能创新内容表现形式，打造优质内容的“梦工厂”。

二、智能硬件产品

万物互联时代正驱动出版业探索智能硬件领域。出版单位依托对内容品质的精准把控及对用户需求的深度洞察，积极布局智能硬件开发领域。通过聚焦知识获取场景适配、阅读兴趣激发与版权生态维护，出版业正打造多种智能化载体，如集成海量正版资源的电子书阅读器、搭载

AI 交互功能的儿童教育平板电脑、适配专业领域的知识查询终端等。此类由出版单位主导或深度参与的智能硬件，其核心价值在于以优质内容为根本，以硬件终端为载体，实现内容与载体的深度融合，不仅为用户构建便捷、丰富及互动性强的阅读内容与学习体验，也为出版单位开辟内容价值变现的新渠道，助力出版单位构建从内容创作到终端服务的完整生态闭环。

2025 年出版融合发展调研数据显示，进行智能应用或终端研发的出版单位占比 8.62%，已有相当数量产品成功推向市场并取得较好的社会效益和经济效益。在教学硬件方面，人民音乐出版社的“人音教育钢琴教室”项目深度整合数字课程、数字乐谱、音视频等内容资源，配套开发了适配于教、学、练、评等多场景的智能软硬件系统，提供智慧钢琴、智慧谱架、单机硬件等智能设备，可在少年宫、职业院校、中小学等教育场景落地。在物联网应用层面，NFC（近场通信）数字藏卡代表了一种创新探索，该技术利用近场通信技术，将有声书、数字艺术等虚拟内容与实物载体融合，构建虚实交互的文化消费新形态。其核心逻辑是将加密数字内容存储于定制化芯片中，再将芯片嵌入具备艺术设计感的实体卡片或文创产品内，用户只需通过手机轻触感应区即可解锁专属音频、视频等多元化内容。这种“实体 + 数字”的双重价值载体，既保留了传统收藏品的触感和稀缺性，又通过数字内容的延伸拓展了文化消费的体验边界。

随着人工智能与物联网技术的深度融合，智能硬件将成为出版业转型的重要破局点。出版单位依托“内容基因 + 技术赋能”双轮驱动，可在以下三种智能硬件方面进行尝试：一是沉浸式终端。基于 AR/VR 眼镜、全息投影设备构建场景化阅读空间与知识交互空间，使知识输出从“平面传递”跃升为“多维体验”。二是智能介质产品。将 RFID（射频识别）芯片嵌入纸质书形成“有芯图书”，结合 NFC 感应终端，可实现自动调取音视频资源，并协助开展盗版追踪与用户行为分析。三是垂直领域服务硬件。聚焦细分场景需求，教育出版领域可探索研发 AI 助学机器人，专业及学术出版领域可开发适配特定行业的知识终端，为垂直行业用户提供更精准、更具专业价值的产品及服务。

三、生成式人工智能相关产品

生成式人工智能的快速发展正为出版业带来全新发展机遇，出版单位正积极探索其在内容生产、编校审核、传播及运营管理等环节的融合应用。该技术的落地不仅有效提升出版单位的内容创作效率，增强内容互动性与个性化供给能力，还能更好推动出版物在呈现形式与内容创新层面实现突破。

当前，出版单位应用人工智能技术特别是生成式人工智能技术已较为普遍。在应用模式方面，出版单位的人工智能部署呈现路径多元化的特点：有的出版单位部署自己的算力基座，研发专属大模型，全面提升业务运营与服务能力；有的出版单位采用租用或接入第三方技术模式，聚焦特定业务开展探索；有的出版单位依托自身特色资源，训练垂类模型或开发智能体，解决单点业务的深层次服务需求。

在内容生产方面，生成式人工智能正推动出版业完成从“经验驱动”向“数据驱动”转型，人工智能赋能文案优化、选题策划、摘要提炼、全媒体内容生成及个性化推荐，逐渐成为编辑和运营工作的核心支撑工具。在内容审校环节，AI 技术完成从基础语法校对到深层语义理解的迭代升级，目前已广泛应用于自动校对、政治敏感词筛查、术语一致性检查、专业词汇规范等场景，同时在文本音频的同步校对、古籍影印本与现代标点本自动比对等专业化需求中也发挥重要作用。在知识服务层面，生成式人工智能助力出版单位向“内容解决方案提供者”转型，通过智能检索与知识关联、学术趋势分析与成果转化、知识图谱构建、智能问答及个性化推荐等应用，出版单位得以更精准地挖掘内容价值，为用户提供深层次的知识服务。在智慧教育方面，作为人工智能技术应用落地的重要场景，相关应用已显著提升教学效能。如学情诊断与个性化推荐、自适应学习系统、智能教材、智能批改、实时答疑、虚拟仿真实验室等应用，正推动教育场景向个性化、智能化升级转型。

以中原出版传媒集团旗下大象出版社为例，其自主研发的万象文献资源库平台，以专题化资源聚合和多模态生成式人工智能技术为核心驱动，构建了集史料文献出版多样化、学术研究智能化和产品服务多元化于一体的综合性服务体系。该平台通过技术创新和馆社联动模式，首创边扫描、边编辑、边传播的一站式运营机制，实现了史料文献出版流程的优化与再造。同时，深度融合大数据、多模态生成式人工智能和知识图谱等技术，平台搭建起以“1+N”专题数据库矩阵为基础的纸数互动产品体系。依托特色化专题资源语料库资源优势，平台通过微调模型开发出文生图、文生文、图生图等多元 AI 应用，有效提升了古籍文献的保护、活化、传播及知识发现能力。

着眼未来，生成式人工智能的应用正从“工具赋能”迈向“生态重构”的新阶段。出版单位对 AI 应用的探索将从单一环节延伸至出版全链条，在内容生产、知识管理及个性化服务等环节实现更精细、更精准的变革性突破，系统性重塑出版业的价值链与生态链，驱动出版业实现高质量发展。

参考文献

[1] 焦军灵. 数字技术促进出版业高质量发展的路径探索 [J]. 记者摇篮, 2025 (04): 24-26.

[2] 马晓彦, 吴学兵, 陈慧, 等. 融合出版时代科技图书编辑业务能力提升的路径探析 [J]. 新闻研究导刊, 2023, 14 (24): 221-223.

[3] 蒋海鸥, 曾珍. 出版 AI 大模型驱动下的出版集团融合发展策略 [J]. 出版广角, 2024 (24): 37-44.

[4] 新华社. 11.23 亿网民如何共享数字发展成果：透视第 56 次《中国互联网络发展状况统计报告》[EB/OL].(2025-07-22)[2025-08-15]. https://www.news.cn/tech/20250722/bc651c987fbc4132826f3b886133ea37/c.html.

[5] 何利萍, 徐铭. 新质生产力赋能出版业高质量发展的逻辑机理及实现路径 [J]. 传播与版权, 2025 (08): 47-51.

[6] 韩晓东. 2024 年全国国民阅读调查报告发布 [N]. 中华读书报, 2025-4-30 (1).

［7］尹琨. “三问”AI 大模型推动出版业变革 [N]. 中国新闻出版广电报, 2025-01-06 (001).
［8］TMT 北京专项组. 2024 年中国移动互联网流量年度报告 [R]. 艾瑞咨询, 2025.
［9］中国音像与数字出版协会. 2024 年度中国数字阅读报告 [R]. 中国音像与数字出版协会, 2025.
［10］企服研究五组. 2024 年中国虚拟现实（VR）行业研究报告 [R]. 艾瑞咨询, 2024.

第五章　技术赋能

信息技术是出版融合发展的核心驱动力之一。融合发展背景下，努力实现技术变革为出版赋能是出版单位探索融合发展之路、实现知识服务转型的内在要义。在新的行业环境与科技革命浪潮之中，出版业正处于转型升级的关键时期，不断探索与新兴技术的深度融合，实现全链条全场景的数字化与智能化，提升内容生产能力、传播效率和用户体验，发展出版融合新业态，是出版高质量发展的必由之路。

第一节　新兴技术与业务场景的结合日益紧密

人工智能、大数据、云计算、AR/VR、物联网、区块链、5G 等技术的深化应用推动出版业朝着“智能出版”的方向发展。2025 年出版融合发展调研数据显示，在出版单位应用新兴技术方面，大数据技术是应用比例最高的技术类型，其次是生成式人工智能技术，再次是云计算、AR/VR 等技术。总体来看，大部分出版单位着眼于成熟技术的应用，部分出版单位积极开展了前沿技术的探索。

一、大数据驱动精准决策与运营

当前，出版单位正在逐步提升选题策划、管理决策、用户服务等工作中的数据含量，提升基于数据的洞察力，广泛运用数据分析优化管理决策、提升服务质量，利用大数据挖掘用户需求、预测市场热点、提高生产和服务效能。通过有效整合、分析和应用数据资源，出版单位能够获得更深入的市场洞察，做出更高效的运营决策，提供更个性化的客户服务，从而在数字经济时代保持竞争优势，实现高质量发展。

一是选题策划与市场洞察。出版单位将大数据技术应用到市场调研过程中，通过分析电子商务平台、在线阅读 App 的用户行为数据，如浏览量、阅读时长、购买记录、评论和评分等，深入了解用户阅读偏好和习惯，从庞大的数据中快速提取有价值的信息，帮助编辑团队洞察市场需求，运用机器学习和预测分析模型等捕捉热点趋势，分析竞争态势，提升选题策划精准度和市场适应性。如四川人民出版社利用人工智能大数据采集技术和智能分析技术，对海量数据进行多维度分析整理，生成选题报告供编辑参考，“手把手教你写作文”“学生必背古诗词”等系列丛书就是在智能分析处理技术辅助下产生的选题。

二是生产与供应链优化。基于大数据搭建智能印制系统，实现按需印刷、以销定产，推动印刷业从标准化向个性化、柔性化生产转型，显著提升库存精准度和交付效率，减少库存积压和短缺，提高库存周转率。通过实时数据整合与智能算法，物流企业实现了运输成本压缩、时效提升及碳排放减少，尤其在路径规划和应急调度中成效显著。如人民邮电出版社通过整合汇集大数据驱动的需求、内容、生产、产品和运营等数据，加强了出版社、排版公司和印装企业之间的信息化连接，构建智能化大数据平台，激活断版图书，减少报废图书，降低资金成本，建立“以销定产”按需印刷的生产经营模式。中文传媒现代出版物流中心，以其先进的智能化管理系统、高效的自动化作业流程以及全面的数据分析能力，为图书的存储、分拣、配送等各个环节带来革命性的变化，不仅大幅提升物流效率，减少人力成本，还能通过大数据分析精准预测市场需求，优化库存管理，为读者提供更加快速、准确、个性化的服务体验。

三是用户画像与精准运营。大数据技术在出版业的用户画像与精准运营方面展现出强大的赋能效应，通过数据整合与 AI 应用实现效率与收益的双重提升。如电子工业出版社整合旗下多个网站的用户行为数据，构建统一用户数据库，数据来源覆盖线上线下全渠道，包括用户注册信息、浏览记录、购买行为等，建立全方位用户标签体系，涵盖基础属性（如年龄、地域）、兴趣偏好（如图书类别偏好）、消费能力（如购买频次、客单价）等，支持精准筛选用户群体并导出数据，再基于用户画像实现图书精准推荐，提升用户点击率与转化率。该数据库还可以分析历史销售数据、市场竞争状况、季节性因素等。出版单位结合预测分析和算法模型，动态调整产品售价和促销策略，实现利润的最大化。

二、智能审校提升内容生产效率

内容质量是出版物的生命线。随着智能技术的发展，出版单位核心业务环节——内容审校的技术赋能效应日益凸显。智能审校软件的应用有利于降低人工审校的工作难度，缓解编辑工作压力，提升工作效率，推动出版业逐步形成人机协同的内容生产模式。

智能审校软件通用功能包括字词符号检查、体例检查、格式检查、知识检查、敏感内容检查、内容相似度检查、上下文重复性检查等。相比传统的基于字词库、规则库的审校系统，新型智能审校技术是一种融合了自然语言处理、深度学习与知识图谱等技术，通过多模态文本理解、结构化知识抽取、语义级纠错优化、场景适配输出的闭环，实现对文本内容的自动化、智能化、场景化审校。新型智能审校系统的核心能力包括：①语义级纠错。突破传统规则库局限，识别语法错误、逻辑矛盾、事实性偏差等深层问题。②风格迁移控制。基于行业规范（如出版标准、企业风格指南）动态调整文本表达。③人机协同进化。通过反馈强化学习持续优化模型，形成“人工标注—机器学习—效果验证”增强回路。④多模态编校。支持图文、公式、表格、音视频等复合内容的一致性校验。

随着 AI 技术的快速发展，越来越多的出版单位开始探索使用包括智能审校系统在内的软件工具助力出版工作提质增效。如人民交通出版社的编辑在日常工作中采用智能辅助审校系统，能在 3 分钟内处理 10 万字内容，从字词、标点、敏感词、逻辑等多个维度进行智能审校，有效提升了图书审校的质量与效率。化学工业出版社将智能审校纳入图书的标准生产流程，编辑接收到作者的稿件后，利用智能审校系统对稿件内容进行全面审核，包括字词及符号的准确性，敏感内容、大纲逻辑的正确性以及知识点、格式等方面的检查；审核完成后，编辑可以根据系统提供的审校建议修改稿件，或将审校结果反馈给作者。此外，一些出版单位也发挥自身优势，自主或合作研发智能审校工具。如知识产权出版社“来出书”平台的智能审校、上海辞书出版社的“辞文智能知识审校系统”、凤凰出版传媒集团的“凤凰智能校对系统”等。陕西师范大学出版总社、陕西师范大学出版传媒研究院、陕西师范大学新闻与传播学院、国家新闻出版署西部多语种文化资源智慧出版重点实验室，联合技术公司开发的“文正 AI 出版协作平台 3.0”，以智能审校为突破口，为出版业量身定制全流程 AI 赋能工具，目前已上线“AI 编辑审校系统”“AI 编辑审读系统”“AI 稿件速读系统”。

三、云原生持续解放数字生产力

近年来，云原生技术实现了高速发展。从 Docker（容器化技术）到 Kubernetes（容器编排系统），再到云原生的存储、数据库、安全及配套的 DevOps（开发运维一体化）工具，云原生生态逐步丰富，以容器技术、CI/CD（持续集成 / 持续交付）、Kubernetes、微服务等为基础的云原生技术诞生并走向成熟，让开发变得“更简单”。容器技术将软件运行环境打包成一个“集装箱”，方便在不同环节进行传递，可实现多环境快速移植；Kubernetes 将容器的调度和部署标准化，显著减少开发运维人员的手动操作次数；微服务将复杂应用拆解为松耦合服务，每个服务遵守单一责任原则，可独立部署和交付，提升了业务敏捷性；基于 DevOps 理念从需求管理、文档管理、代码管理、开发环境管理、测试管理、构建和发布管理等多个维度规范研发流程，实现持续集成持续交付，让软件研发过程更加高效，提升研发效能；Serverless（无服务器）架构让开发者能够更专注于业务逻辑和代码功能，而不必花费大量精力在部署、运维、监控和扩容等方面。云原生架构可以提供更高的安全性保障，每个应用程序都运行在独立的容器中，容器之间相互隔离，可以有效地防止应用程序之间的攻击和干扰。

云原生技术降低了数字化的门槛，使得出版单位研发和运维人员能够专注业务本身，解放了数字生产力。越来越多的出版单位在融合发展中使用云原生相关技术，开展平台建设、知识服务等业务，或对已有业务系统进行云原生改造。如北方妇女儿童出版社“issue.AI 数智化融合出版运营平台”以“数智化 + 信创化”的产业与技术融合，实现横向到边、纵向到底的平台体系，使用微服务、低代码、容器化等云原生技术打造一体化的平台底座，具备高性能、分布式、柔性扩展能力，有效推动了产业升级与生态创新，为多元化的业态联动提供了无限可能，实现了对更多用户的触达。高等教育出版社自 2020 年起开始探索云原生技术在平台开发中的应用，包括开发云原生、计算云原生、架构云原生、数据云原生等，分阶段分步骤开展现有系统云原生改造，提高了系统迭代效率、灾备能力、数据安全性，降低了运维成本。

四、虚拟现实打造沉浸式阅读体验

AR 技术将平面的知识以立体化的形态呈现，为用户提供身临其境的阅读体验。VR 技术构建一个具有听觉、视觉、触觉等感知系统的虚拟空间，用户可通过 VR 眼镜、数据手套等设备与虚拟环境交互。AR/VR 技术增强了出版内容的互动性，重塑了出版产品形态、用户体验和传播模式，也为图书 IP 资源转化提供了新的路径。AR/VR 出版物在不改变印制工序、不增加印制成本的前提下，实现平面书籍的立体化，扩大和延长了图书的内容空间及服务周期，将“读万卷书”与“行万里路”有效结合，拓展了出版服务场景，促进出版业向智能化和个性化发展。出版单位应用 AR/VR 技术时，在选题策划上，要精心策划，独辟蹊径，避免同质化；在内容制作上，要严把质量，精益求精；在产品运营上，要提升配套服务，优化用户体验。如人民卫生出版社基于 2024 年出版的“全国高等学校五年制本科临床医学专业第十轮规划教材”，创新性地提供了基于 VR 和 AI 等技术打造的三维模型和“数字人”案例；建设的《3D 系统解剖学》将 VR 技术与现代医学教学相结合，建立了一个三维虚拟环境，导入完整的 3D 数字人体解剖结构，帮助用户全方位地观察人体的各个器官和结构，营造一个虚拟解剖实验室。此外，北京少年儿童出版社的“大开眼界 · 恐龙世界大冒险”系列丛书、中国少年儿童新闻出版总社的《我们爱科学》等，将 AR/VR 与纸质出版物有机融合，均取得了良好效果。

五、物联网连接万物驱动创新

物联网指通过感知设备，按照约定协议，连接物、人、系统和信息资源，实现对物理和虚拟世界的信息进行处理并作出反应的智能服务系统。物联网的关键技术主要包括：感知技术、网络与通信技术、数据处理技术等。其中，感知技术包括传感器、条码识别、二维码识别、射频识别、音视频采集、高精度定位等技术，负责实现数据感知、采集和获取；网络与通信技术包括协议、接入、组网、融合等技术及设备，负责实现数据传输；数据处理技术包括信息模型、数据分析、数据存储与管理、数据融合、数据接口等技术，负责实现数据交换共享、信息协同。同时，在实时业务、应用智能、数字化管理等需求带动下，催生出边缘计算、物联网操作系统、数字孪生等相关技术，实现全面感知、泛在连接、安全可信、智能应用。

在出版业，物联网通过电子标签为每本图书建立唯一数字标识，实现全产业链数据贯通。在印刷环节，采用自动贴标与数据校验技术，替代传统手工点数模式，优化生产线效率并减少人工误差；在仓储管理环节，依托射频识别设备自动采集出入库信息，实现库存动态监测。此外，通过跨部门数据互通，破解传统出版业库存积压与供应链信息孤岛难题。在物流环节，通过多层级读写设备构建实时追踪系统，使出版物从印刷厂至销售终端的流转信息全链路同步，显著提升配送精准度与物流响应效率。在版权保护方面，射频识别标签（RFID tag）的不可复制特性为出版物建立物理防伪屏障，出版单位通过搭建物联网验证平台，支持消费者通过线上线下双通道进行真伪鉴别，强化知识产权保护的技术支撑。在阅读体验方面，物联网设备与 AR/VR 技术联动，使纸质图书成为连接数字内容的入口，如通过智能标签触发 3D 模型展示、虚拟仿真实验等交互功能。

第二节　生成式人工智能研究与应用全面拓展

生成式人工智能的快速发展，给包括出版业在内的各行各业带来了巨大变革。生成式人工智能正在加速融入知识生产和传播，重塑出版业态，变革知识传播的价值链。出版业对生成式人工智能的研究与应用已全面拓展。

一、生成式人工智能深刻影响出版业

生成式人工智能正深刻推动出版业态创新。互联网内容生产模式经历了从 PGC（专业生产内容）到 UGC（用户生成内容）再到 AIGC 的演变，生成式人工智能改变了内容生产方式，成为推动数字生产力变革的重要力量；生成式人工智能可以运用到出版选题策划、美术设计、编辑校对、市场营销等编辑生产流程中，大大提升编辑工作效率；生成式人工智能促进出版产品和服务智能化升级，催生多样化产品形态，推动内容向个性化与定制化方向迈进，拓展出版服务方式与服务场景。

出版业促进生成式人工智能高质量发展。生成式人工智能的广泛应用可能导致虚假和误导性信息的产生和传播，大量 AIGC 的存在给内容生态带来多重影响。出版业对作品版权的保护、对内容质量的严格把关，有助于促进内容生态的健康发展并调动作者创作积极性。同时，出

版业的大量高质量、系统性、权威性数据资源，可以为人工智能的高质量发展提供保障。

二、出版业人工智能应用探索广泛开展

2025年出版融合发展调研数据显示，已接入或应用人工智能服务的出版单位达到54%。从接入或应用的生成式人工智能来看，使用最多的是深度求索DeepSeek，占比36.62%，其余依次是字节跳动豆包、百度文心一言、阿里巴巴通义千问等（图5-1）。在“其他”选项中，使用较多的主要是AI编辑工作室、可灵、AI校对王、即梦、出版大脑智能审校、纳米搜索等。

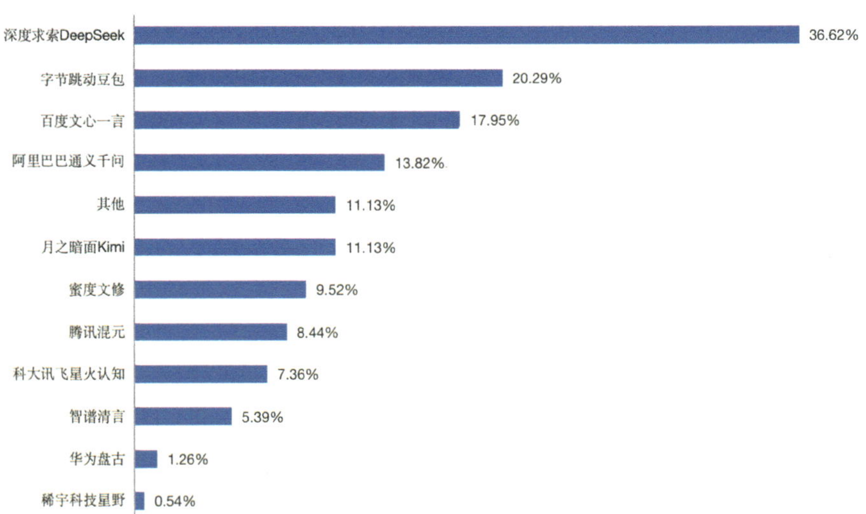

图5-1　出版单位接入或应用的生成式人工智能占比

当前，出版单位生成式人工智能技术应用主要围绕以下3种路径进行：①将人工智能应用到出版生产经营过程中，提升AI技术在编辑、生产、营销、管理等某个或多个出版环节的工作效率，通过深入探索人机协同的内容生产新流程，促进出版业生产模式创新。②以大模型为依托为出版产品和服务赋能，通过开发Web（万维网）端或App端

的内容交互新方式并找到精准应用场景，助力出版业在知识服务、产品运营等领域升级和创新。③开展数据资产建设和运营，提供数据服务，或利用通用模型，开展专业化内容训练，形成某一领域的专业细分模型。

（一）优化流程，提升效率

出版单位应用人工智能技术的主要方式之一是将其应用于生产经营中，提升选题策划、内容生产、编辑加工、营销推广、客户服务等环节的工作效率，促进人机协同的出版流程重塑。如凤凰出版传媒集团开发的面向出版业的“凤凰智灵”人工智能综合应用平台，通过人工智能技术为出版工作提供支持，激发员工创意，提升工作效能。该平台汇集了10多种AI能力，开发了30多个和出版相关的智能应用，提供智能审校、智能问答、AI生图，以及办公、出版、营销等方面的智能服务。中信出版集团开发的“夸父AI数智出版平台”针对出版环节的各个场景，梳理出17个大类型、122个模板，涉及出版流程中的内容评估、审读、翻译、营销等环节。

（二）升级产品，提升服务

出版单位积极探索将生成式人工智能技术应用于产品创新中，升级产品功能，提升服务质量。AI已逐步成为出版融合产品和服务的标配，通过AI增强产品功能，提高现有产品或服务的性能和易用性，提升用户体验：① AI阅读。如中华医学会杂志社的MedAI助手（医学文献阅读与科研辅助的人工智能工具），允许用户对打开的文档进行快速检索提问，无论是针对文章细节的查询，还是对研究方法和结论的深入探讨，MedAI助手都能迅速定位并提供答复。此外，它还能对文章进行总结，为用户提供免费的科技文献翻译服务等。② AI伴学。如高等教育出版社“爱课程”平台2025年推出新版“小慕AI助学”，化身24小时贴身学习助手，无论知识答疑、题目解析，还是学习规划、个性化学习资源推荐，小慕都能为用户“量身定制”答案与路径。③ AI辅导。如江苏凤凰教育出版社基于优质作文辅导图书研发了同步作文伴写智能体，覆盖小学阶段写作多场景及多元化需求，通过个性化写作路径规划、沉浸式互动写作体验、精准评估写作效果等核心功能，有力驱动作文教辅图书由传统的静态模式向智能化、动态化及高度个性化方向迈进。④ AI 测评。如外语教学与研究出版社的外研通口语测评、Uskills“AI 英语口语平台”，利用人工智能辅助英语口语练习，系统自动评分，能够迅速准确地衡量学生的英语水平，并帮助学生提升英语口语能力。

（三）拓展领域，创新业态

除赋能出版业务流程、升级出版产品外，出版单位也积极尝试利用人工智能技术拓展服务领域，探索业态创新，发展“数据即服务”“模型即服务”等新型业态。

一是数据资产建设。数据将成为智能时代出版业乃至整个社会的核心资源。《关于加强数据资产管理的指导意见》《企业数据资源相关会计处理暂行规定》等政策的出台，促使出版业数据资产建设进一步规范。出版单位开展数据服务主要包括 3 种模式：①语料库商业化，将高质量出版内容转化为大模型训练专用语料库，面向 AI 公司提供数据服务。②利用用户行为衍生数据产品，向相关行业输出。③建设和运营数据确权平台、可信数据空间等，实现跨机构数据整合、跨领域数据交易，解决“数据孤岛”问题并建立适宜的分配机制，实现可持续发展。2025 年出版融合发展调研数据显示，约 35% 的出版单位已开展数据资产管理工作。

二是垂域大模型建设。如中华书局古联公司与南京农业大学推出了首个古籍整理大模型——“荀子”古籍大语言模型，构建了覆盖《四库全书》等传世古籍的 40 亿字混合语料库，能够实现古籍智能标引、信息抽取、诗歌生成、高质量翻译、词法分析、自动标点等功能。高等教育出版社联合浙江大学、阿里云等共同研发的“智海三乐”教育大模型，集成搜索引擎、计算引擎和本地知识库等功能，可提供智能问答、试题生成、学习导航、教学评估等功能。同方知网和华为共同研发的华知大模型，面向科技创新、学术研究、科学决策和人才培养四大应用场景，打造自主可控、高可信度的科研和知识服务大模型，形成 30 多项通用能力和 12 项特色能力。

三、出版业生成式人工智能应用建议

生成式人工智能技术仍在快速发展变化中，其与出版业的融合也在不断演进和深化，未来出版业生成式人工智能应用可从以下方面考虑：①建设数据资产，筑牢发展基础。大语言模型的发展依赖于高质量、大规模、多样性的数据，数据服务是出版单位未来的重要发展方向。出版单位要加强专业化、体系化内容建设，拓展内容的深度与广度，建设高技术含量、高知识密度、高应用价值的数据资产及管理运营体系。②训练垂域模型，提供专业服务。出版单位在专业领域积累了大量内容资源，可以发挥专业内容优势，基于通用模型打造满足特定领域需求的垂域大模型，开辟专业服务新路径。③构建知识库，打造智能体。建立在人工智能大模型基础上的智能体将创造出更加丰富、方便和实用的应用场景，是生成式人工智能落地应用的一个重要发展趋势。出版单位可利用自身内容资源优势，建设各类型知识库，协同通用大模型，基于检索增强生成技术，建设适用于特定领域和场景的智能体，在用户服务端或出版业务端进行应用，提供更精准、更高效、更智能的服务。出版单位基于专业知识库建设的智能体既可服务于自身业务，也可作为公共产品对外提供服务，开展 AaaS（智能体即服务）业务。④规范合作机制，强化数据安全。当前出版业与 AI 企业的合作包括多种模式，如合作共建模式、数据授权模式、API（应用程序编程接口）调用模式、自主训练模式等。出版单位在与技术企业合作时，应理解生成式人工智能背后的数据商业模式，确保数据合规与安全。⑤建立应用规范，维护良好生态。面对生成式人工智能在版权、伦理、意识形态、数据安全、隐私保护、学术诚信等方面的风险挑战，出版单位应加强内容把关，制定负责任的 AI 使用规范；规范数据的收集、使用和管理，加强对人工智能产品和服务的监管，确保技术的安全、可靠和合规应用；引导创作主体和用户合理使用生成式人工智能，提升智媒时代的智能素养。⑥跟进技术变革，深化应用研究。出版业应持续跟进人工智能技术发展，深刻认识人工智能带来的影响，认清变革本质并主动拥抱人工智能，实现与人工智能的协同高质量发展。

由于不同出版单位的自身情况与产品类型等存在差异，应对人工智能挑战的策略、方法、路径还需要因社制宜、分类施策。一方面，从内部着手，提升从业者智能素养，增强“内功”；另一方面，积极加强外部合作，主动适应用户需求变化，积极探索人工智能赋能出版的业态创新，实现出版融合高质量发展。

第三节　技术赋能的路径和机制持续优化

在发展新质生产力背景下，技术赋能出版融合发展的广度和深度持续演进，技术创新已突破单一环节或流程的优化范畴，演变为一种系统性、整体性、联动性的创新模式。如何认识技术、应用技术、评估技术，如何结合出版单位资源禀赋选择不同的技术开发方式，如何建立适应不同技术应用模式的管理机制，成为出版单位的重要课题。出版单位在技术赋能的路径和机制上不断探索，实现管理提升和业态创新。

一、技术开发方式更加多元

经过多年探索，出版单位融合发展的方向逐步明晰，技术创新从内容生产端、运营端、版权端逐渐赋能出版产业全链条、全场景。出版单位在技术开发方式上经过不断尝试，呈现多元化发展态势，根据自身业务类型、资源禀赋、市场定位等采取不同的技术应用和发展路径，并进行动态优化和调整，主要包括自主研发、外包研发、合作研发、应用外部平台、技术采购、资本运作等方式。

2025 年出版融合发展调研数据显示，不少出版单位根据实际业务需求的不同，并行采用了多种不同技术开发方式。选择两种及以上开发方式的出版单位占比达 65.17%。出版单位采用不同的技术开发方式，在设计、开发、运营等环节呈现出不同特点（表 5-1）。

表 5-1　出版单位技术开发方式及特点分析

技术开发方式	设计	开发	运营	特点分析
自主研发	√	√	√	创新管理机制
外包研发	√	×	√	需要产品设计和运营能力
合作研发	部分参与	部分参与	部分参与	建立合作机制
应用外部平台	×	×	×	支付服务费用
技术采购	×	×	√	直接使用或二次集成

说明：“√”表示出版单位参与，“×”表示出版单位不参与。

在技术开发方式上，出版单位选择最多的是应用外部平台，占比 53.86%；其次是合作研发，占比 49.01%；再次是自主研发、外包研发、技术采购，分别占比 34.83%、32.32%、26.39%（图 5-2）。

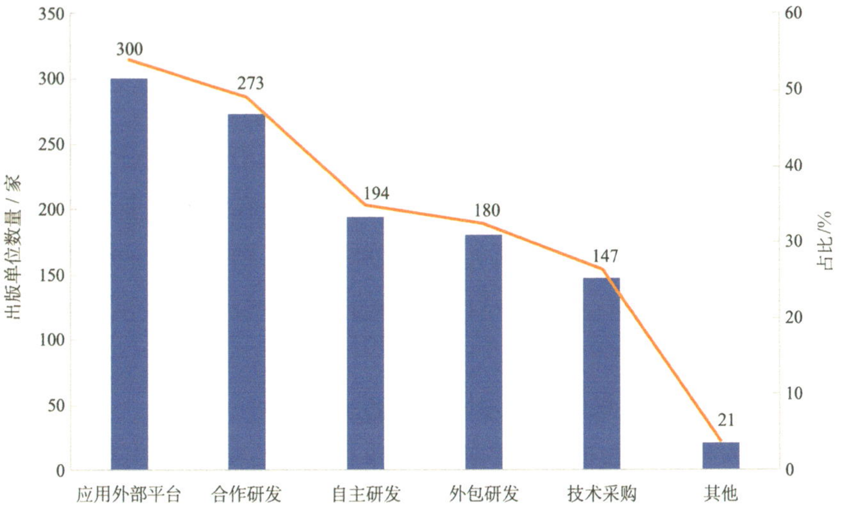

图 5-2　出版融合发展业务主要技术开发方式

（一）应用外部平台与合作研发共建开放生态

应用外部平台与合作研发对出版单位来说，对技术能力要求相对较低，出版单位可以更加专注于业务层面，发挥自身优势。双方以内容销售分成、广告收入分成等方式，实现合作互利共赢。技术合作方在产业链中发挥了技术支持与创新、内容集成与分销、推动产业融合等作用。2025 年出版融合发展调研数据显示，出版单位应用外部平台与合作研发的比例较高。

应用外部平台即出版单位直接应用外部成熟的平台开展数字业务。出版单位应用的外部平台来源主要包括 3 类：①大型互联网企业（如腾讯、华为等）的平台；②新型数字出版企业（如中国知网、方正、阅文、数传等）的平台；③出版单位的平台，如新华文轩出版传媒股份有限公司打造的出版分销平台，高等教育出版社、人民邮电出版社、清华大学出版社等建设的数字化出版服务平台等。出版单位应用外部平台不仅是出于对技术投入的考虑，更多是从构建生态的角度考虑，借助更大的平台，融入更大的生态，从而促进自身业务的可持续发展。

合作研发指出版单位以对外合作方式获取技术服务。如《三联生活周刊》与 CmsTop 公司合作，采用 CmsTop 技术方案推出了全新改版的《三联生活周刊》在线平台，在视觉效果、互动性、使用性能等方面全面升级。高等教育出版社爱课程（中国大学 MOOC）平台，通过与网易公司合作，有效弥补出版单位在技术和运营上的不足，充分发挥双方优势，强强联合，共同开发，共同运营，协同推动在线教育业务的可持续发展。北京出版集团与猿力科技开展战略合作，结合各自的优质数字内容、领先 AI 科技等优势，在 AI 技术融合、品牌资源联动等方面展开全链路深入合作。

（二）自主研发与外包研发协同打造技术能力

自主研发和外包研发，均由出版单位掌握主动权，出版单位既需要具备需求分析和运营管理能力，也需要既懂技术又懂业务的复合型人才。不断提升技术能力，构建面向未来的核心竞争力，是出版单位尤其是大型出版单位实现深度融合发展的必由之路。2025 年出版融合发展调研数据显示，在开发方式上，出版单位选择自主研发与外包研发的比例，仅次于应用外部平台与合作研发；34.83% 的出版单位具备了一定的自主研发能力，体现了出版单位整体技术能力的提升。

近年来，部分出版单位在前期合作研发、外包研发或应用外部平台的过程中积累了技术经验，锻炼了复合型人才队伍，逐步从合作研发、外包研发等方式转向自主研发，提升技术自主能力，逐步减少对外部技术的依赖，确保在关键技术领域拥有自主知识产权。如人民交通出版社自主招聘核心技术骨干，建立了一支包括产品经理、系统架构师、UI/UE（用户界面 / 用户体验）设计师、后端工程师、前端开发工程师、网络运维工程师在内的技术队伍。构建了产品研发体系，引入 DevOps 和云效项目协作平台进行产品设计及技术研发、部署、交付，使整个产品研发实现了过程流程化、文档规范化、开发精细化、交付集约化。外语教学与研究出版社积极向技术、数据驱动的教育科技组织转型，借助技术转型创造综合竞争优势，实现产品研发自立自强，将出版融合发展的主动权掌握在自己手中，构建数字时代教育出版的“护城河”。其基于大数据、人工智能和机器学习的“iWrite 英语写作教学与评阅系统”“iTEST 智能测评云平台”等自研产品技术优势明显。

（三）技术采购与资本运作提升投入产出效率

技术采购指出版单位采购成熟技术产品、软件平台等，直接使用或进行二次开发、系统集成，如办公自动化系统、财务管理系统、内容加工技术、版权保护技术等。资本运作指出版单位收购或投资、控股技术公司，以获取技术支持或完善业务生态。2025 年出版融合发展调研数据显示，出版单位选择技术采购的占 26.39%。

投资并购是出版业实现数字化转型的重要手段。出版单位通过投资并购数字科技公司，直接获取先进的数字技术和相关人才，快速弥补自身技术短板；或通过投资并购人工智能团队或初创公司，推动智能出版的发展，实现人工智能在出版流程中的深度应用。如果麦文化通过投资上海星图比特信息技术服务有限公司和爱漫阁（上海）智能科技有限公司，积极投身 AI 赛道。

二、技术管理体系逐步健全

技术在出版业应用的最终效果与创新管理体系的建立息息相关。当前，出版单位正在建立健全技术组织与管理机制，加速构建技术创新管理体系，建立创新战略体系、优化组织架构、健全管理机制、重构考核评价体系等，建立与新质生产力相适应的生产关系，打造面向未来的核心竞争力。

（一）组织架构因社制宜动态优化

出版单位融合发展的组织架构一直在因社制宜不断调整优化，以适应不断变化的市场环境、业务发展需求和战略目标定位。2025 年出版融合发展调研数据显示，出版单位融合发展业务实施主体的类型占比由高到低依次是："内设部门"占 40.88%、"内设部门 + 业务部门专职人员"占 29.01%、"内设部门 + 独立子公司"占 11.31%、"其他"占 7.30%、"所有部门"占 6.93%、"独立子公司"占 2.74%（图 5–3）。外语教学与研究

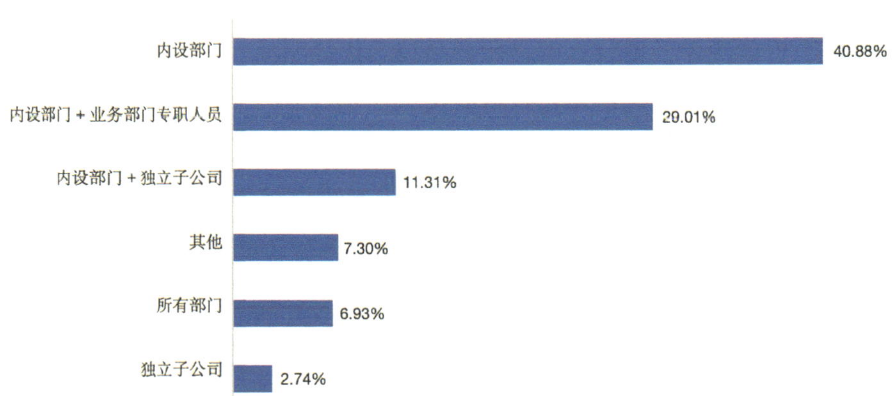

图 5–3　出版单位融合发展业务实施主体的占比[1]

[1] 少数出版单位未填写问卷相关题目。

出版社在独立子公司管理方面进行了卓有成效的探索，2014 年成立了全资子公司——北京外研在线数字科技有限公司（以下简称“外研在线”）。外研在线既承担着发展数字业务的使命，又担负着实现出版社互联网转型的“引线”职能，在新型管理机制、团队构建、考核激励等方面探索现代化的科学路径。作为数字化升级转型的核心载体，外研在线依托北京外国语大学和母公司的优质资源，以互联网公司的模式，深度融合优质教学资源与先进科学技术，构造了含内容、系统、场景、服务的业务系统和含课题、联盟、协会、社区、基地、标准的生态系统，为全学段用户提供专业、科学、高效的一站式外语智慧教育解决方案。

（二）管理机制逐步健全更加灵活

出版融合发展有赖于对技术的深刻认知及合理运用。出版单位要构建系统化、科学化的技术运用模式，发展产业化的新质生产力，归根结底要将技术问题上升至管理问题。特别是大型出版单位或数字业务量较多的单位，应在知识管理与技术积累、研发工作流程以及创新技术评价体系等方面进行精细化管理，激发内部创新潜力，提升市场竞争力。出版单位可借鉴互联网企业管理模式，建立项目论证、技术选型、经费投入、研发管理、质量控制、效果评价、用户服务等技术管理体系，通过技术管理机制建设促进内容生产与技术研发深度融合，实现传统业务与新兴业务一体化管理、短期目标与长期战略的结合。如凤凰出版传媒集团下属江苏凤凰数字传媒公司（以下简称“凤凰数媒”）在技术团队管理方面进行了有益尝试。凤凰数媒技术开发团队主要从 IT 行业引入，但在传统出版管理体制中，团队管理、激励机制等方面存在一些不适应的问题。近年来，凤凰数媒进行内部改革，将技术开发团队单独划出组建公司，凤凰数媒占股 51%，技术团队骨干占股 49%。从目前发展情况来看，总体运营管理效果较好。通过股权激励，团队积极性、主动性得到提高，市场开拓意识增强，不仅承接集团内的技术开发业务，还积极面向社会开拓教育信息化业务，成为专业的教育软件开发企业。

（三）考核评价多元互动体系重构

重构多元互动、与时俱进的考核评价体系有利于激发和维持技术创新活力。传统出版评价体系往往侧重短期经济回报，不适用于评估具有长期价值和战略意义的创新项目，尤其是以大型数字资源库、AIGC平台等为代表的基础性数字化工程。出版单位数字化业务正在逐步跳出图书业务考评体系，建立多元化综合评价机制，综合考虑数字化项目周期长、投资大、收益核算复杂等特点，构建包括技术创新性、市场潜力、用户接受度、长期战略贡献度等多个维度在内的综合评价体系，引入互联网用户数、活跃度等评价指标，实现对数字业务的全方位科学评价。同时，出版单位积极将考核评价与企业文化和激励机制相结合，营造鼓励尝试、宽容失败的创新文化氛围，支持员工对长期项目的投入和探索，完善出版融合发展人才激励机制，拓宽人才成长空间，营造良好环境，助力复合型人才成长。

技术创新不仅是推动传统产业转型升级的关键动力，更是出版单位适应市场变化、进行业态融合创新的必由之路。出版单位必须深刻把握技术创新发展趋势，从战略层面认识技术对产业的推动作用，建立系统化的技术创新管理体系，构建灵活高效的技术组织体系，打造科学完善的技术评价体系，实现技术与出版业务的深度融合。

参考文献

[1] 宋吉述, 杨海平, 蔡立, 等. 数字技术在出版领域的应用、难点与破局 [J]. 中国出版, 2025 (04): 41-47.

[2] 宋吉述, 杨阳. 新质生产力视域下出版企业的技术创新与管理 [J]. 出版广角, 2024 (16): 34-39.

[3] 曾元祥, 余世英, 方卿. 论数字出版产业链主体及其功能定位 [J]. 出版科学, 2013, 21 (03): 85-89.

[4] 本刊编辑部, 赵慧君. 出版融合新发展，破茧成蝶再辉煌：2023 出版融合发展经验交流会暨专题研讨班综述 [J]. 数字出版研究, 2023, 2 (02): 1-5.

[5] 张立明, 冉政, 张容. 多模态模型嵌入知识生成的逻辑机理与路径选择 [J]. 图书与情报,

2024 (04): 81-89.

[6] 黄先蓉, 常嘉玲. 融合发展背景下出版领域知识服务研究新进展：现状、模式、技术与路径 [J]. 出版科学, 2020, 28 (01): 11-21.

[7] 刘长明. 从数字化到数智化，智能技术赋能出版融合创新 [J]. 出版广角, 2022 (06): 33-36.

[8] 杨海平, 冯明会. 人工智能赋能出版产业深度融合发展：现状洞察、发展困境与实践路径 [J]. 中国编辑, 2024 (12): 45-51.

[9] 秦艳华, 侯玉丽, 李一凡. 基于国外出版业大模型最新应用的思考 [J]. 中国编辑, 2024 (09): 19-27.

[10] 孟仁振, 孙晓翠. 高质量发展视域下数字出版产业的技术创新体系建设 [J]. 科技与出版, 2023 (07): 87-92.

[11] 程丽, 周蔚华. 出版业上市公司发展亮点与趋势研判 [J]. 中国经济报告, 2024 (05): 62-75.

[12] 尹琨. 探寻破解融合发展难题的“金钥匙”[N]. 中国新闻出版广电报, 2023-12-18 (005).

[13] 訾宇彤, 龙杰. 数字出版的历史定位、技术路径和新质生产力 [J]. 中国编辑, 2025 (01): 43-52.

[14] 邓晓磊. 教育出版融合发展路径探讨：以人民交通出版社“车学堂”平台为例 [J]. 出版参考, 2023 (04): 46-49.

[15] 李丽. 外研社：数字化相关收入占比达到 30%[J]. 出版人, 2024 (01): 32-33.

[16] 刘华坤, 谢磊, 张志林. 大数据驱动的出版业供给侧改革探索实践：以人民邮电出版社“以销定产”按需出版为例 [J]. 中国出版, 2018 (14): 19-23.

[17] 周青. 出版业数智化的逻辑、路径与对策 [J]. 中国编辑, 2025 (04): 50-57.

第六章　队伍建设

近年来，出版业各方共同努力、携手合作，夯实人才培养基础、强化高层次人才培养激励、发挥出版单位人才建设主体作用，出版融合人才队伍建设取得阶段性成效，为出版融合发展提供了必要的人才保障。

第一节　出版融合人才队伍建设取得阶段性成效

当前，出版融合发展从业人员数量已具一定规模，呈现专兼职结合的特点。人员结构逐步优化，梯队建设逐步完善，形成了人才培养与使用的向好局面。

一、特点逐步显现

2025 年出版融合发展调研数据显示，超过 80% 的出版单位设有出版融合发展专职岗位，人员总计超过 10 000 人；兼职人员数量总计 5 800 余人。专职人员负责出版融合发展的主要工作，具体承担内容创作、产品策划、项目实施、技术研发、数据分析等任务，成为推动出版融合业务发展的主要力量。兼职人员主要负责本部门与融合专职部门的沟通与协作，推动相关业务在本部门的创新落地，是出版融合发展的重要力量。总体来看，出版融合人才队伍在现阶段呈现专职和兼职结合的鲜明特点，专兼职人员的有效协同，提升了出版融合发展的工作效率，保障了业务的有序推进。

出版单位融合发展专职岗位设置呈现多样性，包括数字编辑岗位、产品（项目）经理岗位、运营推广岗位、技术研发与运维岗位、数据分析岗位等，体现了融合发展业务的复杂性。设置数字编辑岗位的出版单位超过 70%，设置专职运营推广岗位、产品（项目）经理岗位的出版单位超过 50%，运营推广岗位人员数量约为数据分析岗位人员数量的 9.7 倍。以上调研情况表明，当前出版融合发展从业人员以负责内容资源创作、审核等融合业务的数字编辑为主体，承担融合产品及平台策划的产品（项目）经理和运营推广人员次之，而专门的数据分析人员相对较少。随着人工智能技术深层嵌入出版流程，出版单位的融合发展岗位结构亟需持续优化。

二、结构逐步优化

出版融合人才队伍建设打破了传统出版单一的人才结构模式，跨专业人才、复合型人才的比例逐步上升。随着出版融合发展业务的显著增长，出版单位日益重视跨专业人才的引入、培养和使用：①通过设置技术研发与运维、数据分析等新岗位，招聘技术人才，将智能互联、云服务技术等前沿理念和技术引入出版业，为出版融合发展注入了新的活力。②通过合作、顾问、指导、兼职、技术咨询等多种方式，凝聚更广泛的高精尖人才为出版融合发展贡献力量。③部分出版单位凭借在当地具有竞争力的薪酬待遇和优越的工作环境，采取特殊的人才引进政策，成功吸引了专业技术人才，为融合业务快速发展提供了坚实的人才保障。如凤凰出版传媒集团在招聘数字技术官、计算机工程项目专家等岗位时，采取“一人一策”的契约化方式，协商确定薪酬待遇。④创新机制激发人才活力。出版单位快速适应数字化转型和创新业态发展需要，调整人才组织架构和部门职能，出台重点项目激励办法、创新研发管理办法等制度，有效激发全域全员的创新创造活力。如中原出版传媒集团确保每年投入不少于 1 000 万元的创新研发资金，以支持人才进行内容研发、技术攻关和平台创新。

随着出版单位积极布局数字化业务并深度推进出版融合，业内对兼具出版业务能力、数智技术应用能力、新媒体运营能力的复合型人才需求急剧增加。出版单位通过内部培训、继续教育、项目实训等多种途径加速传统编辑转型。相关高等学校和行业学协会持续加大复合型出版融合人才的培养，通过继续教育项目、学术交流活动等，助力出版融合人才队伍建设。

三、梯队逐步形成

近年来，国家新闻出版署通过推进出版融合发展优秀人才遴选培养计划、举办出版融合发展专题研讨班等多种举措，培养了一批政治素质过硬、创新创造能力突出的复合型出版融合人才。这些优秀人才具备跨学科的专业背景、突出的创新能力、丰富的融合发展项目经验和综合组织协调能力，已成为出版融合人才队伍中的中坚力量。

出版单位通过参与出版学科专业共建、建立校企联合人才培养机制，参与行业融合专题培训和专项工作，承担重点融合项目和研究课题等多种方式，培养本单位出版融合发展骨干人才。同时持续创新优秀人才培养和激励机制，如外语教学与研究出版社通过构建人才培养雁阵，形成了明确的人才培养目标和流程机制；浙江出版联合集团建立业务骨干虚拟持股等人才激励机制，释放了出版融合人才的效能。

出版业已逐步构建起由初级、中级和高级职称人才构成的出版融合人才梯队。初级职称人才主要承担基础的出版融合业务操作，如数字资源的初步审核和数据录入等工作；中级职称人才在掌握一定专业技能的基础上，负责出版融合项目的策划、资源的深度审核及运营推广等任务；高级职称人才则依托其丰富的实践经验，主导策划和实施综合性出版融合项目，优化并完善融合发展业务的工作流程，以及培养团队中的青年人才等。部分出版单位通过内部培训、导师制等方式，构建了不同层次人才梯队的建设模式，为进一步激发出版融合发展动能积蓄了蓬勃的能量。

第二节　出版融合人才队伍建设基础持续夯实

以政策为引领，以需求为导向，出版业多方协同，加快出版融合人才队伍建设；出版单位创新融合人才培养机制和人才引进方式，优化人才考核体系，多维度提升人才培养质量，人才队伍建设的基础持续夯实。

一、多方协同加快队伍建设

出版融合人才队伍建设是出版业持续健康发展的关键因素。国家新闻出版署等行业主管部门通过制定系列政策文件、实施专项计划等方式，为出版融合人才培养提供了政策支持；通过将出版融合发展理念、方法、技能融入出版职业资格考试，推进出版学科专业共建工作等方式，为出版融合人才培养提供了多维度保障。将“数字出版编辑”纳入新版《中华人民共和国职业分类大典》，以制度化方式明确数字出版相关职业范畴，有效提升了从业人员的社会认同度与职业公信力，同时为其明晰了职业发展路径、畅通了晋升通道。依托数字职业标识体系，推进数字出版职业标准研发、专业学科建设与课程资源体系构建，为夯实出版融合人才队伍建设奠定坚实基础。通过举办出版融合发展研讨班、出版深度融合发展论坛等高层次培训、研讨，持续提升业界对出版融合人才的重视程度和培养力度。一系列国家层面的制度性举措，为行业发展提供了有力的出版融合人才保障，持续推动出版融合人才队伍建设朝着规范化、专业化的培养目标加速迈进。

《关于推进出版学科专业共建工作的实施意见》进一步明确了高等学校在出版人才培养中的主体责任。相关高等学校持续完善出版学科专业本硕博衔接的人才培养机制。出版学科专业共建的高等学校与出版单位、数字技术企业等合作，协同推进人才培养工作。截至2024年底，我国已有10所高等学校获批设立出版专业博士学位点。教育部、中宣部重点支持的出版学院、出版研究院在校本科生总数超过3 000人，其中数字出版、出版融合发展方向的学生比例持续增加，彰显了高等学校在出版融合人才培养工作中的规模优势。在产教融合方面，教育部联合国家新闻出版署推动“产学研用”协同育人模式。在教材师资建设方面，各牵头院校编写数字出版相关的课程教材，并要求教师具备“理论+行业经验”的“双师型”素质。在人才培养目标方面，紧密对接行业需求，着力培养具备数字内容生产、全媒体运营、数据分析、数字版权管理等核心技能的复合型人才，强化大数据、人工智能等技术应用的能力培养。在人才就业引导方面，鼓励毕业生加入出版单位和文化科技企业，担任数字出版编辑、全媒体运营师等岗位。

行业学协会聚焦出版融合发展的重难点问题，通过举办融合发展专门培训班、继续教育等活动，为出版融合人才提供了多样化的学习机会。这些培训活动不仅提升了从业人员的专业技能，还促进了行业内的经验交流与合作，在加快培育出版新质生产力、创新出版融合管理体制机制等方面发挥了积极作用。

二、出版单位发挥主体作用

出版单位在培养出版融合人才方面呈现“内外兼修”的特点，构建了以项目实践为核心，内部与外部双向发力、协同促进的系统性培养模式。

（一）多方式引进出版融合人才

2025年出版融合发展调研数据显示，出版单位引进出版融合人才的主要方式为社会招聘、内部转岗、校园招聘，形成了多层次、互补性的人才供给机制（图6-1）。

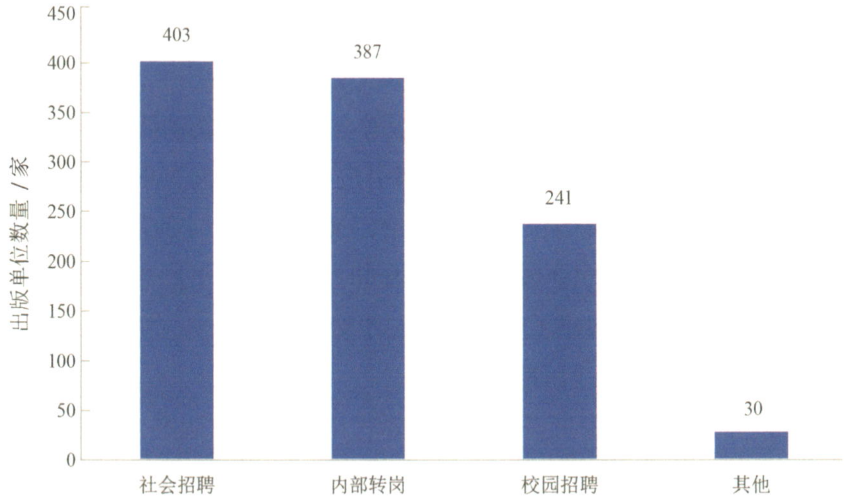

图 6-1　出版单位出版融合人才引进主要方式分布

超过 70% 的出版单位通过社会招聘引进出版融合人才。社会招聘主要吸引行业内经验丰富的成熟人才，其优势在于该类型人才对出版业生态与实操流程具有一定理解，能够迅速胜任岗位工作，高效满足业务需求。此类人才凭借实战经验，能加速项目推进，成为出版单位业务发展的“即战力”。中华书局、人民文学出版社等出版单位设立了专门针对营销编辑、新媒体社群运营和图书主播的社会招聘岗位。机械工业出版社通过多种渠道积极招聘如视频编导、动画制作、播音主持等人才，并通过设立人才基金，在人才引进和使用等方面给予定向扶持。

近 70% 的出版单位采用内部转岗策略充实出版融合人才队伍。内部转岗为现有人才成长提供了有效路径。该机制以出版单位现有员工为基础，依据职业发展需求与人才配置规划，将适配员工定向输送至出版融合岗位。这种方式不仅能优化出版单位内部人才结构，降低外部招聘成本，还可充分挖掘员工潜力，激发人才价值。此外，出版单位可以借助大型出版融合发展项目，鼓励编辑、产品、技术、运营等不同背景的员工组成项目团队，促进知识跨界融合，培养团队创新能力。

超过 40% 的出版单位通过校园招聘引进出版融合人才。校园招聘的优势在于以较低成本引入专业对口的创新型力量。这类人才普遍接受过信息技术通识教育，熟悉大数据、人工智能等前沿技术，兼具学习能力、适应能力与创新思维，能够为出版融合发展注入新动能。

多数受访出版单位已形成“外部引进＋内部转岗”的人才队伍建设机制，既保障了关键岗位的人才供给，又实现了人才使用效率的最大化。此举在满足员工职业发展诉求的同时，提升了出版单位整体竞争力，为出版融合发展构建了可持续的人才支撑体系。

（二）多途径培养出版融合人才

2025 年出版融合发展调研数据显示，出版单位出版融合人才培养的主要方式为项目实践、行业继续教育培训、行业会议活动（图 6-2）。超过 75% 的出版单位主要通过项目实践培养出版融合人才。员工通过参与出版融合项目，在“干中学、学中干”，在实践中积累宝贵的经验，不断提升其融合工作能力。超过 60% 的出版单位积极鼓励员工参加行业继续教育培训，通过学习最新的行业知识和技能，提升专业水平。近 50%

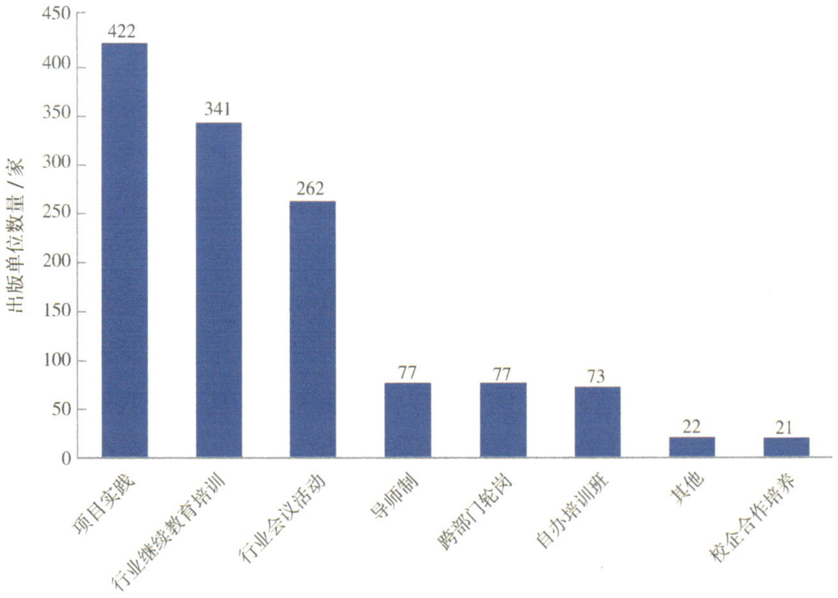

图 6-2　出版单位出版融合人才培养方式分布

的出版单位支持员工参加行业学术交流活动，以了解行业动态，汲取先进理念和实践经验。少数单位采取导师制、跨部门轮岗、自办培训班、校企合作等方式培养出版融合人才。一些出版单位还采用了其他培养方式，包括出国培训、开设企业博士后工作站等。

（三）校企合作培养优秀出版融合人才

校企合作是近年来出版单位培养出版融合人才的创新途径之一。以“双导师制”为典型的校企联合培养机制，通过整合行业与高等学校学术优势资源，实现了职业需求与出版教育的精准对接，合力破解出版业“懂行业、能跨界、强应用”的复合型人才短缺难题。出版单位、媒体平台及互联网企业通过与院校建立常态化合作网络，为学生搭建覆盖全业务链条的实践场景，学生得以深度接触行业前沿动态与真实工作流程，在实操中提升职业技能与岗位适配度，提高就业竞争力。同时，针对在职人才，通过定制化课程体系助力从业者更新知识结构、提升专业素养。如人民卫生出版社、中国少年儿童新闻出版总社等出版单位与北京大学出版研究院建立战略合作，人民教育出版社、当代世界出版社与中国传媒大学共建实习实践教学基地，北京出版集团、南方出版传媒集团、中国人民大学出版社等与北京印刷学院共建产学研合作基地等。这些出版单位为出版专业的学生提供了深入行业一线进行实习和见习的宝贵机会。校企合作作为学界与业界协同育人的重要途径，需要双方建立有效的协同机制，通过开设专业化人才培训班、共建实习实践基地、开展在职教育等多种途径，构建产学研深度融合的生态体系，实现教育、人才与产业的有机衔接，从而为出版融合人才队伍建设作出更大贡献。

三、出版融合考核体系逐步完善

（一）出版融合考核体系存在较大差异

当前，出版单位在出版融合考核体系方面尚未形成统一的标准（图 6–3）。超过 50% 的出版单位采用社会效益和经济效益指标共同考核，部分出版单位采用社会效益或经济效益指标 + 过程性指标综合考核的办法，还有部分出版单位仅考核过程性指标，有的单位没有设置考核指标。总体呈现出以双效指标考核为主、过程性指标为辅的格局，说明出版单位处在出版融合发展的不同阶段，考核指标体系构建方面处于多方探索阶段。不同规模和性质的出版单位的考核体系也存在差异，有的出版单位引入互联网企业运行考核体系。如广东人民出版社新出版传媒分社以效率优先为原则，重新构建绩效考核、员工管理、薪酬体系等管理体系，实行优胜劣汰机制，鼓励多劳多得。

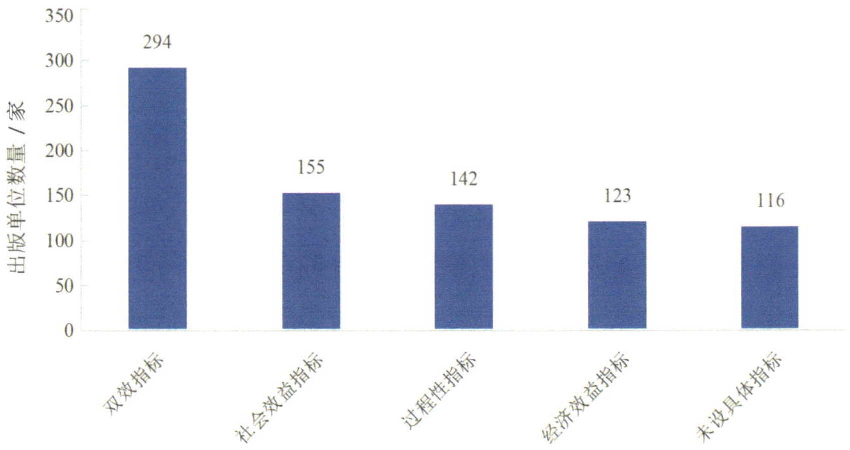

图 6-3　出版单位出版融合发展业务考核指标分布

（二）设置出版融合考核过渡期

以“双效”统一为核心的考核指标，实质上是政策导向与行业需求的双重映射。一方面，这一标准紧密契合党和国家推动出版业高质量发展的战略部署，凸显出版业作为文化传播主力军的社会责任；另一方面，它也切实回应了出版单位在数字化转型过程中平衡文化使命与市场竞争的现实需求。相较之下，过程性指标虽应用比例较低，却展现出更具前瞻性的人才评价理念。该类指标专注于项目执行过程中的策划能力、创新思维与团队协作表现，通过量化与质性相结合的评价方式，打破“唯结果论”的评价局限，更精准地捕捉人才在动态工作场景中的综合价值。

考核过渡期的设立为人才成长提供了必要的缓冲空间。2025 年出版融合发展调研数据显示，超过 30% 的出版单位建立了针对出版融合人才的考核过渡期。考核过渡期的时长分布存在显著差异，范围从 0.5 年至 10 年不等，平均值为 2.82 年，中位数 3 年，这表明多数出版单位倾向于设置较短的考核过渡期。这种现象，一方面反映了出版单位对人才快速产出成果的迫切期望，另一方面也反映出存在由于考核过渡期的短暂而造成的人才流失和培养断层的风险。部分出版单位根据岗位特性灵活设定考核周期，如对技术研发岗位，延长考核期以契合创新项目的长周期特性。这一做法不仅遵循了人才成长的规律，还有效避免了因短期考核压力导致的优秀人才流失。

（三）出版融合考核体系需持续优化

出版单位需通过改革绩效考核机制、人才晋升机制、收益分配机制等重点制度，从流程性问题、结构性问题和利益性问题等方面入手，持续优化出版融合考核体系，从而更好地发挥考核对人才培养与成长的指挥棒作用。

为持续优化考核体系，出版单位可从以下 5 个方面着手：①基于岗位特性与业务需求，科学设定考核周期与过渡期，形成“短期目标牵引 + 长期价值培育”的动态评估机制。②强化过程性指标权重，通过运用项目日志、能力矩阵等工具，实现对人才成长轨迹的全过程记录。③完善监督与反馈机制，利用数字化手段确保考核流程透明化，杜绝主观因素干扰，最终形成兼具战略高度与实践温度的人才评价生态。考核反馈中对员工职业发展路径提出指导建议，特别是在促进从传统出版向数字化出版转型方面的建议。④将考核与培训相结合。将员工的学习和成长纳入考核范畴，鼓励员工通过参加培训、研讨会、在线课程等方式提升自身在融合发展业务领域的能力。⑤在考核体系中同时考虑团队和个人的贡献。鼓励跨部门合作，评估团队在推动项目、实现目标方面的效能。对于涉及多个部门和团队的融合出版项目，设立团队合作绩效指标，鼓励跨领域合作与交流。如外语教学与研究出版社在考核上实施了“共生机制”，将图书分社和数字子公司看作两个共生单元，在对图书分社的考核中设置对数字业务的贡献率指标，在对数字子公司的考核中设置对图书分社业绩的贡献率指标。共生指标的完成情况直接影响部门的工资总额、人员考核和晋升，有效推动部门间形成合力。

第三节　持续强化出版融合人才队伍建设

出版融合人才队伍建设，须积极响应文化强国战略对人才提出的新要求，坚持党管出版、党管人才；把握数智技术赋能新质生产力的新机遇，着力构建阶梯式出版融合人才矩阵；持续健全出版学科专业共建培养机制，完善人才选拔引进、考核评价与激励保障等机制，推动出版融合人才队伍建设的全面升级。

一、落实文化强国战略对人才队伍建设提出的新要求

文化强国建设为打造更强有力的出版融合人才队伍带来了新的发展机遇，同时也赋予其新的使命要求。在出版融合人才培育过程中，必须始终坚持党管出版、党管人才的基本原则，将党的政治建设摆在首要位置，时刻铭记为党育人、为国育才的初心使命。相关政策与发展规划指明了出版融合人才队伍建设的方向。《关于加强新时代高技能人才队伍建设的意见》等政策文件，以党管人才为原则，从制度层面确保人才队伍建设的正确方向。《“十四五”文化发展规划》和《出版业“十四五”时期发展规划》明确提出培养复合型人才，要求出版融合人才既要具备专业出版素养，又要掌握数字技术能力。在政策的引领下，出版融合人才在产业数字化转型、融媒体内容生产等领域不断提升自身融合能力，适应文化和科技融合的时代需求，实现行业发展与个人成长的有机统一。

出版融合人才需积极响应文化强国建设的要求，切实承担起新时代

新的文化使命：①坚持以习近平新时代中国特色社会主义思想为指导，锚定2035年建成文化强国的战略目标，不断发展具有强大思想引领力、精神凝聚力、价值感召力、国际影响力的新时代中国特色社会主义文化。②充分运用先进技术，推动中华优秀传统文化的创造性转化和创新性发展，赓续中华文脉。③以先进文化为引领，通过融合创新项目打造满足人民精神文化需求的精品内容，推动优秀文化的广泛传播。④坚持把社会效益放在首位，以责任担当、精品力作、专业能力，争做文化强国建设的中坚力量。

二、把握培育新质生产力为人才队伍建设带来的新机遇

新质生产力以科技创新为核心驱动力，推动出版业从传统模式向融合模式深度转型。数字化、智能化技术的广泛应用，如大数据分析、人工智能生成内容等，不仅改变了出版流程，更催生出新的出版业态和岗位需求。这为出版融合人才开辟了广阔的发展空间，使其能够在新的技术环境中持续探索创新，将传统出版优势与前沿科技结合，创造出更具吸引力和竞争力的出版产品。同时，新质生产力的发展促使行业对出版复合型人才的需求激增，要求出版融合人才既懂出版业务，又掌握数字技术、新媒体运营等多方面技能。这激励着出版融合人才不断提升自我，完善知识结构，在适应行业变革的过程中实现自身价值的最大化，推动出版业迈向新的发展高度。

（一）推动出版融合人才能力体系革新

在数字技术革命浪潮下，大数据、云计算、人工智能等技术深度渗透出版全流程，打破了传统出版业务的技术壁垒。这种技术范式的转变，要求出版融合人才从单一的内容创作与编辑能力，向兼具数字技术应用、数据处理分析、智能系统操作等复合型能力体系跃迁。

出版融合创新能力主要体现在3个方面：①思维理念的融合创新。出版融合人才应具备不断适应数智技术变革赋能出版业的创新思想，具有投身于新模式、新业态的主观能动性。②技术应用的融合创新。出版

融合人才在掌握数智技术后，应有意识地将其运用于优化产品类型与出版流程中，创造出兼具社会效益与经济效益的出版融合产品。③管理体系的融合创新。出版融合人才应具备较强的管理统筹能力，有效促成各类资源共建共享，从而引领出版业价值创新与融合互补的发展态势。

（二）催生出版融合人才职业结构转型

新质生产力的发展加速了出版业向高端化、智能化、绿色化转型，产业生态的优化升级必然带来职业结构的深刻调整。在新质生产力驱动下，出版业的价值链条不断延伸与细分，传统岗位的功能边界逐渐模糊，新兴岗位不断涌现。一方面，传统出版岗位在数字化转型中实现迭代升级，对人才的数字素养与创新能力提出更高要求；另一方面，围绕数字内容运营、沉浸式体验开发、智能版权管理等新兴领域，形成了全新的职业赛道。这种职业结构的转型，不仅为出版融合人才提供了多元化的发展路径，更促使人才培养模式向适应产业变革需求转变，推动出版融合人才队伍从传统型向创新型、复合型方向发展，构建起与新质生产力相匹配的人才结构体系。

出版学科专业共建工作在推动出版融合人才职业结构转型方面大有可为：①课程体系重塑。共建单位将行业最新技术、标准与案例及时转化为教学内容，开设 AIGC 出版、数字版权运营等交叉课程，使学生在学期间即完成“传统编辑—数据产品经理”的角色预演，缩短职业适应周期。②实践平台升级。校企共建的出版融合实验室、实践实习基地，把真实的出版融合项目引入课堂，学生轮流承担内容策划、算法训练、用户运营等岗位工作，毕业后可直接嵌入出版单位新型的出版融合岗位序列，实现从“传统文字编辑”到“多元数字融合”的职业跃迁。③专业教育与思想培养有机融合。如北京印刷学院与中国出版协会合作推出“大国出版”思政公开课，通过将思想政治涵养与行业特色相结合，为其他高等学校在思政教育方面提供了宝贵经验。

（三）重塑出版融合人才发展价值坐标

新质生产力成功突破了传统出版的时空限制与价值边界，为出版融合人才的价值实现拓展了更为广阔的舞台，重新构建了人才发展的价值坐标。在全球化与数字化的双重背景下，新质生产力有效打破了地域壁垒，使得出版产品能够跨越国界和文化差异，实现广泛传播。出版融合人才的创作成果得以在全球市场中接受检验与价值评估。同时，随着新消费模式与场景的持续涌现，知识服务、文化体验等多元价值形态应运而生。出版融合人才不再局限于传统的内容生产价值，而是在创意开发、用户运营、产业融合等多个维度上展现其价值，这种价值维度的拓展，使得出版融合人才以更强的使命感与创造力投身出版事业，在推动文化繁荣发展的进程中实现个人价值与社会价值的有机统一。

强化出版融合人才队伍建设，应在人才结构和人才类型方面实现合理分布，多维度发掘人才发展价值，形成年龄层次丰富，专业布局合理、优势互补、互为支撑的出版融合人才队伍结构。唯有不断优化人才结构，持续提升人才质量，构建阶梯式出版融合人才矩阵，方能为出版融合发展持续注入新的活力。

三、改革管理体制机制为人才队伍建设创造新空间

（一）创新管理模式激发出版融合人才创新活力

体制机制改革的核心在于管理模式的突破与重构。一方面，出版单位可通过推行扁平化管理和柔性化组织架构等新型管理模式，有效打破部门壁垒，促进信息的高效流通与跨领域协作。另一方面，出版单位可通过建立项目制管理机制，赋予人才更多的自主决策权，使其在选题策划、内容制作等环节能够充分发挥专业能力与创新思维。

（二）优化激励机制提升出版融合人才发展动能

科学合理的激励机制是激发人才积极性、增强人才发展动能的关键所在。体制机制改革致力于构建多元化、多层次的激励体系，建立以能力和业绩为核心的人才评价标准。一方面，出版单位可通过精神激励与物质激励相结合的方式，对在出版融合发展方面取得突出成绩的人才

给予适当的荣誉表彰和薪酬奖励，切实增强其荣誉感和获得感。另一方面，完善人才晋升通道，为优秀人才搭建更广阔的职业发展平台，使其在实现自我价值的同时，与出版业共同进步。此外，创新知识产权激励机制，明确人才在作品创作和技术研发中的权益分配，鼓励人才勇于创新，推动出版融合成果的有效转化。激励机制的优化，重塑了人才发展的价值导向，使其真切感受到付出与回报成正比关系，从而有效激发其持续奋斗的内在动力。

（三）构建生态体系夯实出版融合人才发展根基

体制机制改革推动了出版融合人才培养体系从单一化向多元化、系统化转变，构建起了全方位、全周期的人才成长生态。通过整合行业资源，深化产学研深度融合，建立高等学校、科研机构、出版单位协同育人机制，实现理论教育与实践锻炼的有机结合。制定个性化培养方案，根据人才不同的专业背景和职业规划，提供差异化的培训课程与发展路径，满足人才多样化的成长需求。此外，积极搭建人才交流平台，组织行业研讨会、学术论坛等活动，促进人才之间的思想碰撞与经验分享，拓宽人才视野，提升人才综合素质。这种培养体系的重塑，为出版融合人才营造了良好的成长环境与发展机遇，从源头夯实了人才发展根基，为出版业的健康可持续发展储备了优质人才资源。

参考文献

［1］张久珍. 加强数智时代人才培育 夯实出版强国战略根基 [J]. 出版发行研究, 2024 (12): 1.

［2］人力资源社会保障部. 国家职业分类大典首次标识数字职业 [EB/OL].(2022-10-28) [2025-06-22]. https://www. mohrss. gov. cn/wap/xw/rsxw/202210/t20221028_489104. html.

［3］左志红. 数字出版编辑进入职业版图释放哪些信号 [N]. 中国新闻出版广电报, 2023-02-06 (005).

［4］崔海教, 王平, 徐升国, 等. 出版人才队伍建设的现状、问题及建议 [J]. 中国出版, 2025 (4): 10-14.

［5］李永强. 新时代出版人才培养体系构建的策略研究 [J]. 出版发行研究, 2024 (7): 35-43.

[6] 丛挺, 魏依南. 数智出版人才培养的逻辑理路、现实挑战与实施路径 [J]. 出版广角, 2025 (1): 79-85.
[7] 李文娟. “十四五”时期我国出版人才队伍建设回顾与“十五五”展望 [J]. 科技与出版, 2025 (1): 39-47.
[8] 卢明嘉, 王首斌. 基于价值共创的国际出版融合人才培养：现实困境、创新思考、实践路径 [J]. 编辑学刊, 2025 (1): 100-104.
[9] 张竞艳, 黄璜. 如何用人、育人和留人：古籍出版人才队伍建设路径探析 [J]. 出版发行研究, 2024 (12): 12-18.
[10] 新华社. 中宣部、教育部有关司局负责同志就《关于推进出版学科专业共建工作的实施意见》答记者问 [EB/OL].(2023-12-20)[2025-05-06]. https://www. gov. cn/zhengce/202312/content_6921415. htm.
[11] 国务院学位委员会, 教育部. 国务院学位委员会 教育部关于印发《研究生教育学科专业目录（2022 年）》《研究生教育学科专业目录管理办法》的通知 [EB/OL].(2022-09-13)[2025-05-06]. http://www. moe. gov. cn/srcsite/A22/moe_833/202209/t20220914_660828. html.
[12] 专业技术人员管理司. 国家新闻出版署 人力资源社会保障部关于印发《出版专业技术人员继续教育规定》的通知 [EB/OL].(2020-09-29)[2025-05-06]. https://www. mohrss. gov. cn/SYrlzyhshbzb/rencairenshi/zcwj/zhuanyejishurenyuan/202009/t20200929_391929. html.
[13] 李晓红. 科技创新是发展新质生产力的核心要素 [EB/OL].(2024-06-01)[2025-05-05]. http://www. qstheory. cn/dukan/qs/2024-06/01/c_1130154170. htm.
[14] 张久珍. 以高质量人才培养引领出版学科高质量发展 [J]. 中国出版, 2022 (23): 14-16.

第七章　思考展望

经过多年探索，出版融合发展取得显著成效，积累了丰富的有益经验。面向高质量发展的时代要求和深度融合的内在需要，出版业需客观审视当前融合发展的难点、痛点问题，积极应对面临的机遇挑战，对未来发展趋势进行有效研判，为科学谋划“十五五”时期出版业创新发展，建设文化强国、出版强国贡献更大力量。

第一节　出版融合发展的实践经验

当前，出版融合发展已从初期的技术驱动阶段迈向更深层次、更广维度的系统性创新阶段，在规划设计、系统性创新、内容创新与服务转型、新技术应用、融合人才队伍建设等方面积累了宝贵经验，为行业未来发展提供诸多有益借鉴。

一、做好规划设计

出版融合发展是需要长期投入、动态迭代的，要实现深度融合，首先要从战略高度和时代发展需要出发谋划，既要明确一段时间的发展目标和宏观战略规划部署，又要提出重点任务、举措、项目等，突出科学性、前瞻性、适配性，主要经验做法包括：①将出版融合发展纳入出版单位的中长期发展规划和年度核心工作任务，作为“一把手”工程重点布局，确保此项工作获得高度的战略重视和充分保障，以便顺利实施并产生实效。②围绕自身专业优势和市场需求特点，找准适应的出版融合发展路径，精心设计重点融合业务模式，开展各具特色的差异化探索，更好地满足不同层次不同方面的用户新需求，形成更加丰富多样的融合新业态新格局。③积极跟进人工智能特别是生成式人工智能的最新动态，及时规划设计出版融合新的着力点和需要破解的关键领域，构建更具原创性、更有竞争优势的出版新业态，更好地适应数字化、网络化、智能化发展的技术革命和产业变革。

二、注重系统性创新

出版融合发展是系统工程，需要基于数字时代信息传播规律进行系统性创新，特别是实现机制体制创新与业务模式协同创新，形成推动出版业从传统内容生产范式向“技术赋能、数据驱动、用户中心”的现代知识服务生态跃迁的重要动力。出版单位多从 3 个维度推进机制体制创新：①重组管理架构，设立出版融合管理专职部门，打破业务部门间壁垒，构建跨部门协同机制。②革新绩效考核体系，将融合发展成效纳入核心指标，对创新团队实施专项奖励，激发积极性。③重塑组织文化生态，通过搭建内部创新孵化器、举办数字创作大赛等活动，营造开放包容的创新氛围，鼓励跨界技术探索。立体化的机制重构让出版单位的融合工作从“被动适应”转向“主动创新”。业务模式的系统性变革体现在 3 个层面：①在内容生产端，突破纸质出版的单一框架，构建以数字内容为核心的多形态产品体系，并借助智能审校等先进技术和工具，创新内容生产流程，提升内容质效。②在分发渠道端，创新传播渠道，打造涵盖自有平台、第三方渠道、线下智能终端的立体化分发网络，借助用户行为分析与位置服务技术，实现内容精准触达。③在服务维度上，创新服务理念，从“产品销售”转向“解决方案提供”，基于用户生命周期管理理念，构建涵盖内容获取、学习辅导、社群互动、场景应用的全流程服务体系。

三、推动内容创新服务转型

出版业的根本竞争力在于内容价值的创新。在人工智能技术深度应用的背景下，出版业的内容创新正经历系统性变革，出版单位不再是单一的内容提供者，而是“知识解决方案”的设计者与实施者；“内容”不再仅仅是文本、图片等传统内容，更是可以被智能理解、结构化处理、再造和运营的数据资源。出版单位主要从以下方面推动内容创新服务转型：①突破题材单一的限制，强化内容资源重构能力，通过整合传统文化、科技前沿、区域文化等核心资源，利用语义分析、知识图谱等技术实现内容智能化关联，构建多维度资源矩阵，为跨场景传播提供底层支撑。②主动推进“结构化内容生产”，将长篇内容拆解为短视频、图文卡片、交互图解等碎片化单元，适配社交传播与精准触达需求，增强内容再组合与多平台分发能力。③实现技术融合表达，探索文字与音频、视频、AR/VR 等技术的多模态融合，运用虚拟主播、智能语音、沉浸交互等手段，打造从“阅读”到“体验”的内容升级，提升用户参与度与情感共鸣。④优化数据驱动，建立用户画像与行为分析系统，实时监测内容传播效果，形成“需求洞察—内容生产—反馈迭代”的闭环机制，推动内容创新从经验判断向数据驱动转型。

四、提高新兴技术应用能力

出版融合发展的技术属性突出，对有效运用先进技术的需求十分迫切。实践证明，能不能在技术研发应用上形成优势，直接决定融合发展成效。出版单位一直把技术应用摆在融合业务推进的重要位置，以新兴技术提高出版效率与质量，拓展出版内容形态、传播方式及商业路径，构筑推动出版深度融合发展的关键要素。出版单位应用新兴技术主要从 3 个方面考量：①当欠缺技术能力时，借用成熟外部平台的流量、技术、运营能力，快速落地出版融合业务，这能一定程度降低自主研发的成本与风险，是技术驱动出版融合的有效方式。②随着出版融合发展逐步深入，技术快速发展，出版单位着力建立专职技术人员和融合发展队伍，提高自身技术应用和掌控能力。③有条件有实力的出版单位，在技术上不局限于应用，也向研发进军，逐步扩大合作研发、自主研发比重，快速、有效转化内容资源优势，用出版“听得懂”的技术语言孵化新产品，用技术“看得见”的出版变化创造新业态，进一步通过技术融合提升出版质效。

五、加强融合人才队伍建设

出版融合发展对出版人才队伍建设提出了更高要求。近年来，出版单位围绕出版融合发展需求，着力培育3类人才：①熟悉数字化内容创作与编辑的基础业务型人才；②能将数字技术应用于内容生产、传播与服务的技术复合型人才；③具备平台化思维和战略眼光的创新引领型人才。实践证明，培养好出版融合人才，不仅要让他们懂技术，更重要的是培养其形成以用户为中心，具备出版能力和技术素养，能够打造更具体验感、互动性和知识服务价值的出版产品的能力。从众多案例中可以看出，出版融合人才队伍建设要从以下3个方面着力：①人才培养路径要多元化。出版单位依托高校、研究机构、互联网平台，通过共建课程、共研项目、联合孵化等方式，共同培养具备平台思维、数据能力、服务意识的融合人才；通过内部员工轮岗交流、项目实训、技术进修等方式快速推动从“编辑”到“内容运营师”“技术产品经理”等融合人才的转型，都是有效的融合人才培养途径。②人才建设要梯队化。出版融合发展是一场长期变革，必须以体系化的人才梯队建设提供可持续支撑，而有效的梯队建设需聚焦“接续成长”与“协同创新”。一方面，发挥老员工的经验优势，引导其在融合转型中持续贡献智慧，同时通过“导师带徒”“项目合作”等机制，加快新员工在技术与实践方面的成长；另一方面，加强对年轻人才的引导和赋能，营造“敢试错、能创新”的宽容环境，鼓励其在技术应用、产品创新等领域积极探索。③人才培养要有激励机制。通过岗位晋升、项目奖励、技术职级等方式，激发融合人才在不同阶段的成长动力；注重“人岗匹配”，推动人才能力与融合岗位职责精准对接，避免“人浮于事”或“才不尽其用”等问题。

第二节　出版融合发展面临的挑战

尽管出版融合发展取得了一系列丰硕成果，但仍面临诸多挑战，主要包括激烈的跨行业竞争、自主技术能力建设、复合型人才短缺、资金投入压力、业务可持续发展等。

一、跨行业竞争日趋激烈

当前，知识生产传播方式产生巨大变化，短视频、网络视听等应用层出不穷，以“声光电”刺激用户，以算法精准投喂用户，各大头部网络平台上创作分享的内容影响力越来越大，变现能力越来越强，出版融合发展面临跨行业竞争压力。在教育出版方面，由于数字教育内容建设与平台服务的市场化，教育信息化技术企业因其技术、资金优势成为教育出版单位融合发展过程中的主要竞争对手。在专业及学术出版方面，以通用大语言模型和垂直领域模型为核心的生成式人工智能产品，可以提供更高效的专业信息获取方案，对出版知识服务形成强有力的挑战。在大众阅读领域，网络微短剧等新形态数字内容产品正在争夺受众注意力市场，同时面临数字内容市场的“免费经济”消费习惯压力，大量用户已形成了对免费内容的习惯性依赖，而出版单位长期以来以实体产品为核心的盈利模式，在数字环境中缺乏足够的适配性。

二、自主技术能力尚需提升

随着技术迭代速度不断加快，出版单位对关键技术的掌握程度和知识储备量与技术企业的差距进一步拉大，将会导致出版单位在推动出版深度融合发展中的主控权减弱，难以自主推动技术创新和业务升级。首先，出版单位的自主研发能力有限，面对新技术难以灵活运用，创新工作举步维艰，所提供的服务也在市场竞争中处于劣势。其次，在新型数字产品的设计、开发和运营环节，由于技术能力不足，出版单位往往只能承担内容供应的角色，而技术架构搭建和用户体验优化等关键工作，都由技术公司主导。对技术的应用程度不足成为数字技术与内容深度融合的阻碍，诸如 AI 辅助编辑系统、智能推荐算法等能显著提升效率和用户黏性的技术工具，因得不到充分理解和合理应用，无法发挥出应有的价值。与此同时，生成式人工智能、大数据等新技术不断涌现迭代，出版单位在引入新技术时，常常会出现不知如何选择的情况，如何准确评估并挑选出契合自身发展需求的技术平台和解决方案，成为出版单位面临的现实难题。

三、复合型人才依然短缺

出版融合发展面临诸多难题，其中一个关键就是融合人才短缺，尤其是高端复合型人才的匮乏。出版融合发展涉及内容、技术、管理、经营等多方面创新突破，对人才素质要求高，而出版单位当前人才结构仍以传统出版编辑为主，高校融合人才培养与业界需求存在较大差距，融合人才供给存在结构性缺失。同时，出版业现有人才发展通道未能充分适配复合型人才的职业成长需求，人才的专属职业发展通道与科学评价体系尚不健全，许多出版单位在复合型人才的岗位晋升路径设计、职称评定标准等方面，仍沿用传统出版编辑的评价体系，忽视了技术人才在系统开发、产品创新、数据应用等方面的独特贡献，导致技术人才在出版单位内的成长空间受限，职业发展诉求难以得到满足，严重影响了人才的积极性与稳定性。调研中，有的出版单位负责人表示，受体制内薪酬体系限制和发展通道限制，难以有效吸引高水平技术人才，有时即使吸引人才入职也很难留住，这是造成人才短缺的重要原因。面对新一轮技术革命和产业变革的深入推进，出版单位现行的引才、育才、用才等机制仍需进一步完善，以适配行业变革需求。

四、资金投入压力更加凸显

出版业从传统出版向数字化、智能化出版发展的投入大，在此过程中，资金保障不足已成为出版融合发展面临的主要挑战之一。无论是数字内容创作与编辑工具的研发、多媒体资源整合平台的搭建，还是基于大数据分析的个性化推荐系统的构建等，均需大量资金支持。特别是人工智能、虚拟现实等前沿技术在出版领域的应用日益广泛，其研发和引进更依赖雄厚的资金保障。同时，为确保技术有效应用，还需配套员工培训等，进一步加重资金压力。然而，出版单位受市场环境变化、纸质图书收入下滑等因素影响，总体经营收入增长规模有限，自有资金持续支撑创新活动的压力日益凸显，其他渠道获得外部资金难度较大。

五、市场盈利能力有待提升

出版单位在融合发展方面不断尝试，创新形成了诸多新模式、新业态，商业模式也日益清晰，有的领域实现了相对可观的收入，但总体而言，融合业务还有很大的市场空间。在融合发展实现盈利方面主要面临3个挑战：①单一出版单位的内容、技术、平台、服务等联动能力有限，市场推广与宣传力度有限，难以通过“流量—转化—留存—复购”实现循环收益。②会员模式或订阅模式下用户黏性不够，版权授权与知识付费机制尚未标准化，难以形成规模效益。③出版业的融合发展新业态在免费资源大量可得的背景下，目标用户群体稳定付费行为不易形成，可持续发展能力有待提升。

第三节　出版融合发展的未来展望

随着大数据、区块链、AI等新一代信息技术不断发展，出版业正站在新旧动能转换的重要关口。出版融合发展不再只是技术层面、内容层面的数字化升级，更是一次深层次的产业重构、组织重塑、资产激活、价值再造。展望未来，出版融合发展将呈现以下趋势。

一、更加注重融合发展的顶层设计和政策引领

展望未来，出版融合发展必将从探索、逐步深入，走向持续深化、全面融合。这样的“融合”须以制度创新为牵引，强化顶层设计和政策引领，推动出版融合发展的政策导向从“项目试点”向“机制驱动”升维，从而为出版业迈向智能化的高质量发展新阶段提供坚实保障，并为数字时代主流价值的有效传播筑牢基础。因此：①需要系统总结“十四五”出版融合发展的成效与不足，科学谋划“十五五”出版融合发展，延续并深化出版融合发展工程等行之有效的政策举措，既巩固现有成果并扩大示范效应，更努力形成常态化、可持续的发展机制，有力推动出版融合发展从“量变”走向“质变”。②需要大力推动融合发展与科技创新深度耦合，充分释放人工智能、大数据等新技术对出版生态的重塑能力。如以大模型和生成式人工智能为代表的新技术广泛应用于选题策划、内容生成与编辑流程，但也带来版权、数据合规等新挑战。需加快构建涵盖数据采集、模型训练、内容发布的全链条版权治理体系，明确数据授权边界，细化 AI 生成内容的权属标准，推动技术与制度协同共治。③需要更有力的政策支持，加强对解决融合发展关键问题和新问题的政策指引。如将人工智能应用、数字内容策划、用户运营等能力纳入职称评定与职业认证体系，激发出版从业者向跨界融合型人才转型，增强行业的内生动力。通过财政补贴、税收减免、专项基金等手段，支持重点、高水平融合项目落地，激励和带动企业加大创新投入，增强行业整体活力和可持续发展能力。

二、更加注重融合发展资源整体性投入

出版单位需坚定出版融合发展信心，注重规划、制度、人才、资金、资源等维度的整体性投入，在优势领域持续发力，带动整体融合发展。①加大前瞻性战略布局与组织变革投入。随着出版融合业务从无到有、从小变大、从局部探索迈向全面融合，出版单位出版融合项目零

散、研发人员分散，多部门、多平台的情况需要通过组织的系统变革实现转型，并形成融合发展合力。②加大出版融合体制机制改革投入。体制机制改革是保障出版融合发展顺利推进的基础。出版单位要积极打破部门数据壁垒，优化绩效考核等系列管理机制，以考核结果为导向优化资源配置。③加快新型出版人才队伍建设投入。产学研协同将成为出版人才培养的主流路径，出版单位、高校与科研机构应共建实训平台、出版工作坊和项目孵化机制，在真实出版场景中强化学生的实战能力，实现教育供给与行业需求的精准对接。出版单位需同步构建新型出版人才培养与管理机制，建立更加灵活、开放、可持续的融合人才成长通道。同时，还应强化国际传播能力建设，培养一批兼具跨文化理解力、数字工具应用力与国际版权规则认知力的复合型国际化人才。④强化优势领域的重点项目资源投入。因出版融合项目多需长期、大量资金的投入，所以选择正确的投入方向非常重要。出版单位应以巩固、扩大自身优势为目标，强化在重点领域的资源投入。

三、更加注重以数据驱动和以用户为中心的智能生态构建

新一代技术正深度嵌入出版各环节，推动出版业向数智化转型，向数据驱动跃升。在内容生产端，AI 正广泛应用于选题策划、稿件预审、智能审校、智能排版、摘要生成等环节，提升选题策划精准度和内容生产效率。在流程管理端，出版单位加快建设数据中台与数据运营平台，实现数据驱动下的选题、生产、审核、营销、反馈等环节协同联动，形成以用户为中心的内容闭环管理体系。在用户服务端，出版单位基于用户行为数据分析形成精准画像，提供个性化推荐与定制化产品组合。展望未来，出版单位谁能率先实现从“智能工具应用”向“智能生态构建”的跃迁，谁就可能在出版新赛道中占据先机。因此，出版单位需抓住“数智跃迁”战略窗口期，以技术牵引业务转型、以数据驱动价值创造，建设“人机协同、数据驱动、多模态融合”的智能出版生态。

内容不仅仅是信息，更是服务、关系与体验的触媒。在智能出版生态形成的过程中，出版单位的角色也随之演进，其核心能力将从编辑能力转向以用户为中心的内容策划能力、数据驱动的智能运营能力和跨媒介的体验整合能力。通过构建用户画像体系，采集行为数据、偏好数据与反馈信息，出版单位可以实现内容供给的精准匹配与动态更新，完成从“内容推送”到“用户共创”的机制跃迁。这一智能出版生态的构建，不仅意味着技术平台的搭建，更需要组织模式、人才结构和业务流程的系统重塑。出版单位需推动从“项目制”向“用户生命周期运营”转变，建立围绕用户价值创造的内容生产机制、运营策略和评估体系。在这样的逻辑下，出版将真正成为一个动态生长的智能生态系统：用户既是起点，亦是反馈的终点；内容不仅是入口，更是连接的桥梁；技术不只是工具，更是提升体验和深化“用户和内容”关系的加速器。最终，出版的价值不再止步于“出好内容”，而在于构建一个持续洞察、精准触达、长期陪伴的知识与文化服务网络，使用户在每一个场景中都能“恰好遇见所需内容”，实现知识的最优传达与情感的深度链接。

四、更加注重全面提升传播效能

出版的传播形态正在发生由“单一介质”向“多元体验”、由“线性阅读”向“情境交互”的根本性转变。内容的边界在消融，介质的形态在延展，用户的角色在转变，出版不再是单一的“信息输出”过程，而正演化为一场“多感官沉浸、多平台联动、多主体协作”的文化体验。

展望未来，出版业需要立足内容价值，坚持技术驱动，构建“可感知、可互动、可生长”的传播生态。出版的内容将是融合文字、图像、音视频、动画、三维建模、虚拟现实等要素的多模态内容，内容的沉浸式、交互式呈现将成为提升用户体验和认知效率的关键手段。在构建多模态内容体系过程中，出版单位需强化数字版权智能化管理，围绕智慧教育、研学文旅等领域延伸产业链；整合内容策划、音视频制作、交互设计与算法支持等，探索跨学科协同下的新型出版产品设计范式。

出版融合发展的产品与服务的传播需打通线上线下互动场域，渠道拓展从“营销导向”转向“体验导向”。在线上传播方面，短视频、直播、播客等新兴媒介形式为出版物推广提供了新通道。出版单位可以打造“微综艺式”图书推广内容，策划作者对谈类播客节目，或组织直播带货与线上签售活动，实现内容流量的快速转化。在线下空间方面，实体书店正在转型为“文化空间＋社交场所＋内容服务平台”的复合体，也可成为出版融合发展产品与服务的体验中心。同时，出版融合发展国际传播将实现从“内容出海”向“平台出海、文化入心”的跃升。一方面，有特色专长的出版单位加快建设智能化、多语种出版平台，探索形成多语种的智能出版分发节点，支撑出版内容的本地化定制与个性化传播。通过整合用户阅读偏好、媒介习惯、价值导向等数据，提升国际用户接受度与传播黏性。另一方面，打造具有国际吸引力的中国故事资源库，深耕中华优秀传统文化、当代中国发展故事与全球性议题交汇点，联合国内外专家讲好可嵌入多平台、多语境的中国故事。

五、更加注重“资产化＋金融化”的发展路径

随着出版融合发展进入深水区，出版单位在内容数字化的基础上，正加速向“资产化＋金融化”的方向探索。数字资源持续积累、数据治理能力不断增强，为出版内容的资产重构和价值再发现提供了基础条件。在这一趋势下，出版业正逐步迈入“内容资产化、数据资本化”的新阶段。通过构建统一的数据标准体系、确权机制和数字版权管理架构，出版内容可被确认为具有产权价值的无形资产，具备可量化、可评估、可交易的特征；具备稳定收益预期和权属清晰的内容资产，未来可纳入企业的资产负债表，成为对接资本市场与金融服务的重要桥梁。

出版单位将有条件探索一系列创新型资本运作路径。在出版业，数据资产化是指将数字化过程中产生的内容数据、用户行为数据、版权数据等转化为具备经济价值的资产。这些数据通过标准化、结构化等手段，成

为可交易、可融资的资产。在此过程中，出版单位可以将这些数据与传统意义上的“真实世界资产”进行结合，使得内容数据成为与不动产、设备等物理资产具有相似特性的“数字资产”。例如，出版版权、内容许可等可以通过资产证券化形式进行资本化，按照风险加权资产的标准来评估和管理，从而推动出版内容与银行、基金等金融机构的合作。这不仅打破了传统出版依赖物理产品的融资模式，还能够推动内容资产的“金融化”，将其作为真正的资产类别纳入金融监管框架，促进数字化转型与创新。出版单位通过这些模式拓宽融资渠道、提升资产运营效率、增强抗风险能力，从而为出版业注入更多资本活力与创新动力。

六、更加注重“大出版”格局塑造

随着出版融合向纵深推进，出版业格局正由“单一竞争”走向“多维协同”，呈现精细化、专业化、生态化趋势。但当前出版业两极分化显著，马太效应加剧。未来需构建差异化发展路径：大型出版集团聚焦平台生态建设，中小型出版单位深耕专业垂直领域，形成“大而强＋小而精”的产业格局。大型出版集团将继续巩固在资本、内容和渠道整合方面的系统优势，打造“平台＋垂直领域”的发展模式。通过搭建多终端内容服务平台，将出版内容延伸至教育、文旅、短视频等多元场景，实现内容价值最大化。中小型出版单位将在专业细分赛道中深耕，构建“小而专”“小而强”的发展路径，并围绕专业知识体系、行业痛点与市场空白，强化内容深度与服务黏性。

出版业的外延拓展和场景融合已成为增长新动能。出版单位正由内容提供者向内容运营者、生态建构者转型，通过“出版＋科技”“出版＋文创”“出版＋教育”等多元路径开辟融合赛道。在新兴融合形态方面，出版内容与文化创意、智慧教育等领域深度耦合，逐步形成 IP 开发、情境互动、用户共创等新型商业模式。

面对融合趋势的持续演进，出版业须以战略眼光识变、以创新举措应变、以系统能力求变。面向未来，要聚焦产业细分和区域协同，抢抓融合发展关键窗口期，全面推动出版向价值链高端、生态系统协同、全球化运营跃升，在文化强国建设新征程中实现出版业的新跃迁。

参考文献

［1］郭海威, 胡正荣. 生成式人工智能赋能数字内容创作：逻辑耦合、实践偏差与规范进路 [J]. 传媒观察, 2024 (11): 24-35.

［2］崔海教. 2023—2024 中国数字出版产业年度报告 [M]. 北京: 中国书籍出版社, 2024.

［3］中国版权产业的经济贡献调研项目课题组, 崔海教, 赵冰. 2023 年中国版权产业的经济贡献报告（摘要）[J]. 出版发行研究, 2025 (06): 21-29.

［4］晏子楠. 提升知识产权质押融资, 助益营商环境优化 [EB/OL].(2024-03-19)[2025-05-21]. https://www. cnipa. gov. cn/art/2024/3/19/art_3357_191075. html.

［5］中华人民共和国国民经济和社会发展第十四个五年规划和 2035 年远景目标纲要 [M]. 北京: 人民出版社, 2021.

［6］国家广播电视总局发展研究中心, 国家广播电视总局监管中心, 中广联合会短视频短片委员会. 中国短视频发展研究报告（2024）[M]. 北京: 中国国际广播出版社, 2024.

第八章　典型案例

通过聚焦出版融合发展的创新实践、系统分析典型案例，可以鲜活呈现出版单位深度融合的成果与经验。本章以入选 2024 年度出版融合发展工程数字出版优质平台的 16 个项目为主要研究对象，同时为覆盖 4 种出版融合发展主要业务模式，经专家推荐另纳入 9 个代表性案例，共计 25 个典型案例。课题组从基本情况、主要特点、经验总结、案例启示 4 个维度对典型案例进行分析，并在附录部分列录各典型案例所在单位有关负责同志和项目负责人的访谈，以期为行业推动出版深度融合发展提供可资借鉴的经验。

第一节　数字化出版产品与服务典型案例

数字化出版产品与服务典型案例反映了出版单位立足专业资源优势，借力 AI、大数据、云计算等技术，深耕垂直领域知识服务，有效实现资源深度聚合与服务模式创新，延伸了出版产业链与价值链。

一、人教口语数字智能学习平台

【基本情况】

人教口语数字智能学习平台（以下简称“人教口语平台”）是人民教育出版社专为中小学生打造的英语移动学习产品，能够在手机、平板电脑等终端使用（图 8-1）。该平台通过数字化技术与人工智能的综合应用，实现了从纸质教材到数字化互动教材的深度转换，有效满足了学生的个性化学习需求。人教口语平台目前已形成了口语闯关、配音秀、单词与拼读等 10 个学习模块，资源数量稳步提升，面向用户提供的英语互动教材已有 58 册，英语数字教辅已有245册，形成579册各类课程的数字资源，囊括课程、词条等9万余条。自产品上线以来，人教口语平台用户快速增长，目前已超过1 500万。

【主要特点】

强化内容的视觉呈现与交互式学习体验。平台持续加强技术投入，通过应用AI语音评测、大数据等技术，强化内容的视觉呈现与交互式学习体验。其用户数据显示，交互式学习体验的优化和提升，能有效提高学生使用频率、延长使用周期，明显提升其英语学习效果。

图8-1　人教口语App首页

以数据驱动实现产品精准化升级。平台积累了涵盖用户使用习惯、操作偏好、学习效果等多维度的海量用户行为与学习数据。通过深度挖掘与分析，精准识别用户需求与学习痛点，为内容迭代与产品优化提供坚实支撑。平台对用户行为数据进行实时采集，同时针对每一次功能迭代、内容上新与运营活动，及时进行分析复盘，再基于数据洞察指导内容设计、功能开发与服务模式升级，从而持续创造更高效、个性化的学习体验，驱动平台向精准化、智能化方向发展。

创新组织架构，全链条高效运作。平台采用敏捷开发模式，通过组建跨领域团队，增加数字化产品岗位人员比例，实现UI设计、内容生产、技术应用、数据分析、推广运营等环节的数字出版全流程闭环工作。团队成员间相互补位、快速反应，在产品、内容、体验、运营等多方面全程协作，有力提升工作效率和成果质量。

【经验总结】

精品内容满足多场景学习。平台坚持正确政治方向和出版导向，坚持高质量内容呈现，严格实行“三审三校”出版流程，利用互联网技术提升数字资源编校效率，确保数字内容质量。围绕教材进行多维度、深层次的研究和拓展，构建“听、说、读、讲、测、评”的多场景学习体系，满足用户多元化需求。

资源共享实现教育资源普惠。该平台用户覆盖全国 32 个省级行政区，能够有效满足不同地区学生英语学习需求，为改善地区间数字教育资源分布结构、提升区域教育数字化应用能力作出积极贡献。该平台贯彻教育与公益结合的普适教育理念，2020 年以来先后向宾川县、雷波县、壤塘县捐赠价值千万元的学习卡，为教育资源相对薄弱地区的学生打开一扇通往广阔世界的知识窗口，努力推动优质教育资源的广泛覆盖与普及。

复合型团队奠定融合发展人才根基。该平台团队由多元化人才组成，包括数字出版高级编辑、产品经理、技术开发人员、运营和视觉设计人员等。他们积极投身平台开发建设、运营管理等工作，与平台同成长、共进步。平台锻造了一支专业化、复合型出版融合发展人才队伍，为持续推进教育出版融合发展奠定了坚实人才基础。

【案例启示】

该案例给出版融合发展带来以下启示：①教育数字化需注重交互体验与个性化需求，而非简单的内容电子化。②在追求产品与技术创新的同时，教育类平台可积极开展公益活动促进教育资源普惠共享，既能实现显著的社会效益，又有助于提升数字产品影响力。③敏捷协作与跨领域团队是创新保障。人教口语平台采用敏捷开发模式，整合编辑、技术、运营等多领域人才，形成高效闭环工作流程，说明出版融合发展需要打破传统部门壁垒，依托灵活的组织架构和复合型团队，方能有效响应快速迭代的市场需求。

二、工程科技数字图书馆

【基本情况】

工程科技数字图书馆是机械工业出版社为积极响应国家“制造强

国”战略打造的数字化知识服务平台。该平台聚焦工程科技领域，整合了17 000余种电子书、260种工具手册、23种专业期刊及9个专题数据库等核心资源，覆盖机械工业出版社长年积累的图书、年鉴、微课程等多种内容资源（图8-2）。自2020年上线以来，实现了资源统一管理与个性化服务，目前已服务超200万专业用户，实现年经营收入近1 000万元。

图8-2　工程科技数字图书馆平台首页

【主要特点】

权威资源服务工程科技全产业链。工程科技数字图书馆紧扣国家制造业转型升级需求，依托机械工业出版社的专业出版优势，聚合专业电子书、行业年鉴、工具手册及在线课程等优质资源，形成覆盖工程科技全产业链的知识服务体系。例如，平台聚焦用户痛点，设置了工程科技文献索引与样书申请功能，强化了科研服务能力；提供数字化工具手册，有效解决了工程技术人员的即时查证需求。

智慧服务打造精准化知识平台。采用云原生技术搭建分布式系统，通过微服务架构实现资源标准化管理与服务弹性扩展。应用视频流媒体分发技术支撑千余个工程案例视频点播，结合用户行为大数据分析，实现精准推送。版权保护技术的深度集成保障了数字资源的安全流通，前端平台依据院校、企业等不同用户群体特征，提供定制化知识服务门户，形成“底层共享、终端智配”的服务范式。

共建共享打造工程科技知识服务中枢。日常运营中，注重产学研融合，吸引大专院校、科研单位和企业等机构单位用户及行业个人用户共建共享专业课程资源，助力工程科技研发与人才培养。

【经验总结】

精准定位制造业“专精特新”服务平台。聚焦机械工业出版社特色资源，通过工具手册数字化、专业期刊集群化、工程案例视频化等举措，打造差异化竞争优势。深度挖掘制造业从业者知识服务需求，构建覆盖技术研发、技能培训、学术交流的全场景服务体系，形成“专精特新”的平台定位。

多元技术融合驱动数字化服务升级。采用云原生、微服务等技术构建灵活可扩展的平台架构，实现底层资源采用统一标准管理，前端发布平台根据不同用户和资源类型提供针对性的个性化功能服务。版权保护与流媒体技术应用既保障内容安全，又提升用户体验。

数字普惠兼顾公共服务与市场运营。坚持社会效益优先原则，通过项目将优质数字资源延伸至偏远地区用户，有助于缩小数字鸿沟，促进教育公平。依托品牌影响力和营销能力，通过数字资源订阅、增值服务等模式实现稳定收入，体现了平台在市场化运营中的商业价值。

【案例启示】

该案例给出版融合发展带来以下启示：①权威、系统、时效性强的专业优质内容资源是出版单位做好专业知识服务平台的核心优势。②前沿技术的深度应用必将推动知识服务从资源聚合向智能服务跃升。③构建数字化经营生态，提升资源组织效率与服务精准度，是数字平台可持续发展的重要保障。

三、火把知识服务平台

【基本情况】

火把知识服务平台（以下简称“火把平台”）是浙江出版联合集团实施数字化改革的重点项目之一，平台依托博库集团数字出版发行渠道优势和电商用户基础，以知识服务为抓手，坚持传递有深度、有价值知识内容的定位，聚焦火把书院业务板块，提供“1+N”多元化知识服务（图 8-3）。

图 8-3　火把平台首页

【主要特点】

全民阅读服务生态精准覆盖各层次用户。截至 2025 年 7 月，火把平台的数字资源已覆盖电子书、有声书、课程、解读书、文章、视频等多种类型，累计注册用户超 500 万，累计付费用户 84 万。平台的目标用户群体涵盖了全民阅读的各个层次，不同年龄段、不同职业和需求的用户均能在平台上找到符合其兴趣的内容。

立体化知识服务满足全景式需求。平台提供包括读书、解书、听书、购书、荐书、评书等全媒体立体化的内容服务，一站式解决用户了解一本书、阅读一本书、分享一本书和购买一本书的全面需求。

支持系统赋能产业链上下游服务。平台通过数字化出版业务支持系统为出版单位提供互联网原生内容和用户接入、作者引入与服务、内容运营、数据分析挖掘服务。通过数字发行技术产品和服务输出，为中小内容供应商提供知识产品与用户服务的私域运营工具，形成数字内容供应联合体。通过持续推出优质数字精品内容，为用户提供优质阅读服务。借助大数据洞察大众阅读趋势，为创作者提供多元化出版服务支持。

技术架构实现灵活扩展与模块化管理。系统采用开源 Linux + Nginx + Mysql + PHP/JAVA [1] 组合，以及分布式体系结构，使软件服务分布更合理，各业务逻辑层互相分离，降低系统的耦合性，使系统扩展更加方便，让各子系统模块更清晰、拆分更灵活，便于分系统无缝升级。

【经验总结】

多平台协同打造“1+N”运行模式。平台整合了在线阅读、知识服务、在线教育，聚焦于“火把书院”，以 App 为主要载体，打造“1+N”的联合运行模式，实现数字发行、知识服务和在线教育等服务的联动。

精耕细作构筑数字时代融合新优势。平台立足浙江出版联合集团优势领域精耕细作，积极布局精品产品、精品服务和精品平台，不断健全数字化环境下一体化内容生产传播机制，全面推进了浙江出版联合集团业务融合，满足出版融合发展对海量资源集聚的需求。同时，平台通过深化出版产业链上下游资源整合及跨行业融合创新，持续构筑数字时代出版融合发展的新优势。

【案例启示】

该案例给出版融合发展带来以下启示：①全域分层的内容生态可以吸引更多用户。该平台既提供大众化内容，又深耕专业领域，形成了“金字塔式”内容结构，满足不同群体的深度需求。数字时代的知识平台需突破“大而全”的粗放模式，构建兼具广度与深度的内容“护城河”。②功能集成与一站式服务可以有效提升用户体验。该平台整合“读、解、听、购、荐、评”等多种功能，形成闭环服务链，解决用户从认知到消费

[1] “Linux + Nginx + Mysql + PHP/JAVA”，Linux 为一种操作系统，提供底层支持来运行其他组件；Nginx 为 Web 服务器；Mysql 为数据库管理系统；PHP 和 JAVA 是服务器端脚本语言的网站架构。

的全流程需求。知识类产品需要尽量减少用户操作成本，通过功能协同（如阅读＋社交＋电商）增强黏性，而非孤立提供内容。③技术与业务深度融合驱动提升平台效能。该平台采用分布式技术架构实现灵活扩展，同时通过数据分析反哺内容创作与运营。数字化服务需以轻量化、可迭代的技术为底层支撑，并通过数据洞察优化内容生产与分发效率。

四、华信知识服务平台

【基本情况】

华信知识服务平台是电子工业出版社以新型知识服务运营模式和产品建设理念为指导构建的知识服务平台。平台汇聚了丰富的专业内容资源和教育服务资源，为数百家地方政府、企业和科研机构提供服务，为工信系统产业政策制定、人才培养和行业数字化转型提供支撑。华信知识服务平台实现了出版融合业务和知识服务的“五个统一”，即统一信息检索、统一内容资源、统一后台数据、统一用户管理、统一运营服务。

【主要特点】

整合服务系统实现一站式运营。平台提供教育教学服务、在线学习、在线阅读、行业支撑及企业服务五大服务体系（图 8–4），集成了华信教育资源网、智能制造诊断服务、悦系列知识服务、国之重器等十余个在线知识服务子系统，实现了电子工业出版社知识服务产品一站式运营服务。

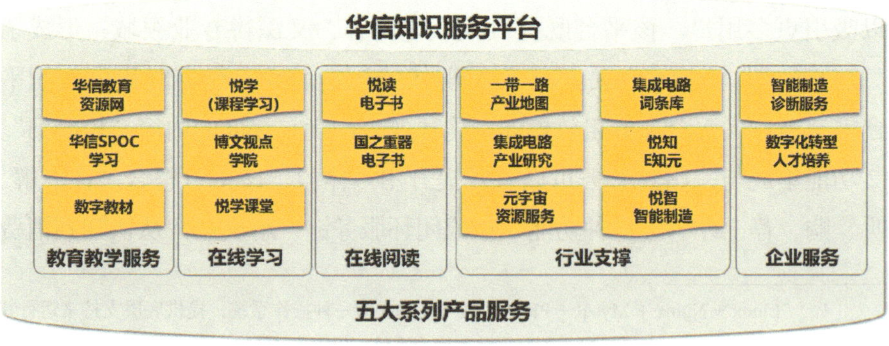

图 8–4　华信知识服务平台五大系列产品服务

汇聚专业领域资源形成特色内容品类。平台汇聚了专业知识信息120万余条、电子书2.81万种、图书配套资源4.4万种、论文4万余篇、课程资源2 000余门、产业分析研究报告及产业投融资信息2 000余篇。

优化平台基座能力提升服务水平。平台通过统一资源管理与统一用户管理的核心技术架构，提升了可扩展性。平台不断探索应用数字内容管理与运营的相关技术、内容重组与分发技术、知识关联与可视化技术、云计算技术、数字权利管理技术和数据挖掘技术、数据仓库技术，建立统一的资源管理后台，支撑实现内容资源的集中管理与分类重组运营发布；建立统一的用户管理后台，支撑实现用户的集中汇聚与分析利用；建立统一的知识服务搜索门户，实现知识服务的一站式检索。

【经验总结】

深耕专业特色构建优势领域知识服务。平台打造新型知识服务模式，提供专业领域知识服务、师资培训、项目型解决方案、研究咨询，以及行业支撑服务等新型业务。

服务模式创新引领融合业务营收增长。平台依托“书网互动”“书+课”等创新服务模式，驱动出版业务提质增效。数据显示，2023年至2024年平台营收规模超4亿元，其中数字化服务与教育培训相关收入超过30%，印证了创新服务模式的有效性。

从“物理叠加”到“化学融合”的系统性升级。平台以“五个统一”管理体系为核心抓手，通过系统性重构，将分散在各业务线的专业资源聚合为有机协同的数据资源池。在此基础上，依托系统化数据治理与平台技术底座的深度赋能，实现从“物理叠加”到“化学融合”的质变升级，提升了当下运营效率与服务响应速度，并为未来拓展业务边界夯实发展动力。

【案例启示】

该案例给出版融合发展带来以下启示：①打造了从基础资源到高端咨询的完整服务体系。该平台定位工信领域，聚焦智能制造、数字化转型等细分方向。一方面将出版社专业积累转化为数字化服务能力，形成了核心优势；另一方面通过提供深度垂直服务，如师资培训、项目型解决方案、研究咨询等，聚集了高黏性的专业用户。②以技术创新驱动服务升级。该平台应用知识图谱、数据挖掘、智能重组等技术，激活静态知识资源的动态组合价值，并借助精准分发系统，实现知识供给与用户需求的智能匹配，推动知识服务的智能化跃迁。③以新型融合业务模式创造新增量。基于用户需求创新服务模式，通过数字服务盘活纸质内容资产，持续释放出版融合业务的新增长动能。

五、技能强国——全国产业工人学习社区

【基本情况】

技能强国——全国产业工人学习社区（以下简称“技能强国平台”）是由全国总工会劳动和经济工作部负责规划指导与管理，中国工人出版社负责建设维护与运营，聚焦打造面向产业工人思想引领和素质技能提升的线上平台。技能强国平台为广大职工提供海量思想引领学习资源，赋能地方工会组织职工技能素质提升，构建了职工技能学习新生态。截至 2025 年 4 月底，平台累计访问量 19.1 亿人次，注册用户 698.5 万，汇聚 1 202 名工匠授课，形成音视频 16.3 万分钟、试题 43.9 万道。

【主要特点】

厚植工匠特色呈现优质资源。围绕职工技能素质提升，技能强国平台打造职工创新、安全生产、职业健康、职工技能大赛、企业班组长等系列精品课程，聚焦研发工匠工法、技法、创新方法课程，持续丰富职工技术技能学习资源。

云服务矩阵支撑精准技能供给。平台提供云活动、云直播、云课堂、云书坊、云电台等一系列学习服务。依托海量资源与平台功能，先后推出职业健康专区、安全生产专区、大国工匠系列专区、全国建筑行业职业技能竞赛培训专区等 20 余个特色专区，根据职工的不同技能需求，提供精准供给。

智慧训练重构技能实战培育模式。平台融合先进技术，形成

具备敏捷部署、安全可控、集约高效等特征的新一代技能培训基座（图 8–5）。平台通过智能引擎实现产业工人“千人千面”的精准学习服务，创新应用数字孪生技术建成创新型技能模拟练兵系统，成功支撑全国职工数字化应用技术技能大赛中焊接机器人、BIM（建筑信息模型）等工种的千人级实时在线沉浸对抗，实现技能人才云端实战培育模式。

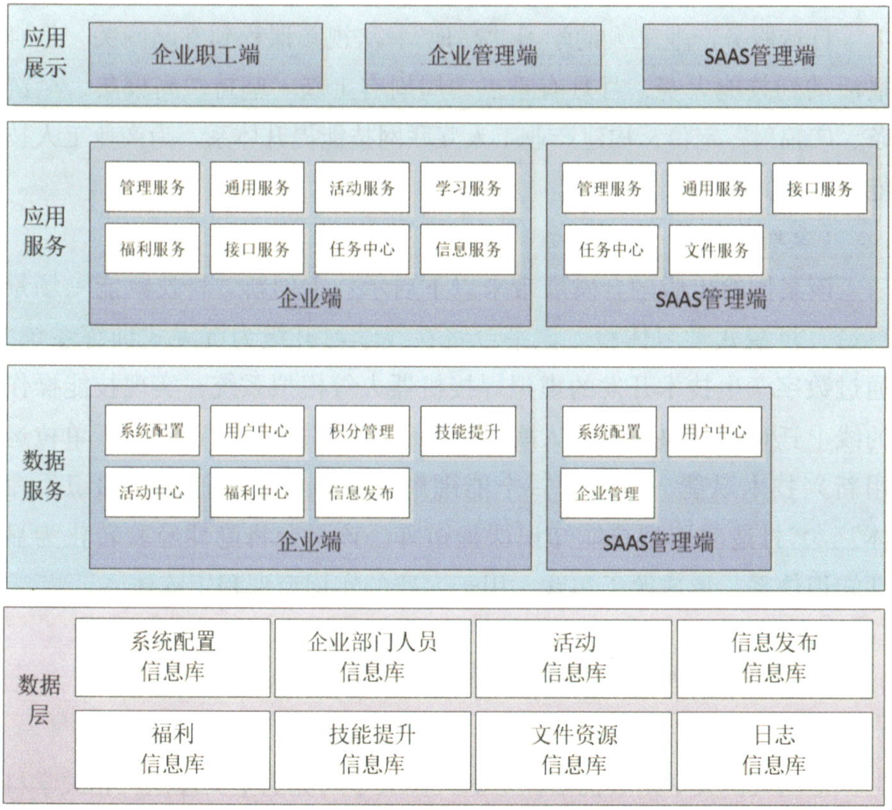

图 8–5　技能强国平台应用架构设计图

【经验总结】

虚拟现实重构技能实训场景。打造在线虚拟焊接机器人操作、3D 模型仿真操作等云端实训模块，将实体设备操作全流程迁移至线上平台，实现跨越时间和地域限制的学习。

开发“大师专区”金牌课程。围绕产业工人技术成长需求，平台系统性梳理大国工匠的工法、技法、管理方法和创新方法，形成以劳模和工匠人才命名的实用型技能知识体系，打造产业工人队伍技能提升的网络学习阵地。各行业的顶尖工匠人才陆续走进录播间，将自己在生产实践中的技术进行体系化总结，打造服务产业工人技能提升的“大师课”。

打造服务产业工人的学习“高地”。从视频课程到答题闯关，从直播活动到技能大赛，月月有重点，周周有上新。坚持“高聚集、全链条、广辐射”定位，构建产业工人互联网技能提升体系，为产业工人技能提升提供便利。

【案例启示】

该案例给出版融合发展带来以下启示：①创新“科技赋能 + 场景再造”沉浸式学习体验。该平台将在线学习升级为沉浸式训练系统，通过数字孪生技术开发的虚拟焊接机器人等模拟系统，实现技能操作的线上迁移，解决产业工人实操训练受时空限制的痛点。出版单位运用新兴技术赋能，塑造了一个能理解需求、激活价值的“知识生命体”。②打造实用型技能知识课程矩阵。该平台将隐性经验转化为显性知识体系，形成源于实践、用于实践的实用型课程矩阵体系。

六、芸窗思政精品课程服务平台

【基本情况】

中国人民大学出版社依托中国人民大学马克思主义理论及相关学科的集群优势，结合思政课教育教学的新理念、新经验和新做法，打造内容完善、功能齐全、技术领先的芸窗思政精品课程服务平台（以下简称“芸窗思政平台”），赋能新时代思政课建设。芸窗思政平台为北京高校思想政治理论课高精尖创新中心搭建了高校思想政治理论课课程资源平台与全国高校思政课教师网络集体备课平台。

【主要特点】

聚合优质资源，构建协同共建长效机制。平台整合多个单位重点学科研究基地的优质资源，组建思政课课程资源共建共享联盟，激发任课教师和高校及相关单位的参与积极性，共同推进思想政治理论课建设，形成内容共建共享的长效发展机制。

教学与科研资源优化配置。平台以“一平台多应用，跨平台多终端”为建设思路，根据用户需求，搭建集资源共享、在线备课、教师研修、文献研究四大功能模块为一体的课程资源平台，功能模块间可实现相互联通、服务与补充（图 8–6）。

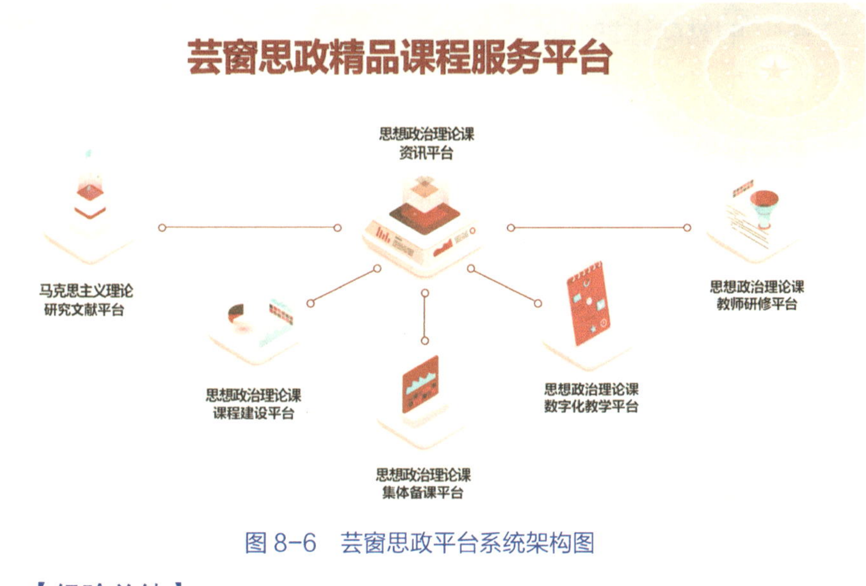

图 8–6　芸窗思政平台系统架构图

【经验总结】

围绕“三进”精准发力。平台围绕推进习近平新时代中国特色社会主义思想进教材、进课程、进学生头脑“三进”工作，在提升思政课教学效果上精准发力。依托优质培训、专题研修，推出“思政金课”，打造能量枢纽，为思政课教师增势赋能。

多源数据融合构建精准育人画像。平台是拥有数据库、教学互动平台、教学资源库、一体化备课平台等多个子系统的综合性平台，多个子系统之间互联互通，通过大数据分析及深度学习等技术，建立用户画像，实施精准的信息资源推送。

【案例启示】

该案例给出版融合发展带来以下启示：①明确战略定位，通过机制设计实现资源聚合的规模效应。该平台充分发挥中国人民大学马克思主义科学理论优势，实现学术资源与教育实践的深度耦合。②数据赋能精细化服务，形成良性生态闭环。通过用户画像和浏览行为分析，该平台实现精准资源推送和教学效果优化，形成“需求—供给—改进”的生态闭环。

七、麒麟融媒期刊传播信息平台

【基本情况】

麒麟融媒期刊传播信息平台由河北省委共产党员杂志社研发建设，是集内容策划、生产、传播于一体的期刊融媒体主平台（图 8-7）。该平台于 2018 年 10 月上线，以融媒体期刊为牵引，将纸媒、网媒、移动媒体三者有机融合，构建起“一次采集、多种生成、多元发布”的立体传播格局，实现由传统纸媒一次性传播转变成融媒体多级裂变传播，形成全程、全员、全效的融合传播生态。

【主要特点】

推出“五可”功能体验。平台推出具有“可读、可听、可观看、可互动、可分享”五大传播功能的党建类融媒期刊，受众可通过扫描杂志及每篇文章上的二维码，即刻通过移动端获取每一篇文章，即时实现“五可”功能体验。

多渠道打造数字期刊全媒体矩阵。依托平台，杂志社已形成涵盖一刊（《共产党员》杂志）、一网（河北共产党员网）、二微（“河北共产党员”微信公众号、“河北党刊”微信视频号）、四号（“河北共产党员”人民号、头条号、百家号、抖音号）、N 种变现形式（党课、专刊、活动、展览等）的全媒体矩阵。

图 8-7　麒麟融媒期刊传播信息平台首页

技术引擎赋能平台传播效能与资源汇聚。平台持续升级迭代，依托新兴传播技术，有效拓展内容传播广度，显著提升特色内容与目标用户的匹配精度及触达率。该平台 2.0 版本在全面优化用户体验的同时，创新引入多租户架构，支持机构用户并发共享平台全部功能，并通过共建共享机制高效汇聚了更多期刊的优质内容资源。

【经验总结】

融媒赋能内容立体化表达。平台通过“一次采集、多种生成、多元发布”的模式，实现了纸媒、网媒、移动媒体的有机融合，不仅提升了内容的传播效率，还增强了受众的参与感和互动性。该平台不止于将传统内容数字化，而是基于用户需求，开发了“五可”功能，使党建内容的传播更加立体。

全媒体矩阵实现传播效能有效提升。平台通过“一刊、一网、二微、四号、N 种变现形式”的全媒体布局，覆盖了多元化的传播渠道，确保内容能够触达不同偏好的受众，矩阵式的传播扩大了平台影响力，还通过多平台联动实现了内容的二次甚至多次传播，形成裂变效应。

技术是业务模式创新的核心驱动力。平台实现从 1.0 至 2.0 的跨越升级，创新引入共享功能，技术不仅作为工具支撑，更成为驱动业务模式创新的核心引擎，平台成功实现商业化转型，为期刊融合发展提供了可复用的解决方案。

【案例启示】

该案例给出版融合发展带来以下启示：①更好满足用户需求是融合发展的落脚点。该平台充分考虑了受众的阅读习惯和互动需求，并围绕用户需求重构内容生产和传播方式，提供更便捷、更丰富的体验。②探索从“融媒”到“智媒”进阶的可行路径。当前，单一传播渠道已无法满足信息分发的需要，该平台积极放大门户网站的用户聚合、资源汇聚功能，联动第三方平台，实现信息的多渠道送达，查阅资料更便捷、信息送达更精准、传播渠道更多元，而且比单独开发运维 App 更能节省研发、推广、维护成本，该平台所构建的全媒体矩阵为行业提供了从“融媒”到“智媒”进阶的路径参考。③以共享思维拓展业务边界。出版融合不仅是内部转型，还可以通过生态合作实现更大范围的资源整合与价值创造。该平台在纸刊订阅量稳中有升的基础上，通过平台赋能，特别是技术升级后开通的“多租户共享”功能整合了更多资源，极大扩展了内容的有效覆盖，更好地履行了党刊职责使命。

八、籍合网

【基本情况】

籍合网是由中华书局下属古联（北京）数字传媒科技有限公司负责建设和运营的古籍整理与数字化综合服务平台。其重点产品“中华经典古籍库”以中华书局整理本古籍图书为核心资源，并通过整合 20 余家专业出版社的古籍整理成果打造而成（图 8-8）。截至 2025 年 7 月，平台已上线资源 10 000 余种，总规模达 27.5 亿字。平台还集成了“中华石刻数据库”“中华古籍书目数据库”“中华文史学术论著库”等 30 余个专业数字产品，满足用户的多元化需求。

图 8-8　籍合网首页

【主要特点】

专题数据库赋能学术研究与资源获取。平台拥有主题多元、类型丰富的专题数据库，涵盖古籍文献、学术研究、文化艺术等多个领域，致力于满足用户多元化、专业化的使用需求。其核心数据资源类型包括：古籍文献类，如具备全文检索功能的“中华经典古籍库”等；知识条目型，如以提供精准知识服务为特色的“中华古籍书目数据库”“历代进士登科数据库”“历代石刻总目数据库”等；石刻文献集成类，如以各类型石刻资源为主体构建的“中华石刻数据库”及其系列子库；文化艺术专藏类，如“中华书法数据库”“中华木版年画数据库”等。此外，籍合网积极与学界合作，相继推出“殷墟甲骨文数据库”“现代汉译文学编年考录数据库”等优质专题数据库，通过数字化出版形式，彰显了学术成果的独特价值，为用户提供更便捷、更丰富的学术资源。

构建古籍研究多场景知识服务矩阵。平台汇聚多种实用工具，包括纪年换算、联机字典、输入法及超大字库等，并能够实时推送古籍研究最新资讯。用户在阅读时，点选文本即可自动生成含版本、页码的规范引用，并支持原书图像与文本内容逐页对照查阅。平台支持生僻字的检索、显示与复制，提供字库配套服务，字库涵盖 Unicode 12.0（国际通用的字符编码标准）全部汉字，兼收说文小篆、古文字形、卦象符号等特殊字符。籍合网还代理其他出版单位的古籍数据库，并推出在线整理与发布平台，以众包模式汇聚校勘力量，提供标点、注释、校勘、翻译等在线协作模块，让古籍整理更高效，成果共享更便捷。

【经验总结】

打造精品古籍数据库支撑品牌发展。平台以古籍整理为核心，以知识服务为脉络，聚合了多个专业数据库，成为中华书局重要的品牌支撑。

研发系列特色技术工具赋能古籍整理。平台围绕古籍整理与数字化转型的核心需求，自主研发了多款古籍智能整理工具，构建起覆盖整理与数字化生产全流程的技术工具体系。其中，服务于古籍数字化整理的技术工具包，包括古籍 OCR（光学字符识别）、自动标点、文白翻译、自动注释、图文校对器、富文本编辑器、元数据著录编辑器等，覆盖从图像处理、文本采集、基础整理到数据标注等生产环节。面向古籍整理与专业出版场景推出“文达编校系统”，基于自动标点、繁简转换、命名实体识别、相似文本比对等算法能力，形成标点检查、文字检查、纪年检查、引文核查等古籍内容校对辅助功能，推动算法能力从“能”到“优”的升级。系列工具的落地应用，有效缓解了传统古籍整理中人力投入大、研究周期长的痛点，显著提升了古籍资源开发的效率与质量。

以标准体系建设支撑古籍数字化质量。为保证古籍数字化的质量，平台采用或研发《数据加工流程总规范》《元数据规范》《图像采集规范》《文字采集规范》等 20 余种数据加工及技术开发标准，规范业务生产流程。

【案例启示】

该案例为出版融合发展带来以下启示：①资源整合与品牌聚合。平台建设可依托专业出版机构优势，聚合多元资源形成规模化知识集群，通过深耕垂直领域建立核心品牌价值。②技术驱动革新。研发具有垂直领域特色的智能工具，可以技术破解数据整理人力瓶颈。③以标准保障质量。建立数据加工标准体系，规范数字化全流程，确保资源质量。④服务多元化。构建专业数据库、智能工具、众包整理、在线培训等综合服务矩阵，以用户需求为中心延伸知识服务链。

九、CIDP 制造业数字资源平台

【基本情况】

CIDP 制造业数字资源平台由化学工业出版社旗下全资子公司海枣数字科技（北京）有限公司建设运营。平台面向制造业科研人员、工程师及高校师生，通过碎片化、参数化知识重组，实现从纸质出版向知识服务的模式转型（图 8–9）。平台突破传统检索限制，集成设计工具与三维模型资源，提供跨模态知识检索服务，有效解决智能制造领域信息分散、标准滞后等问题。平台自 2014 年上线以来已服务 700 余家机构用户，覆盖多所重点高校，截至 2024 年底累计销售额达 6 300 多万元。

图 8-9　CIDP 制造业数字资源平台首页

【主要特点】

制造业知识服务的多模态融合创新。平台深度融合出版资源与数字技术，构建多模态制造业知识服务体系。基于大数据框架和知识挖掘技术，实现文字、表格、图片、三维模型等多形态资源聚合，并建立了跨模态关联关系。自主研发知识精准获取、碎片化加工及跨模态检索体系，支持用户从数据查询到设计计算的全流程工具化应用，显著降低设计复杂度。平台还集成数字版权管理与全流程出版管理技术，确保资源安全可控。

从工具到服务创新知识服务模式。平台突破传统纸媒限制，提供动态可定制的知识服务解决方案。通过参数化工具模块和按需学习路径，将机械设计中的手动查询、绘图等工作转化为集成化数字工具，大幅提升用户使用效率。其内容标准化、工具模块化设计支持用户跨时空高效检索与使用，覆盖三维模型解析、音视频教学、智能计算等场景，完成

“从工具到服务”的盈利模式转型。

产学研协同打造智能制造专业服务平台。平台被中国石油和化学工业联合会列为行业数字化升级支撑体系，并通过与高校合作构建专业内容学习系统，为智能制造领域提供精准知识服务。其在上海交通大学、西北工业大学等多所高校以及多家企业机构，开展应用示范，付费用户从2015年的8家增至2024年的100余家。平台还推动出版业复合型人才培养，形成“知识加工—技术融合—服务输出”的专业服务平台，为制造业信息资源增值与从业人员科技素养提升提供长效支持。

【经验总结】

知识交付模式促进平台向“效率赋能者”转型。平台通过碎片化资源整合与工具化改造，重构用户体验，以定制化服务替代传统产品交付模式，完成了从“内容提供者”到“效率赋能者”的转型。依托其知识标准化体系与跨模态检索能力，平台精准匹配用户个性化需求，从而构建了可持续的盈利模式。

自主研发助力数字出版流程智能化管控。平台自主研发的知识图谱、协同编撰系统及安全认证体系，打通数字出版全链条。通过大数据处理与版权管理技术应用，平台实现内容生产、传播、服务的智能化管控。

产研融合催化制造业知识服务创新。以高校和企业为支点，平台构建共建、共享、共赢服务模式，推动制造业知识共享与技术创新。与CARSI联盟（中国教育科研计算机网构建的统一认证与资源共享的组织）的合作及在高校中的应用示范，扩大了专业资源在适配用户中的覆盖度，为出版业服务实体经济探索了新路径。

【案例启示】

该案例给出版融合发展带来以下启示：①自主研发构建的知识生产体系更加贴合出版单位自身实际应用。该平台通过自主研发的知识处理引擎，将编辑、技术、用户纳入协同生产网络。编辑主导知识元标准制定，技术人员构建智能加工系统，用户行为数据反哺内容优化。这种技术驱动的内容生产模式，为出版业融合创新提供了组织形态变革样本。②以用户需求和应用场景为核心设计融合服务功能。该平台精准锚定制造业用户的“知识应用痛点”，将设计手册转化为在线计算工具，将技术标准转化为参数化模块。这种以用户工作场景为中心的服务设计，使出版融合突破传统内容范畴，向生产力工具领域延伸。

十、Researching 科技刊群数智化融媒体平台

【基本情况】

Researching 科技刊群数智化融媒体平台（以下简称“Researching 平台”）是中国激光杂志社打造的科技期刊融媒体智能服务品牌，主要包含 Researching 数字出版平台和 Researching 期刊集群（图 8-10）。

Researching 数字出版平台集成了期刊投审稿平台、编辑加工平台和发布传播平台，为科技期刊提供从投稿到传播的全链条出版服务，实现多学科刊群的建设与智能化出版服务。Researching 期刊集群以数字出版平台为依托，汇聚近 200 种期刊，积累收录超过 100 万条结构化专业数据，学科覆盖光学、生命科学、材料科学等领域。作为中国科技期刊卓越行动计划一期、二期集群化试点项目的重要成果之一，Researching 平台年访问量已突破 1.2 亿人次（其中海外访问占比超 50%），年度访问增长比例约 20%。在资源规模、用户覆盖、访问量等关键效益指标上，已经超过国际同类学科期刊集群。

【主要特点】

构建国际化刊群平台实现全流程出版与全球协同。Researching 平台采用云服务架构，嵌入国际通用标准，独立建设专业学科刊群信息管理系统。数字出版链的前端采编、中端排版、后端发布平台以及信息中台和底层数据库架构，覆盖了从论文投稿到出版发布的全部流程，可实现千刊在线协同工作，全球即时共享。

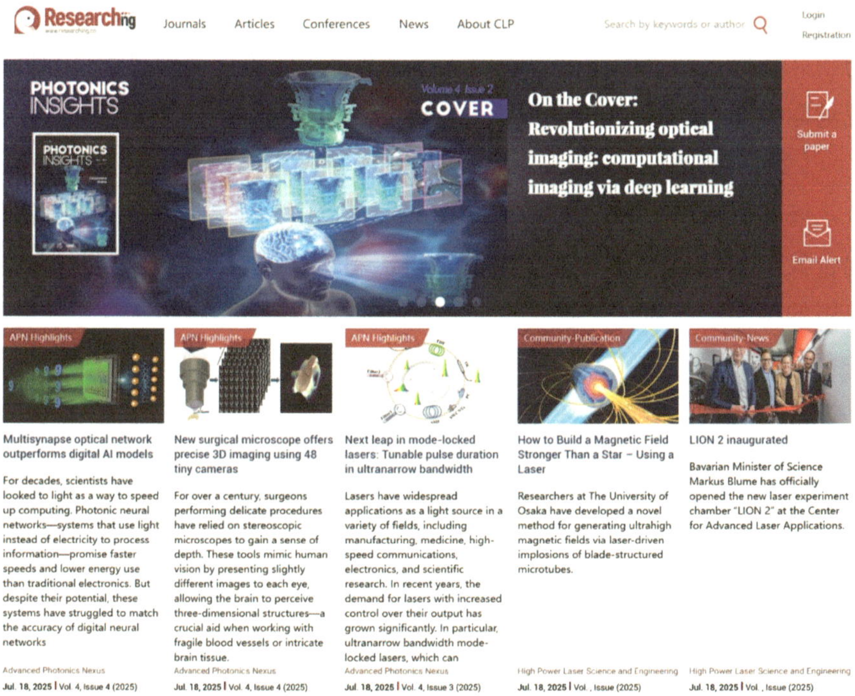

图 8–10　Researching 平台首页

研发学科大模型推动期刊出版数智化。基于专业学科语料库调优的学科大模型，在 Researching 平台完成“论文出版—智能解析—AI 内容生成”的智能化赋能，实现 5 秒完成“出版即生成”的出版模式，支持文字、图像、音频和视频的多形态内容输出，开创了“一次创作，多维应用”的智能传播模式。

【经验总结】

持续建设技术研发团队。中国激光杂志社自 2004 年起持续建设技术研发团队。该团队通过融合先进技术自主研发了覆盖科技期刊全生命周期的 Researching 数字出版平台，并训练光学领域专业大模型，实现 AI 增强出版的创新实践。

深入探索学科刊群模式。中国激光杂志社基于专业学科刊群的实践经验，牵头多家单位制定《专业学科刊群建设共识》，确立了学科刊群可行的建设思路，并从学科刊群的内涵和外延、运营机制、专业化分工与团队支撑、数据库建设、学术不端防范等多个维度，构建学科刊群的规范标准。

【案例启示】

该案例给出版融合发展带来以下启示：①挖掘专业学科语料是出版融合发展的重要保障。基于专业学科语料库，能有效提升学科领域 AI 应用的精准度，为学科研究提供全方位支撑。②多学科团队合作是数字平台不断升级的重要支撑。通过平台建设培养一支集管理、编辑出版、科学传播、平台研发及平台运营为一体的出版融合业务的专业团队，为 Researching 平台发展提供创新源动力。③注重积累自主知识产权。中国激光杂志社申请发明专利、软件著作权，并注册商标，促进数智化建设成果的合理利用与广泛传播。

第二节　纸数融合产品典型案例

纸数融合通过信息技术手段打破纸质与数字媒介的界限，提升知识传播及用户体验，是出版单位推进融合发展的基本业务模式，经过多年探索已经形成了较为成熟的实践路径。科技助力之下，纸质与数字阅读深度融合，相得益彰。本节选取的典型案例为出版单位推进高质量纸数融合提供了可资借鉴的范例。

一、《听！国宝在说话》融媒书

【基本情况】

《听！国宝在说话》是由人民邮电出版社童趣出版有限公司打造的服务儿童与青少年的纸数融合产品。该社在成功出版《听！国宝在说话》图书的同时，打造了同名广播剧（图 8-11）。广播剧与图书深度联动，让小读者立体感受文物的历史、故事及其所承载的中华优秀传统文化的深厚底蕴。

图 8-11 《听！国宝在说话》广播剧首页

【主要特点】

技术赋“灵”让文物“开口说话”。《听！国宝在说话》以 48 个音频故事为载体，讲述了 50 件国宝级文物背后的历史故事。采用多角色、多场景沉浸式体验的方式，将文物价值与历史意义融入音频故事中，跨越时空，串联起中国历史上的重大事件，让文物和历史以一种更加生动的方式走进儿童与青少年的世界。

专业筑基实现学术童趣共融。项目团队特邀多位博物馆资深从业者深度参与创作，将严谨的学术考据与丰富的科普知识融为一体，倾力将文物故事转化为孩子们喜闻乐见的生动篇章。从场景构思、角色对话乃至声优演绎，每一环节均精准平衡科学内涵与趣味表达。

【经验总结】

“虚”“实”结合促进传统文化传播。产品以图书内容为蓝本，以广播剧作为融媒形态，生动“演活”文物及其蕴藏的历史故事，贯通从纸质文本（实）到立体声景（虚）的体验转化，探索了传统文化知识传播与传承的新路径。

跨界人才驱动优质内容创作。产品的创作团队兼备学术功底与科普讲解经验，将复杂的文物知识转化为生动有趣、通俗易懂的故事。同时，专业的配音团队聚焦角色塑造与声音演绎，赋予剧目更强的艺术表现力与感染力。跨领域专业团队的通力协作，显著提升了作品整体的艺术性、趣味性和传播效果，是打造高质量内容创作的核心驱动力。

【案例启示】

该案例给出版融合发展带来以下启示：①深度挖掘中华优秀传统文化资源，系统梳理其思想内涵、人文特质、道德精华、艺术成就及核心文化价值。②积极探索基于数字技术的新型内容载体与知识服务模式。当下用户的认知习惯与知识获取路径正经历深刻重构，出版单位亟需主动适配这一趋势，打造多媒介融合、沉浸感强、交互性优、精准匹配时代特征的融合出版精品，激发传统文化的当代活力和融合传播潜力。

二、小凤凰 FM——少儿知识服务平台

【基本情况】

小凤凰 FM——少儿知识服务平台（以下简称“小凤凰 FM”）是江苏凤凰少年儿童出版社（以下简称“苏少社”）研发建设的儿童音视频出版服务平台，于 2019 年正式上线。平台目标用户为 3—12 岁的孩子及其父母，通过提供以听为主的健康“阅读”方式，致力于打造“孩子更喜欢、妈妈更放心”的少儿知识服务、生命教育平台（图 8-12）。平台通过文字、彩图、音频、视频等形式，生动展示文学、动

图 8-12　小凤凰 FM 小程序首页

漫、教育等内容，并在相应的纸质读物上印制小程序码吸引读者，实现线上线下融合，打造读者生态圈。截至 2024 年 12 月，平台注册用户已达 70 万，总访问量突破 1 500 万次，上线音频文件已超过 1.2 万个，视频文件超过 3 000 个，直接收入超过 70 万元，带动书刊销售收入数百万元。

【主要特点】

精准把握儿童青少年需求。平台依托书刊优质内容，根据儿童青少年需求明确内容选品标准，并结合其特点进行版式设计和功能开发。设置不同年龄段的用户入口，提供“类型”“功能”两个分类，并细分为 20 余个小类，让用户可以轻松、便捷地找到所需内容。

精品知识服务延伸至生活场景。平台将知识服务渗透到用户的生活场景中，提供“每日叫早”“哄睡故事”等以听为主的阅读服务。同时，苏少社与专业音视频制作单位联合出版音视频产品，持续推出精品专题，为儿童与青少年提供了更好的阅读体验。

线上线下全媒体多平台运营。在线下运营方面，苏少社与少儿书刊合作，将小凤凰 FM 的小程序码印在纸质书刊上，并打造了小凤凰 FM 线下专属阅读基地，开启游学研学新赛道。在线上运营方面，苏少社与垂类媒体合作，如在喜马拉雅、口袋故事、小盒科技和凤凰书苑等 App 上开设频道或专区，通过多平台投放以主动寻找用户。

【经验总结】

深度挖掘纸质书刊内容资源。平台在内容专业性上追求极致，紧密结合纸质书刊，坚持高标准内容创作与管理流程，持续推出一系列精品专题，如“曹文轩儿童文学奖”“儿童心灵成长自助宝典”“黄蓓佳中国童话系列”等。

挖掘适合儿童需求的场景化知识服务。除知识服务外，平台小程序针对儿童特别设立了答题专区，并提供丰富的小游戏功能，包括“成语小王者”“语文智多星”“口算小神童”“英语趣多星”等。同时，还为儿童提供场景式（哄睡场景、叫早场景）阅读体验，进一步延伸线下知识服务。

线上线下融合精准选择渠道。线下实体渠道（纸质书刊、阅读基地）是小凤凰 FM 的流量入口和体验延伸，反之线上也为线下活动导流和增值。在渠道选择上，线下聚焦少儿出版物，线上聚焦少儿 / 教育垂类平台，确保了资源高效精准投放。

【案例启示】

该案例给出版融合发展带来以下启示：①精准把握用户特点是构建知识服务体系的关键环节。该平台精准聚焦用户，依据年龄特点细分内容与设计功能。充分利用书刊内容及作者资源，联合专业机构制作音视频产品，形成精品化专题，显著提升用户阅读体验。②将知识服务融入用户生活场景，实现了内容资源价值的最大化。如创新采用听读模式，并挖掘家长给孩子“叫早”“哄睡”的实际需求。③平台建设品牌化实现可持续发展。该平台持续更新各板块内容并推进优质 IP 的精品化运营，深化书刊融合互动，并与智能硬件企业开展创新性合作，打造联名款耳机等产品。

图 8-13　三联中读 App 首页

三、三联中读

【基本情况】

三联中读是《三联生活周刊》手机客户端的全新升级版本，定位于社科人文领域的知识付费服务及内容分发平台（图 8-13）。三联中读平台核心资源包括超过 1 300 期《三联生活周刊》、《读书》《爱乐》数字刊、《少年新知》有声版，邀请社科人文领域学者打造的精品课程，以及延展封面报道深度的播客栏目。三联中读聚合中华书局、中信出版集团等数十家出版单位资源，打造出包括音频、视频、图文等多种形态的立体化、个性化知识产品，为用户提供读书新知、生活美学、艺术音乐、历史地理、心理教育等多方面陪伴式知识服务，构建起用户与知识创作者的深度链接。

【主要特点】

“中阅读”模式重构知识获取场景。平台创新“中阅读”理念，其介于纸媒“慢阅读”与手机碎片化“快阅读”之间，通过音频、视频、图文等，将深度内容转化为适配移动互联网场景的知识产品。用户可通过精品课程系统学习古建筑文化、华夏文明史，或通过播客栏目感知时代多元声音，满足读者在信息过载时代对高质量内容的需求。

内容形态与交互体验双重创新。平台整合数字刊物、音视频课程、有声书、播客、社群互动等多元形态，提供“主讲人原声＋文字稿”课程、沉浸式阅读划线功能、社交化阅读分享等交互设计，强化用户参与感，创建社群、用户专题等模块，提升用户黏性。

整合跨界资源形成矩阵。平台依托《三联生活周刊》30年的内容积淀，联合出版单位、学界专家及作者，形成“内容生产＋知识服务＋社交传播”矩阵。平台不仅提供付费订阅会员与专栏，还通过专题联动线上线下资源，实现知识普惠与用户价值延伸。

【经验总结】

以深度内容为核心打造知识服务“护城河”。平台严格筛选社科人文领域权威创作者，延续三联“新闻＋文化＋生活”的报道逻辑，通过“三审三校”保障意识形态安全与内容质量。平台将传统杂志报道转化为系统化课程、深度播客等形态，构建“听、说、读、写、评”多维度知识体系。

技术赋能实现资源数字化再生。平台通过AI语音评测、大数据分析等技术优化内容分发，将杂志典藏与实时更新内容数字化，形成资源库。同时，开发用户兴趣标签订阅功能，精准匹配“历史”“文学”“旅行”等专题，提升个性化服务效率。

构建用户共创生态激活社群价值。平台鼓励用户成为内容生产者，通过认证作者出版合作计划，将优质用户内容转化为实体书籍，形成“创作—传播—变现”激励机制。

【案例启示】

该案例给出版融合发展带来以下启示：①该平台聚焦人文领域，填补“快阅读”与“深阅读”之间的空白，证明垂直化、专业化内容更能形成差异化竞争力。②该平台延续三联“观察世界、认识自我”的价值观，通过数字化产品传承出版品牌基因，通过数字技术放大品牌文化价值，更加凸显出版创新转型中坚守核心理念的重要性。

四、书天堂 AI 新阅读平台

【基本情况】

书天堂 AI 新阅读平台是由广西师范大学出版社在自有传统阅读平台上创新性应用图书垂类 AI 大语言模型，面向读者提供多模态内容呈现及智能化知识服务的综合性阅读服务平台（图 8–14）。平台集成电子书、有声书等多元产品形态，通过 AI 数字人伴读、多模态资源整合及出版全链条协同，构建“AI+ 新阅读”服务体系。截至 2025 年 7 月，平台全渠道销售产品 12.87 万件，实现营收 1 300 余万元。

图 8–14　书天堂 AI 新阅读平台首页

【主要特点】

AI 数字人伴读与智能服务。平台通过 AI 数字人提供个性化推荐、情感陪伴及语言学习辅助，整合多媒体资源，增强用户交互体验。通过深度学习用户阅读偏好，实现个性化内容推送；运用情感计算技术构建拟人化互动场景，增强用户沉浸感。AI 数字人“小珂”通过智能化、个性化的方式与读者互动，帮助读者获取纸书及其他相关知识，大大拓宽了读者获取知识的边界。

多模态资源适配多元场景。平台打通纸质书与电子书、有声书资源的链接，构建涵盖学术、教育、大众出版等领域内容的立体化资源库，用户通过扫码即可获取延伸内容，满足多元阅读场景的需求，有效提升资源利用率。

数据赋能出版全链条。平台实现内容生产到传播推广的链路贯通，通过大数据技术应用，标引用户行为，并进行用户画像和产品分析，指导内容生产、功能迭代和精准营销，以数据支持内容资源的高效流转与精准分发，助推平台向智慧服务转型。

【经验总结】

AI 技术重塑交互阅读体验。以 AI 数字人构建智能化阅读体验，通过情感计算、多模态交互等技术突破传统阅读边界。技术应用注重场景适配，智能推荐系统缩短用户内容获取路径，从单向阅读到交互式体验的阅读模式提升用户阅读体验。

多模态资源优化知识体系。多模态资源库建设兼顾阅读深度与传播广度，既保留专业出版特色，又拓展大众传播渠道，资源集中管理也降低了内容开发成本。

【案例启示】

该案例给出版融合发展带来以下启示：①人工智能驱动阅读服务革新。该平台实现了 AI 深度融入出版流程，从内容生产到内容交互，从数字阅读到伴读服务，为出版业提供了“技术 + 内容”知识服务新范式，推动传统阅读模式向智慧服务转型。②数据赋能激活内容价值。通过构建精准用户画像与实施私域流量运营，该平台为出版单位有效破解“有品质无流量”“用户黏性不足”等难题提供了数据驱动运营的参考路径。

五、华夏手造创意产业知识服务平台

【基本情况】

华夏手造创意产业知识服务平台（以下简称“华夏手造平台”）是中原出版传媒集团河南科学技术出版社按照“从一本‘书’到一条‘产业链’再到一个‘生态圈’”核心发展理念，以优质内容为核心，以手工 IP 创意为支撑，以手工艺的传承、保护和创新为目标，以数字技术赋能为驱动的线上线下结合的知识服务平台（图 8-15）。该平台线上提供手工文化创意一站式知识服务，线下打造手工博览会、手工创意体验中心、手工产业基地等“三位一体”的服务体系，延伸手工创意产业链，构建手工产业融合发展生态圈，探索特色鲜明的出版融合发展之路。

图 8-15　华夏手造平台首页

【主要特点】

深耕手工图书。以手工图书为依托，经过二十余年的发展逐步形成覆盖编织、刺绣、纸艺等全品类的1 500余种专业出版物矩阵，以40%市场占有率稳居行业榜首15年，构建起权威内容护城河，服务手工行业用户50余万人。

研发特色课程。平台将手工、非遗、劳动、科技等内容板块相互融合，大力研发手工劳动课程、研学课程及配套资源包；邀请手工艺人及名师32人，设计开发手工、生活、劳动、非遗等领域30个体系共60类课程，现有视频课程共计149门、580节，累积付费会员1.5万人。

围绕核心多元拓展。平台积极提升线上线下运营推广能力，通过手工展会，吸引来自中、美、德、法、日、韩、英等40余个国家和地区的一线手工品牌参展，参观人数超10万人次，展会成为国内手工艺行业较大规模、较为专业的博览会。

【经验总结】

线上线下有机联动。平台线上通过知识服务从互联网聚集用户，线下通过博览会、体验中心、产业基地为用户提供“爱手工、做手工、聊手工”的现实场景。通过举办非遗研学、市集、专题展、读书会等丰富多彩的手工活动吸引用户。

充分借助新媒体拓展渠道。平台联合手工微信群、社团、达人等形成线上运营联动体系，推动渠道拓展取得新进展。同时，在天猫、视频号、抖音、小红书等平台开设官方店铺，开展固定时段直播，培育私域流量，建立忠实粉丝群。

推进产学研落地。平台与北京服装学院、南京艺术学院、郑州美术学院等高校建立密切合作关系，在华夏手造IP孵化、版权赋能等方面深度合作，完成华夏手造版权注册，并推动手工作者及手工从业者对其作品进行版权登记。

【案例启示】

该案例给出版融合发展带来以下启示：①该平台通过建设资源库、

大师库、作品库来积累文化资产、集聚人才资源、沉淀创意成果，并实现版权赋能与文化资源向产业发展的转型。②该平台在内容体系建设上，构建专业图书知识底座、视频课程互动体验和资源包、研学课程服务场景的三层架构，通过“非遗＋科技”“传统＋现代”跨界融合赋予传统文化新内涵。③该平台以线上内容为线下引流，以线下体验反哺线上黏性，通过精心设计的非遗研学、手工市集等活动将文化传播转化为消费场景，形成独特文化消费新业态。

六、全环境立德树人中华优秀传统文化少儿绘本大系——AI阅读融合出版平台

【基本情况】

全环境立德树人中华优秀传统文化少儿绘本大系——AI阅读融合出版平台是青岛出版集团为2—16岁少年儿童及其家庭提供的阅读服务平台（图8-16）。平台聚集中华优秀传统文化少儿绘本大系等阅读资源，以自主开发的课程为核心，生成有声书、电子书、视频课程、AI教育、口语测评等形式的数字产品，应用于手机小程序、电视屏幕、模拟展馆、文化空间等多元场景中。平台已上线互动绘本100种，配套开发动画短片100部、全息绘本内容24部，导读与朗读音频超过500条。

图8-16　中华优秀传统文化少儿绘本大系App首页

【主要特点】

权威团队保障内容品质。平台以中华优秀传统文化少儿绘本大系为内容核心，由权威学者、儿童文学作家和美术家组建学术委员会、编写委员会和艺术委员会，汇聚30余名作家和40余名插画师协同创作，确保内容的科学性、艺术性。

构建线上线下一体化阅读服务生态。平台的核心功能包括阅读服务、个性化图书推荐、互动式阅读指导、阅读评测、活动发布等。线下同步建设阅读空间，涵盖数字体验区、少儿阅读区与活动区，并通过AI、大数据等技术实时采集用户线下行为数据，动态优化线上平台服务，形成“线下数据驱动、线上智能响应”一体化阅读服务生态。

【经验总结】

技术赋能传统文化的数字化传播。平台聚焦中华优秀传统文化版权资源的数字化开发与创新应用，通过系统梳理启蒙教育资源，运用数字技术打造兼具文学性、艺术性、学术性与专业性的原创数字绘本精品，提升传统文化的沉浸式体验与互动传播。

提供“阅读服务＋场景互动”体验。平台为少年儿童提供AI阅读服务和数字场景互动体验，构建了适合少年儿童的体验式空间，打造“阅读＋、互联网＋、AI+、文化休闲＋”的新业态。

【案例启示】

该案例给出版融合发展带来以下启示：①该平台在数字技术加持下，创新性重塑纸质出版物，增强了传统文化的吸引力与感染力，为中华优秀传统文化的传承与发展探索了新路径。②立足用户应用场景，精准匹配需求，打造移动化、智能化、个性化的阅读服务平台，推动互动式、服务式、场景式内容传播，拓展了出版融合发展的新产品、新服务、新模式。

七、全球国际中文教学服务云平台

【基本情况】

全球国际中文教学服务云平台由北京语言大学出版社自主研发，

聚焦国际中文教育领域，集成互动教材、电子教案、语料库等教学资源，集成教材编撰系统、练习题编辑器等教研工具，形成“教、学、练、评、测”教学全流程服务体系，其数字化教学资源覆盖全球180余国用户。平台采用分布式微服务技术方案实现模块化服务部署，充分应用大数据、语料库、计算语言学、智能语音、智能手写、大语言模型等技术，开发智能语音评测、学情追踪等功能，推动教学向立体化、互动化转型。2024年平台实现经济收益超1 000万元。

【主要特点】

推动国际中文教育精准化转型。平台支持汉语、英语、俄语等11个语种界面，结合《国际中文教育中文水平等级标准》对教学内容进行标签化管理，为全球学习者提供本土化学习体验。通过语料库、偏误库与智能分析技术，可精准识别不同语言背景学习者的需求，动态适配教学内容，实现个性化学习路径规划。这一设计突破了传统教材单一语种的局限，将出版内容与技术深度融合，推动国际中文教育从标准化向精准化转型（图8-17）。

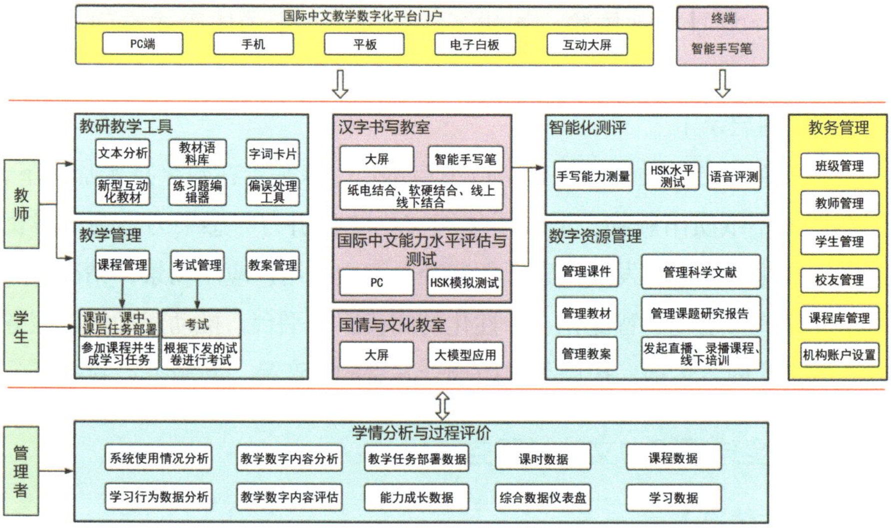

图8-17　全球国际中文教学服务云平台系统架构图

打造教育出版数字化解决方案。平台核心技术如互动教材编辑器、智能语音评测系统等均为自主研发，确保知识产权自主化。通过在线及本地化自研数字教材编辑系统完成新形态教材的协同编撰，打通院校数字教材出版的路径，整合教学资源，实现了标准化、规模化的数字资源生产。该模式将纸质教材转化为数字产品，提高了教材附加值，为教育出版价值链升级提供技术范本。

数据驱动教育科学化变革。平台集成自然语言处理、学情分析等技术，从音节、词汇到语法多维度追踪学习数据，为教师提供精准的教学反馈。智能手写评测可实时分析书写偏误，文本分析工具辅助教案优化，推动教学从经验导向转为实证导向，助力教育出版向服务化、智能化延伸。

【经验总结】

内容为本与技术为用。平台以专业教材资源为基础，自主研发智能化工具，将教学的传统方法转化为可交互的新形态教学产品。出版单位以内容为核心，同步布局技术研发，实现了从资源供应商向解决方案服务商的转型。

集成数字教材实现教学服务拓展。平台将教学、教研工具与数字教材进行集成，教师在使用数字教材时可直接调用教学、教研工具，降低教育技术使用门槛。这种轻量化、流程化的设计，为出版业提供了可复用的数字化转型方案，即通过模块化工具链，实现传统业务的快速迭代与协同创新。

教育资源拓展服务价值链。平台聚合多媒体资源，并基于数据反馈反哺内容优化，形成内容“生产—应用—迭代”良性循环。通过平台将应用场景延伸至教学服务、数据分析等环节，将出版能力转化为数字化服务能力。

【案例启示】

该案例给出版融合发展带来以下启示：①数据驱动出版价值升级。该平台以学情数据连接教学与出版，通过数据洞察用户需求，驱动内容精准供给与个性化服务创新，重构出版价值逻辑。②多语种兼容破除文化壁垒。该平台凭借多语种支持与模块化设计，有效应对地域差异，兼容多语种、多场景需求，全方位立体化支持国际中文数字化教学，为中国教育标准嵌入全球中文学习体系、增强文化出海能力提供借鉴。

八、Es Libros 中国主题西语阅读平台

【基本情况】

Es Libros 中国主题西语阅读平台是由五洲传播出版传媒有限公司打造的面向西语地区的数字化出版平台。平台以向西语地区销售有声书和电子书为核心业务，通过整合国内外优质西语资源，创新性地将中国主题的电子书、有声书融入西语本土内容生态（图 8-18）。截至 2025 年 5 月，平台已集成近 700 种西文版中国主题电子书及有声书，其中 95% 以上内容为原创，已成为拉美地区及美国西语读者获取中国内容的重要渠道。

【主要特点】

精准切入西语数字阅读市场空白。针对拉美地区对中国内容需求持续增长与优质内容供给不足的现状，平台实施差异化战略布局，填补西语数字阅读市场空缺。

实现优质中国内容软性传播。平台创新破局，将中国内容有机融入西语本土资源中，成功构建起跨文化传播的双向通道，在本土化内容牵引下完成中国故事的软性传播，显著提升国际传播的接受度与辐射力。

以技术赋能中国文化“走出去”。瞄准西语地区的数字阅读市场，通过自主搭建平台践行“造船出海”战略，利用 AI、大数据技术实现中国主题电子书、有声书的规模化制作与精准传播，迅速扩大中国声音的国际影响力。

【经验总结】

“造船出海”是中国内容“走出去”的重要路径。中国图书“走出

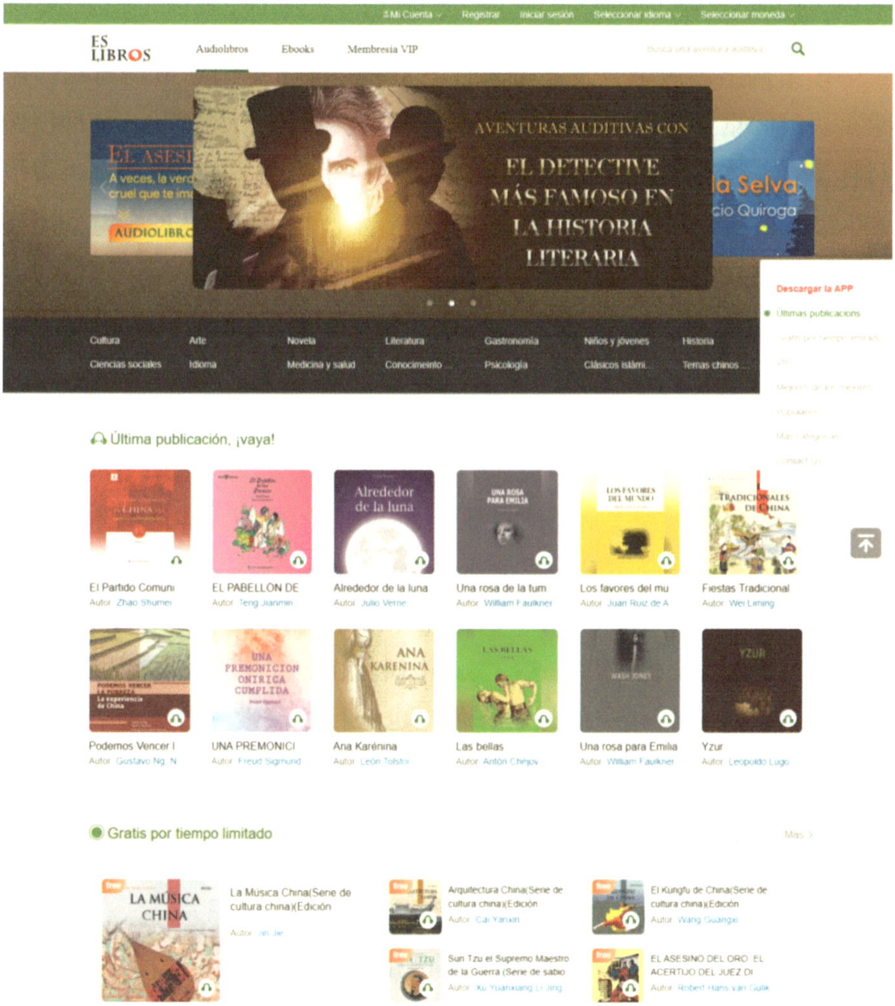

图 8-18　Es Libros 中国主题西语阅读平台首页

去”应在加强内容建设的基础上，以自建平台为载体，精准布局重点国际市场，打造中国品牌的文化传播渠道矩阵。

市场化运营提高平台影响力。平台实施精准运营，支持单本购买与 VIP 会员订阅，匹配西语地区的用户支付习惯，并借助广告分成机制提升流量变现能力。

【案例启示】

该案例给出版融合发展带来以下启示：①了解国际市场与用户需求是决策的重要前提。通过深入调研国际数字阅读市场现状，精准把握目标读者群体需求，为该平台突破欧美话语体系壁垒提供了关键决策依据。②国际传播自主化。该平台实现内容生产、用户触达的全链条闭环管理，自主决定内容发布形式、更新策略，直接获取用户阅读习惯与消费偏好，保障了中国主题电子书、有声书国际化精准传播。

第三节　自有新媒体运营典型案例

出版单位积极拥抱新媒体浪潮，通过构建自有新媒体运营体系深化用户连接、拓展服务边界、驱动业务增长。本节的典型案例展现了出版单位依托品牌优势与技术赋能，打造差异化新媒体矩阵，实现从内容传播到价值创造的生态化运营。这些实践不仅验证了自有新媒体在用户触达、品牌塑造与商业转化中的核心作用，也为行业探索“内容＋平台＋运营”的融合路径提供了可借鉴范式。

一、中信出版多元数字传播矩阵

【基本情况】

中信出版集团设立的自有新媒体已在15个平台布局共110个自营账号，以矩阵化的方式进行新媒体账号的运营，形成“1个旗舰（中信出版）+3大垂类（中信书店、中信书院、中信童书）”的新媒体矩阵，以精准内容＋销售转化为双轮驱动。其核心账号“中信出版”年度内容产量近万条，总阅读/播放量超10亿次，公域粉丝总量超300万，并推出了“你好，读者”阅读服务品牌，依托新媒体矩阵开展作者分享、播客、直播公开课等系列线上线下阅读服务（图8-19）。

图 8–19　中信出版集团小红书笔记内容和销售转化

【主要特点】

内容为王，持续更新。中信出版集团新媒体矩阵依托图书内容优势，注重内容的打磨，坚守内容价值，各平台的新媒体账号坚持日更，以优质的多种形式的内容深度陪伴读者，满足其对知识多样化的需求。此外，中信出版集团新媒体内容上线流程和图书出版一样，严格进行"三审三校"，确保内容的准确合规。

矩阵运营，形式多样。中信出版集团新媒体矩阵已实现微信公众号和视频号、抖音、B 站、小红书等市面上主流的图文及音视频平台全覆盖，开设动漫、童书、财经等垂类账号超 50 个，实现"旗舰号 + 子品牌+个人IP”三级结构。内容囊括图文、短视频、播客、直播、直播课、线下读书会等多种形式；同时运营1 000+企业微信社群，沉淀高净值用户50万+，整个新媒体生态形成“内容种草—直播拔草—社群蓄水—知识服务”闭环。

技术赋能，主动营销。推出“超新星”计划，聚焦读者流量池拓展和精细化运营，短时间内打造在销量、话题、口碑等方面表现突出的超级单品。通过数据分析挖掘内容爆点，以AI赋能内容生成环节，通过短直联动，打造爆款内容，裂变分发，带动全渠道销售增长。《DK时间线上的全球史》一书通过“超新星”计划，启动半年实销近40万册，其中社群平台销售超过20万册。中信出版集团积极通过以上新媒体端尝试探索出版与算法共振的内容营销新范式，打造可复制、可扩展的新媒体运营样本。

【经验总结】

打造品牌IP。通过陆续推出“你好，读者”等阅读服务品牌，提升品牌知名度和影响力，增强读者认同感，为图书营销和文化传播奠定基础。

培养专业团队。注重团队建设，培养了一批既懂图书内容又熟悉新媒体运营的专业人才，从内容策划、直播运营到品牌推广，各环节协同合作。同时，针对各新媒体平台的特点，有的放矢做差异化、精细化运营。

坚持用户导向。以读者需求为中心，无论是内容选题还是直播时段选择，都充分考虑读者偏好和使用习惯，通过新媒体与读者建立“准社会交往”关系，充分拉近与读者的距离。

强化内容创新。不局限于在新媒体账号上进行传统图书宣传，而是挖掘图书背后的故事和知识外延，辅以AI技术在新媒体热点抓取、数据复盘、图片生成、文案脚本创作上的能力，以新颖、有深度的多模态内容和直播、短视频等形式吸引读者。

【案例启示】

该案例给出版融合发展带来以下启示：①多元化布局是关键。出版业应加强新媒体平台多元化布局，覆盖不同类型平台，针对平台特点制定运营策略，扩大品牌影响力和市场覆盖面。②内容优质是核心。优质特色内容，是新媒体时代立足的根本，需发挥自身优势，挖掘图书的内容价值并转化为新媒体端的话语体系，为读者提供独特的知识体验。③ AI 创新是动力。注重创新，利用 AI 技术赋能新媒体从内容到运营的全流程，提升内容效果和转化效率。④人才培养是支撑。建立系统的新媒体营销人才培养机制，加强团队建设，提高团队在内容创作、数据分析、用户运营等方面的能力，以适应新媒体发展需求。

二、“文轩在线”直播业务

【基本情况】

“文轩在线”直播是新华文轩出版传媒股份有限公司旗下，以文轩品牌为核心，聚焦重点品种及新品种，进行产品营销的新媒体运营业务。其团队通过精准的产品宣传和推广策略，让更多人通过新媒体渠道了解文轩，了解图书，并实现销售增长。自 2022 年起，其团队从零起步，成功打造文轩自营图书直播 IP，在竞争激烈的图书电商赛道中崭露头角。

【主要特点】

洞察市场潮流与读者需求。“文轩在线”直播团队在选品阶段，凭借对市场的敏锐洞察力，捕捉到“文化热、文博热”，策划出版《中国博物馆全书》等图书，并进行全流程的自媒体营销推广。

创新“主题式”直播。“文轩在线”直播团队策划推出“博物馆直播间”等系列主题式直播活动。新媒体主播化身历史文化使者，带领观众透过文物古籍，穿越时空探寻华夏千年文明脉络，吸引不同兴趣圈层的关注，实现用户黏性的增长。

组合营销策略助力经济效益转化。在《中国博物馆全书》营销过程中，推出限时折扣、满减、赠品豪华升级等营销策略，助力单品单日GMV突破百万元大关，为图书行业新品营销提供新思路。

【经验总结】

品牌势能驱动高效运营双循环。聚焦高潜力图书及重点品种，通过精准锚定市场趋势与文化热点，将品牌势能转化为产品营销动能，实现文化品牌与商业运营互哺共生的生态闭环。

全链营销。形成“洞察—预热—场景—转化”的营销模式。在预热期，锚定具有文化潮流设计属性和传播热度的物料；在直播期，创新打造主题化场景，通过文物展示与高清图文强化沉浸体验；在转化期，运用限时福利及具有文化附加值的赠品激发消费冲动，实现内容价值到经济效益的高效转化。

专业赋能破圈传播。联动文博专家、历史学者及垂直领域专家，借助专业领域的影响力突破传统直播流量局限，显著扩大传播半径与用户覆盖，实现声量与销量的双重突破。

【案例启示】

该案例为出版融合发展带来以下启示：①图书营销需从产品介绍转向知识服务场景构建，如通过“主题直播”激活读者文化认同，证明深度内容与用户黏性正相关。出版机构应挖掘自身内容IP的沉浸式表达潜力，重构人货场关系。②出版单位自有新媒体团队需建立用户需求动态监测机制，将市场热点转化为可执行的选品与传播策略，通过数据闭环取代经验思维决策，确保资源投放精准度与转化效率。③以图书营销延伸文化消费生态链，“文轩在线”直播团队在营销过程中的赠品设计（如文物印章、藏书票）本质是扩展图书的文化消费外延，打造“图书+文化体验”生态网络，实现从单品销售到生态价值的跃迁。

三、二十一世纪出版社集团直播业务

【基本情况】

二十一世纪出版社集团直播业务聚焦集团核心重点 IP 资源及潜力新 IP，深度开展 IP 产品矩阵化营销。目前，该集团直播业务累计实现销售码洋突破 5 600 万元，成为图书销售增长的重要引擎。

【主要特点】

聚焦 IP 价值，驱动精准营销。其核心策略在于深度挖掘与精细化运营集团头部 IP（如“大中华寻宝记”“特种兵学校”“吴有用上学记”“不一样的卡梅拉”等），通过洞察核心受众（青少年及家长群体）的兴趣点与消费偏好，围绕不同 IP（如冒险、军事、校园、动漫）特性，量身定制专属直播内容与高匹配度产品组合，实现营销高度精准化。

创新直播形态，打造沉浸式体验。突破传统图书直播形式，团队匠心打造主题化、场景 IP 直播。例如，围绕爆款 IP“特种兵学校”策划的“霹雳虎迷彩音浪 Party”“华南虎 Cosplay 粉丝见面会”“剑齿虎连线互动福利专场”等。邀请漫画家化身书中角色，通过沉浸式叙事、互动游戏、幕后创作揭秘、实时连线和限定周边展示等方式，带领小粉丝深度沉浸于 IP 世界，提升用户参与度与长期黏性。

组合营销策略，释放 IP 消费动能。团队运用组合式营销策略促进转化。一方面，针对特定 IP 产品，设计高吸引力权益。例如，配套《宁夏寻宝记》推出的直播限定印章特别版；《大中华寻宝记》主角“果果”同款动漫衍生品收藏包等。另一方面，营造强互动氛围。主播进行编辑室走播，实时深度解读 IP，引导用户分享开箱体验、参与话题讨论，有效激发粉丝社群归属感与收藏购买热情，成功推动单场及系列 IP 主题直播销售业绩屡创新高。

编辑深度赋能，构建“专业 + 表达”双核驱动优势。团队直播深度整合编辑力量，形成了“编辑专业深度 + 主播表达技巧”的双核驱动机制。编辑直接参与直播策划与执行，并为观众提供深度解读、独家幕后故事和精准阅读建议。编辑为直播注入灵魂（深度内容挖掘、IP价值理解），主播则聚焦于高效触达与用户转化，两者优势互补、紧密协同。

【经验总结】

构建以IP为核心的运营闭环。团队将IP的内容价值、情感连接力与直播的强互动性、即时转化优势深度融合，成功构建“IP内容引力—直播场景沉浸互动—粉丝情感共振—商业价值高效转化”的完整营销闭环，实现IP资源向商业价值的强力转化。

专业运营与跨界资源整合。依托专业直播运营能力及对IP的深刻理解，团队积极联动编辑、作者、插画师、阅读推广人及垂直领域（如儿童教育、动漫文化、手工创作等）达人，借助其专业性和影响力丰富直播内容，为IP注入持续活力。

拓展“IP+文创”消费生态。着力构建“IP+文创”“IP+读者见面会”的泛消费生态。通过设计高价值限定周边、策划线上专属互动等方式，延伸IP的文化消费链条。其本质是打造“核心IP内容+深度情感体验+稀缺收藏价值”的复合生态网络，实现了从单一产品销售到IP生态价值构建的跃迁。

【案例启示】

该案例为出版融合发展带来以下启示：①强化以IP运营为核心的竞争力。出版机构需系统梳理、深度运营自有内容IP库，将其确立为新媒体运营的核心战略支点，将直播作为放大IP影响力、构建粉丝情感纽带、沉淀用户资产的关键阵地。②构建知识服务场景与情感共鸣体验。出版业应充分挖掘IP的沉浸式表达潜力，重构“人（主播/用户）—货（IP产品及衍生）—场（主题化直播场景）”的互动关系。③构建“IP+文创”生态，通过直播场景中的创新设计（如限定周边、线上深度互动），拓展图书IP的文化消费边界，构建围绕核心IP的衍生消费生态圈。

第四节 自研技术与平台对外服务典型案例

出版单位加快推进核心技术自主研发，本节的典型案例展现了出版单位如何立足主业优势，通过打造知识聚合型、技术驱动型与流程优化型平台，破解关键环节痛点，拓展服务半径与价值空间。这些平台在资源整合、自主可控与业务提效上成效显著，并逐渐成为出版单位拓展融合发展业务的新模式。

一、出版业数字化管理系统（ERP）

【基本情况】

重庆新华出版集团出版业数字化管理系统（ERP）是以数据为核心、数字出版新业态为导向的数智融跨出版体系，是出版单位自主研发的基础性业务支撑平台。目前，该系统已全面覆盖重庆新华出版集团图书出版、发行、零售、仓储、物流及财务核算等业务全流程，解决了出版单位在成本核算、发行结算、物流管理及多平台对接等方面的难题，成为出版单位数字化转型过程中的重要基础和有力保障。系统自 2020 年 6 月上线至今，已稳定运行 5 年，图书出版管理工作效能有效提升，仓库发货效率大幅提高，并实现零封库动态盘点。截至 2025 年 7 月，该系统拥有自主知识产权 6 个，已商用拓展至多家出版单位。

【主要特点】

全流程数字化闭环管理。系统包含编务管理、印务管理、采购管理、发行管理、销售管理、仓库管理、存货核算、财务平台、纸张原材料管理、统计报表、可视化中枢等核心功能模块，可根据出版单位的实际情况进行定制开发，形成专属的管理工具，实现出版业务从选题策划到销售发行的全流程数字化闭环管理，确保数据在各个环节无缝流转与共享。

微服务架构与智能终端融合。系统采用微服务架构，集成智能计量、二维指令码、OCR 识别和语音识别等，支持手机 App 与 PDA（个人数字助理）手持终端操作，提升一线业务处理效率。

业财一体化与数据双向验证。ERP 系统与财务系统实现数据双向验证，确保业务数据与财务数据高度一致，支持跨机构流程审批、工作协同、数据共享与分析，提升财务核算精准性与管理决策效率。

与第三方仓储物流系统协同应用。ERP 系统内置了仓储管理模块，同时支持通过服务接口对接实现与客户既有第三方 WMS（仓库管理系统）系统集成应用。

【经验总结】

以业务痛点为切入口，构建一体化应用体系。以传统出版业务中成本核算不精准、发行结算不智能、物流管理不高效、平台应用对接不顺畅等痛点为切入点，依托自主研发能力，构建覆盖全业务链条的出版业 ERP 系统，实现从“业务驱动”向“数据驱动”的转型。

坚持业务实际与技术创新并重。系统在设计中坚持“技术先进性 + 业务契合度”双轮驱动，采用微服务架构与智能终端深度融合，既保障系统灵活扩展，又确保功能高度贴合出版业实际业务场景，根据出版单位实际进行定制开发，形成可复制的行业级解决方案。

推动组织变革与流程再造。系统上线不仅是技术升级，更带动了出版单位组织架构与业务流程的深度优化。通过跨部门数据共享与流程协同，打破数据孤岛，推动出版、发行、财务、物流等部门形成高效协作机制：通过 API 和大量的数据导入导出功能与其他软件实现联动，并与财务系统、第三方仓储管理系统、电商系统等外部系统实现对接，显著提升整体运营效率。

【案例启示】

该案例给出版融合发展带来以下启示：①数字化系统建设必须立足行业场景，以解决实际业务痛点为导向。出版业 ERP 系统以出版业务流程为核心，精准回应行业需求，实现技术落地与业务提升的有机统一。②系统建设需坚持“业务 + 技术”双轮驱动，既要引入先进技术架构，又要深度嵌入出版业务逻辑，确保系统“可用、好用、管用”。③数字化转型不仅是技术工程，更是组织变革工程。通过系统推动流程再造与组织协同，才能真正释放数字化红利，提升企业核心竞争力。④出版单位对业务流程、数据标准的规范是发挥 ERP 系统管理效能的重要保障。

二、地图大数据融合出版知识服务平台

【基本情况】

地图大数据融合出版知识服务平台由中国地图出版社集团建设，以“一库两平台多应用”为核心架构，整合地图出版与地理信息资源，构建覆盖多终端的知识服务体系。平台通过 Web 端、App 及小程序，提供免费与付费结合的多元化服务，包括典藏地图数字阅读、地名知识查询、标准地图定制及云制图工具等，满足公众、企事业单位及开发者需求（图 8-20）。依托六大专业地图知识库、500 余万条地名数据和千余幅权威地图资源，平台已累计服务用户超 200 万人，获得 7 项软件著作权及 6 个省部级奖项，实现经济收益 1 700 万元，推动地图文化传播与地理信息产业融合。

图 8-20　地图大数据融合出版知识服务平台网页

【主要特点】

由静态内容向动态服务转型。平台突破传统出版界限，构建“数字出版 + 地图”融合模式。通过知识库建设，将纸质地图扫描、空间数据关联、属性扩展等技术融入出版流程，实现地理信息的可视化表达与动态更新。历史地图 App 通过时空数据叠加，呈现地名变迁；AR/VR 技术赋能中国传统古村落三维特展，拓展出版物的交互维度，推动静态内容向动态服务转型。

分层服务精准覆盖不同用户需要。公众可免费获取标准地图与地名知识，解决“问题地图”痛点；开发者借助云制图系统及 API 降低技术门槛；企业通过定制服务精准满足需求。这种分层的服务模式既保障公益性知识传播，又通过高端服务实现盈利，形成“基础服务引流 + 增值服务创收”的良性循环。

技术赋能打造全方位智慧服务。从内容生产、可视化呈现到版权管理，形成覆盖采集、加工、发布、保护等环节的技术解决方案，推动传统地图出版向智慧服务跃迁。运用云计算实现 PB（即 1 024TB）级时空数据存储与并行计算，支持海量数据融合分析；通过 AR/VR 技术开发实景三维地图产品，突破二维平面局限；平台研发地图数据保密插件、PDF 在线加密阅读等技术，构建从数据存储到分发的数字版权保护体系。

【经验总结】

资源垂直整合，构建资源增值知识服务。以专业地图出版资源为核心，融合行业数据与网络资源，通过分类标引、空间关联建立结构化知识库，支撑从数字阅读到定制服务的多元场景应用，聚焦地图垂直领域深度开发，形成“资源—加工—服务”链条，提升资源利用效率与内容附加值。

打造“云 + 端”服务范式。依托云计算与大数据技术，实现海量地图数据的高效管理与分析，利用云平台实现多终端适配。通过“数字出版 + 空间数据”融合模型，创新可视化产品形态，将纸质内容转化为可交互数字产品，降低后期开发成本。AR/VR 技术赋能文化传播，优化内容生产与分发效率，拓展服务边界。

创新分层服务模式。针对读者、公众、企业及开发者划分服务层级，设计通用服务与定制化产品，免费基础服务扩大影响力，付费增值服务有效创收。基于用户画像系统，通过数据分析挖掘需求，动态调整服务模式，实现社会效益和经济效益的有机结合。

【案例启示】

该案例为出版融合发展带来以下启示：①出版单位要立足核心内容资源，通过深度知识加工，寻求符合自身特色的从“内容供应”到“知识服务”的转型路径。②细分及动态调整的服务模式，可及时响应不同类型用户需求，并可有效实现社会效益和经济效益的有机结合。

三、科技期刊国际化数字出版平台（SciOpen）

【基本情况】

科技期刊国际化数字出版平台（SciOpen）由清华大学出版社自主研发，集成了全链条数字化生产与 AI 智能阅读功能，形成了“技术服务输出型”出版融合模式（图 8-21）。SciOpen 聚焦为清华大学出版社自办期刊和合作伙伴期刊提供全流程数字化生产、国际化传播支撑及智能化知识服务，服务期刊覆盖物理科学与工程、信息科学、生命科学与医学、人文与社会科学等学科领域，提升内容、数据及传播的自主权，已完成从“借船出海”到“造船出海”的新范式转变。

【主要特点】

以全流程数字化构建高效出版体系。SciOpen 以技术创新驱动出版模式革新，构建覆盖全流程的数字化出版服务体系。平台应用 XML（可扩展标记语言）数据生产加工、DOI（数字对象唯一标识符）、API 系统集成等技术，开发或集成包括投审稿、XML 结构化生产、全媒体发布、集群门户、移动社交、知识服务、运营管理在内的 7 个子系统，论文录用后 1 天内可实现预出版发布，期刊整期出版最快 10 天即可完成，显著提升首发时效性。SciOpen 通过开发交通数据共享平台 ETS-Data，推动科研数据与论文的互联互通，并积极应用国家科技资源标识（CSTR），强化数据溯源与标准国际互认。

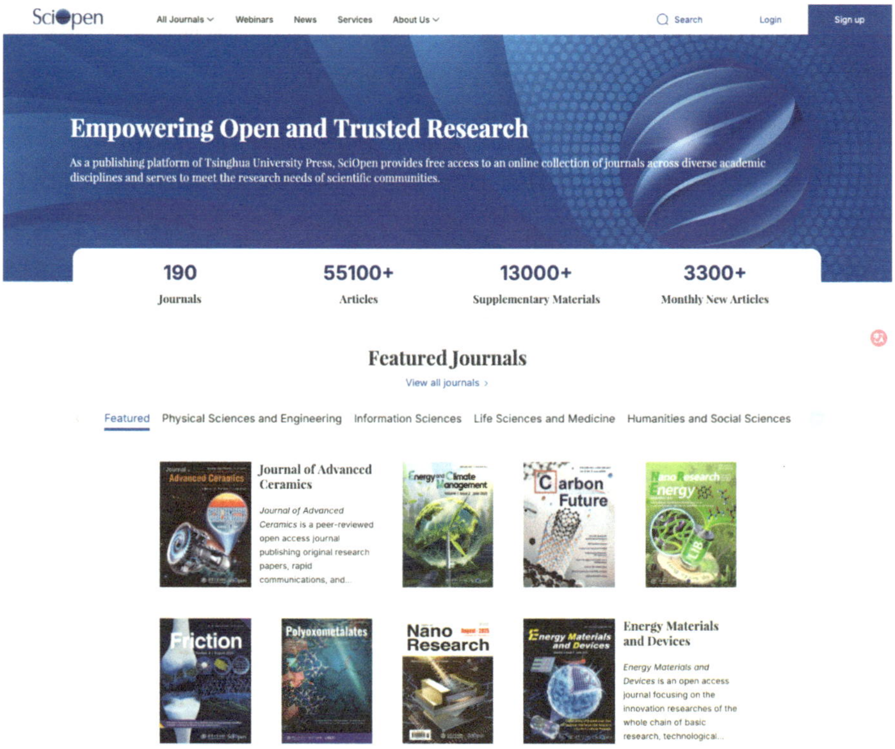

图 8-21　SciOpen 首页

国际化合作与标准化建设。平台接轨国际标准与伦理规范，与 CrossRef（参考文献链接注册查询系统）、Web of Science、Scopus（摘要和引文数据库）、DOAJ 等建立数据接口，加入国际出版伦理委员会（COPE），与国际科学、技术与医学出版商协会（STM）建立紧密合作关系。平台构建了学术期刊出版伦理和专业化出版制度体系，包括期刊出版政策、出版伦理指南、期刊管理机制等，形成标准化的期刊建设规范。

开放科学拓展全球传播与影响力。平台立足开放获取出版模式，遵守数据和接口国际标准，加强搜索引擎优化技术，面向全球科研人员开放共享平台的论文全文内容。在传播层面，平台整合全球学术推广渠道、加强论文社会影响力追踪、增强学术会议直播转播等，2025 年实现服务全球 190 多个国家和地区用户，每月浏览量超 600 万次。平台与清华文泉学堂合作打通国内高校开放获取资源聚合访问，同步通过 Google Dataset Search（谷歌数据搜索引擎）推广科学数据集，增强开放科学实践。

【经验总结】

优质内容即时发布。内容建设方面，平台通过全流程 XML 生产实现“生产即发布”模式，兼容国际主流数据库标准，保障论文传播广度。数据出版功能以 DOI 绑定科研数据，依托 ETS-Data 平台提升研究可复现性。

先进技术创新服务。平台应用 AI、大数据、可视化等技术，把平台从内容展示向分析服务提升，实现了期刊内容数据和用户数据的统计和可视化分析，实现了学者画像、智能推荐、科研热点与趋势可视化分析，以及知识图谱、AI 智能阅读等功能，平台的知识服务能力显著提升。

传播渠道多维立体。平台构建多维联动的立体化国际学术营销体系，打造以邮件推送和跨期刊推荐为核心的定向推送资源网络，整合“EurekAlert！”等权威科技新闻发布平台、ResearchGate 等学术社交网络、Facebook（脸书）等海外社交媒体矩阵，为入驻期刊提供多渠道的国际化宣传推广服务，形成“刊媒融合”立体传播。

管理机制集约高效。SciOpen 注重标准化与专业化，制定新刊创办规范、生产出版流程、出版伦理、开放获取规则、版权保护等系列标准化文件，建立跨部门运营团队，覆盖产品、技术、出版、运营等职能，通过定期培训提升团队的国际化服务能力。

【案例启示】

该案例为出版融合发展带来以下启示：①以学科刊群联动机制推动集群化发展，以“母刊+衍生刊”模式共享作者库、审稿专家资源，降低新刊运营成本的同时提升刊群协同效能。②构建科研社群互动空间，强化科研成果的全球触达能力。③技术赋能高效运营与精准传播，通过搜索引擎优化，确保文章内容优先触达用户，构建“刊媒融合”服务体系，增强刊群的凝聚力和影响力。

四、SciEngine学术期刊全流程数字出版与知识服务平台

【基本情况】

SciEngine学术期刊全流程数字出版与知识服务平台（简称“SciEngine平台”）由中国科技出版传媒股份有限公司（科学出版社）建设，立足国家战略与我国科技期刊发展实际，以自有高水平国际期刊群内容资源为核心，构建了覆盖全流程的数字出版与知识服务体系，为实现海外英文期刊回归、支持开源期刊出版转型及集约化出版提供解决方案。SciEngine平台已在技术架构与资源汇聚方面初具规模，涵盖600余种期刊，收录论文约80万篇，累计文献下载量超过1.6亿次。

【主要特点】

贯通期刊出版全链条。平台贯通论文投审、内容结构化生产、数据仓储、资源发布、学术提升、国际化推广及科学评价等全链条，搭载灵活可配置的投审稿系统，依托结构化数据实现自动化排版，实现对出版周期的全流程管理。同时，平台支持微信同步审稿、在线校对，对接国际主流期刊数据库、搜索引擎、第三方知识发现平台、社交和科技媒体，提供文献检索与学术发现、富媒体阅读与中英文双语展现、精准推送与定制阅读、学术营销推广与分析评价等服务。

应用新技术赋能期刊出版。平台与科大讯飞等科技企业开展多项人工智能应用与合作，协同推出中英文自动转译、“秒读论文”视频合成、学术不端自动检测、智能在线审校、自动结构化排版、审稿专家精准匹

配等功能。此外，平台应用科研大数据、人工智能等技术，构建用户画像，提供精准推送、期刊影响力分析等知识服务，助力期刊学术影响力提升。

紧密对接用户需求。平台的检索栏采用国际常见的关键词、作者、标题模式，便于全球用户的使用，同时平台将图书资源和期刊资源整合在一起，搜索引擎可以精确匹配到期刊文章和图书章节的题目。用户若要投稿，可通过投稿链接直接进入期刊所在的投稿网站，平台部分期刊可通过关注 SciCloud（科技期刊投审稿系统）微信公众号实时接收稿件状态信息和消息提醒，实现社交媒体与平台的交互。

【经验总结】

全流程整合提升出版效率。平台通过贯通投审稿、生产、发布、推广和评价等全链条，实现期刊出版的集约化管理，优化出版周期，尤其适合国际化期刊和开放获取期刊的集约化运营。

技术驱动增强内容传播力。平台应用 AI、大数据等技术，显著提升了论文的可见度与传播效果。平台积极引入 AI、大数据等技术，优化内容生产与分发，为未来智能化应用奠定基础。

用户导向设计提升体验。平台秉承以用户为中心的设计理念，兼顾功能实用性与操作便捷性，特别注重适配国际化用户习惯（如提供双语支持、实现跨资源检索）。平台通过开放免费内容体验、集成社交媒体交互功能（如微信查稿）、采用国际化检索模式等举措，深度对接学者与出版单位的核心需求。

【案例启示】

该案例给出版融合发展带来以下启示：①中小型出版单位可优先选择关键模块（如投审稿或数据分析）进行数字化突破，逐步扩展，采取“全链条 + 模块化”的集约化管理模式。②学术平台需强化移动端交互，利用社交媒体扩大传播，同时提升作者与读者参与度。

参考文献

[1] 机械工业出版社. 工程科技数字图书馆 [EB/OL].[2025-06-03]. https://ebooks. cmpbook. com/.

[2] 搜狐网. 今年那些入选的数字出版平台运行得如何？ [EB/OL].(2024-12-19)[2025-06-03]. https://www. sohu. com/a/839539162_121418230.

[3] 许立昕. “小凤凰 FM” 入选 “十四五” 国家重点出版物出版规划项目 [EB/OL].(2024-09-14)[2025-05-10]. https://www. cbbr. com. cn/contents/533/94339. html.

[4] 广西师范大学新闻网. 出版社集团书天堂 AI 新阅读平台入选 2024 年度出版融合发展工程数字出版优质平台 [EB/OL].(2024-10-24)[2025-06-03]. https://news. gxnu. edu. cn/2024/1024/c1330a300254/page. htm.

[5] 搜狐网. 书天堂 AI 新阅读平台：引领数字出版融合的先行者 [EB/OL].(2024-10-25)[2025-06-03]. https://www. sohu. com/a/820419299_121902920.

[6] 刘艳, 黄轩庄. 聚焦文化，提升出版品牌价值：访广西师范大学出版社集团党委书记、董事长黄轩庄 [J]. 出版参考, 2025 (02): 21-27.

[7] 中国出版传媒商报数字报. AI 技术背景下数字出版平台运行的主流法则 [EB/OL].(2024-12-06)[2025-06-03]. http://dzzy. cpmj. com. cn/html/2024-12/06/node_55897. htm.

[8] 佚名. 我国首个面向全球中文学习者的智慧教学平台正式发布 [J]. 世界汉语教学, 2022, 36 (03): 331.

[9] 赵帅. 北京语言大学出版社 “走出去” 的实践探索 [J]. 新阅读, 2022 (09): 18-19.

[10] 姜国权, 刘雪鸥. 国际中文智慧教育政策要求、发展优势、面临挑战与应对策略 [J]. 语言政策与规划研究, 2024 (01): 97-108.

[11] 陈平. 对新经济形势下地图出版高质量发展创新实践的思考：以中国地图出版社集团为例 [J]. 出版参考, 2024 (04): 37-40.

[12] 汤梅, 陈禾. 基于国内数字出版平台 SciOpen 自主创办英文新刊的实践探索 [J]. 中国科技期刊研究, 2024, 35 (11): 1604-1610.

附录　专家访谈

人教口语数字智能学习平台专家访谈

受访专家 1：黄　强　人民教育出版社党委书记、社长
受访专家 2：葛　欣　人教数字出版有限公司移动学习事业部主任

问题一：贵社在出版融合发展的技术应用方面有哪些创新？其独特价值体现在哪些方面？

人民教育出版社（以下简称“人教社”）历来都很重视新技术在出版中的应用。我们先后成立了电子音像出版社和数字出版公司来开展对应的业务，现在已经把这两个主体整合成一个公司，以实现优势互补。我们是少数拥有自主技术团队的出版单位，很早就在人教口语平台等产品中使用了语音识别等人工智能技术。前几年，我们还专门成立了人工智能技术应用实验室，深度探索生成式人工智能技术在出版融合发展中的应用。

人教社始终将技术创新作为出版融合发展的核心驱动力，在系列融合发展项目中，逐步构建起技术应用体系。以人教口语平台为例，这是一款移动学习产品，用户可通过手机、平板电脑等使用，能够满足学生“随时学、随地学”的需求。我们将人工智能与自然语言处理技术深度结合，通过智能测评系统为用户提供实时且准确的学习反馈；自主研发音视频合成技术，将教材内容转化为互动学习资源，激活教材学习场景；依托云计算技术保障平台在用户高峰期平稳运行，提升服务稳定

性；运用大数据分析技术精准剖析用户学习行为，持续推动产品体验迭代优化等。

我社对每项技术的应用都建立了严格的全流程验证机制。从市场调研精准把握用户需求，到构建产品原型验证业务逻辑，再到打造最小可行产品收集用户反馈，再针对问题进行多轮迭代优化，最终将成熟稳定的功能推向用户，每一步都体现了系统思维。

这些技术创新的独特价值，不仅在于实现了技术与教育场景的深度融合，更在于通过严谨的流程把控，让技术真正服务于教育需求，既保证技术应用的科学性，又贴合不同年龄段学生的教育规律，为出版融合发展提供了兼具专业性与实践性的范例。

问题二：贵社如何保障出版融合发展探索项目的内容专业性？如何构建内容体系？

人教社的核心优势在于，我们拥有专业专职的基础教育教材编写与研究专家，他们有扎实的学科知识基础，既熟悉国家政策与课程标准，也熟知认知规律和一线教学。在出版融合发展中，人教社始终坚守精品出版传统，将内容专业性作为生命线，请学科教材编写专家全程参与并主导内容设计、资源生产，确保内容专业性。

在人教口语平台建设中，我们坚持“学科权威审校”“教学实践核验”和“认知科学适配”原则，建立包含产品评审会、设计评审会、开发评审会在内的专业性评审机制。通过内容制作与产品研发两条线协同推进，严格执行“三审三校”和产品质量验收流程，同时融入第三方审查机制，形成全链条质量管控闭环。内容体系构建上，人教口语平台以学生为中心，打造“兴趣引入—能力拆解—语言建构—素养形成”的学习路径，让认知发展与能力提升层层衔接，满足“听、说、读、讲、测、评”的多场景学习需求，实现语言输入与输出、练习与反馈的有机融合。这种体系设计既扎根学科教学规律，又适配数字环境下的学习特点，使内容既具有专业性又富有实用性，实现“内容为本，技术为用”的出版融合理念。

问题三：贵社在出版融合发展的探索过程中采用了怎样的运营模式？在市场运营方面有哪些创新经验？

在出版融合发展的探索中，人教社始终坚守“社会效益优先，社会效益与经济效益相统一”的原则，构建了符合教育出版特质的服务模式。我们为广大使用人教版教材的教师提供了免费网络培训和教研服务，为国家智慧教育公共服务平台提供了大量免费的数字资源，也针对教师教的需求、学生学的需求构建了 To B（面向机构）和 To C（面向用户）的产品体系和“纸质图书 + 数字资源”“纯数字资源 + 服务”等商业模式。

人教口语平台是面向 C 端（用户端）的代表产品之一。我们秉持“取之于用户，用之于用户”的理念，坚持保本微利原则，在保障优质教育资源普惠性的同时，通过合理的市场化运作实现项目可持续运营，形成社会效益与经济效益相互支撑的良性循环。

对于人教口语平台的市场运营，我们构建了精细化、系统化的用户管理与品牌运营体系：通过纸数联动机制，实现传统出版资源与数字产品的协同推广；持续优化外部推广策略与应用商店运营逻辑，提升用户触达效率；联动多行业战略合作资源，打造覆盖全场景的品牌矩阵。人教口语平台目前已获得超过 80% 的五星好评率，积累了深厚的用户口碑。

值得一提的是，我们始终以教育本质为导向，没有盲目追求流量指标，而是将用户行为数据与学生健康、学习效率深度关联。在人教口语平台运营过程中，当我们发现有上千名学生在深夜使用产品时，就主动调整策略以引导学生健康学习，体现了教育出版单位的责任担当。

问题四：贵社在出版融合发展的探索过程中遇到了哪些难点？从出版融合角度看，您认为有哪些经验可以分享？

出版融合发展是系统性的变革，我们在发展过程中面临的难点具有行业共性，如投入大、回报周期长、服务任务重、内容迭代快等。

以人教口语平台为例，系统性变革主要体现在以下 3 个方面：首先，

UGC 审核的海量规模与内容审核标准、审核时效的平衡——审核太严会过滤部分优质内容引发用户不满，过于宽松则可能出现内容安全隐患，而用户对作品审核时效的高期待更加剧了这一矛盾。对此，我们探索出“AI 初筛 + 人工复核”的分级审核机制，既保障效率又守住质量底线。其次，客服响应面临的业务周期与服务稳定性博弈。我们通过建立数据驱动的智能调度机制，结合 AI 客服实现全时段协同响应，动态匹配服务资源，合理化解高峰时段客服响应效率不够、淡季时段客服人员闲置的问题。再次，资源生产中新旧内容迭代的效率挑战以及 AIGC 应用与内容安全的平衡问题，我们以“预研—分阶开发—同步审核”的敏捷生产机制以及“试点先行、审慎推进”的策略来应对。

关于出版融合发展，我们认为必须坚持政策引领，加快产品智能化发展，将政策导向转化为教育创新实践；积极推动纸数融合，构建“出版—服务—反馈—优化”的闭环生态；坚持普惠教育理念，降低优质资源获取门槛，建立多层次价格体系；积极融汇技术创新，打造沉浸式学习体验，通过海量数据分析把握用户需求与学习规律，进而实现数据驱动的精准内容优化，解决传统教与学的痛点。

问题五：面对未来技术快速迭代和市场变化，贵社有什么具体规划和布局？

面向未来，人教社将紧扣教育数字化转型浪潮，以技术创新驱动教育价值深化，持续推动纸数融合、智能融合。一是继续探索生成式人工智能技术的深度应用。对内，推进出版全链条智能化升级，实现资源加工等内部支持业务的 AI 化改造，提高资源制作、产品研发的效率，最终构建覆盖产品研发全流程的智能体系，提升出版效率；对外，在所有服务师生的产品线中引入生成式人工智能技术，在确保安全可靠的基础上提升服务效能。整体上，要形成我们人教社专有的数据集，努力打造能够服务基础教育出版全行业的人教基础教育大模型。二是继续拓展纸数融通新场景，提升教育服务能力，在深度耕耘教材场景的基础上，扩展教师教学与学生学习场景，结合需求尝试开发新的产品与服务。聚焦思政育人，构建新时代思想铸魂资源与产品矩阵；聚焦数字阅读需求，打造人教数字阅读平台；顺应时代发展，打造基础教育人工智能课程、教师数字素养课程、基于教材的基础教育学习课程等。

工程科技数字图书馆专家访谈

受访专家1：缪立进　机械工业出版社社长
受访专家2：兴安夫　机械工业出版社数字营销销售部主任

问题一：贵社在出版融合方面采取了哪些创新措施？在内容整合、技术应用和渠道拓展方面有哪些突破性成果？

在推动出版融合实践中，我们通过内容、技术和渠道的多维度创新取得了显著成效。内容层面，依托机械工业出版社（以下简称“机工社”）70多年科技出版积淀，整合获奖专著、权威工具书等高价值资源，同时联合专业科技出版社及领先企业共建新工科专题库，新增人工智能、智能制造等前沿领域内容。这些举措已转化为具体成果：我社知识服务领域的旗舰产品“工程科技数字图书馆”入选国家新闻出版署“2024年度出版融合发展工程数字出版优质平台”，服务覆盖包括专业院校、科研机构、科技企业在内的机构用户，为数百万专业师生、工程技术人员和科研人员提供了高质量、体系化的知识供给和智力支撑。

问题二：贵社的出版融合发展项目，其用户结构和运营模式是怎样的？在市场拓展方面有哪些成功经验？

我们的平台主要面向高等院校、科研院所、企业用户，其中，以高等院校作为主要服务对象。高校师生主要以学习为目的，查阅专业书籍；科研院所和企业技术人员则多以工作为目的，查阅相关资料解决实际问题或获取行业最新动态，他们更侧重于工具书、期刊等资源内容。

针对不同用户的需求，我们采取差异化策略。例如，对于企业用户，除了提供最新的行业资讯外，还通过微信公众号提供各行业所需的“干货”知识，助力技术人员提升工作能力。目前平台已服务全国600余所高校，清华大学、北京航空航天大学等80余所高校已成为正式付费用户。

在渠道建设方面，我们以数据驱动和生态协同为核心构建服务体系。通过飞书搭建客户档案管理系统，实时监控各渠道的销售表现，动态分析数据，调整渠道结构。同时，建立线上线下结合的培训体系，对渠道伙伴开展系统化培训，确保合作方精准掌握平台价值。

问题三：在数字内容管理和生产方面，贵社有哪些先进做法？如何保障内容质量和更新频率？

我们构建了严谨的内容生产与管理体系。内容审核经过“三审三校”与智能审校技术的双重保障，确保内容质量和意识形态安全。版权保护方面，通过ERP系统同步出版合同中的版权信息，实时监控授权时效并预警。

内容更新机制兼顾社内外资源：社内依托数字资源管理系统实现全量资源采集与持续供给；社外联合科研院所、行业领先企业动态更新产业数据；新工科领域则定期引入人工智能、网络安全等前沿内容，保持当前科技热点的敏感性和时效性。这一体系使平台能够高效响应行业知识更新需求，保证年均新增电子书1 500余种，专题库保持季度级迭代。

在内容推广方面，依托新媒体账号打造多维内容矩阵：每周五发布专业编辑团队策划的“新书/好书推荐”书单，帮助用户快速触达优质资源；定期推送“前沿资讯”栏目，精选行业技术动态；打通机工社官方直播平台“九州云播”，积极引入机械、汽车等领域的在线论坛、直播课等优质视频内容。

问题四：面对出版融合的发展趋势和市场竞争，贵社未来有哪些发展规划？

面对当前的市场趋势和技术发展，我们计划从 3 个方向对已有的各类优质项目进行升级完善：

首先，继续充实高质量的内容资源。在发展新质生产力指导思想的引领下，坚持开拓社内外两个内容来源：一方面紧密跟踪前沿科技动态，聚焦产业一线工人的实际需求，不断聚合新的社内高质量数字资源；另一方面通过做好机构客户自有知识资源的管理和运营，持续吸引外部高水平内容资源入驻。

其次，推进 AI 技术全面赋能。未来平台计划基于机工社在建的 AI 基础平台、工具和垂类知识库，逐步实现图书内容的智能检索、智能问答、智能解读、文字转语音、智能推荐等丰富的 AI 功能，全面优化读者阅读体验。

最后，提升平台服务水平。平台将加强用户之间的互动与社交功能，增强用户的参与感和归属感；坚持专业化、垂直化、实战化的策略，通过技术和管理革新，不断提升满足用户多样化需求的定制化精准服务能力。

为实现以上目标，机工社计划每年投入近百万元用于平台资源建设和系统升级改造，重点支持 AI 在平台上的应用和探索，提升高质量内容的权威性、品牌影响力和盈利能力，实现项目的高质量可持续发展，为提升国家科技核心竞争力，实现文化强国、科技强国的长远战略目标发挥重要作用。

火把知识服务平台专家访谈

受访专家：邓小林　浙江出版联合集团党委委员、浙江出版传媒股份有限公司副总经理、博库数字出版传媒集团有限公司董事长

问题一： 请您介绍一下火把知识服务平台的核心产品定位。

火把知识服务平台（以下简称“火把平台”）的核心定位非常清晰：以“构建线上数字出版产业链，打造数字出版高地”为战略指引，聚焦“融合发展”赛道，依托浙江出版联合集团资源优势，打造兼具专业性与创新性的知识服务平台。

具体而言，就是以“创新驱动、资源整合、生态共建”为导向，通过整合内容生产、发行推广、用户互动等资源，将传统出版物升级为“图文 + 音视频 + 互动模块”的全媒体产品，推动纸质出版与数字形态的深度融合。火把平台不仅是优质内容的数字化展示窗口，更是面向全行业提供内容承载、传播、变现及用户营销的融合出版解决方案。

火把平台以“做服务、打品牌、建生态”为发展路径，采用“1+N”运营模式（1 个核心平台 + N 种延伸服务）触达阅读领域目标用户，实现精细化运营与规模化增长的双向突破。目前平台已完成 App、小程序、支付宝、H5（第五代超文本标记语言）等多终端布局，并通过应用商店优化、信息流广告投放（如抖音、快手等平台）、品牌流量置换等方式，构建了多元推广矩阵。

问题二： 火把平台的内容开发策略是怎样的？

在内容体系上，我们围绕“书”为用户提供数智阅读和知识服务，构建了文学、社科、少儿、生活、艺术、个人提升六大核心产品线。从经典文学数字呈现到社科知识创新传播，从少儿读物趣味开发到生活艺术沉浸体验，再到个人能力知识赋能——六大产品线协同发力，为用户提供“精神食粮全套餐”。

在内容形态上，火把平台以数字内容产品为载体，突破传统电子书的单一形态，将精品内容以立体化、全媒体的方式呈现，实现从“平面阅读”到“立体体验”的全面升级。火把平台的核心产品为解读书，通过 20—30 分钟的时长，为用户深度解读好书内容，既契合当下读者的阅读习惯，又能满足人民群众日益增长的美好文化生活需求。

在服务模式上，火把平台秉持多元化、精准化服务理念，针对大众文化消费需求、政府文化建设目标、企业定制化内容需求，量身打造高品质的数字文化服务方案。面向 C 端客户，以丰富优质的数字化阅读内容为核心，深度融入全民阅读与书香社会建设，助力文化消费升级；面向 B 端（企业 / 机构端）和 G 端（政府 / 事业单位端）客户，通过“纸数联动”策略，针对政府部门、社会团体及企业的个性化需求，提供“一企一策”定制化解决方案；面向行业客户，与内容机构建立深度合作，构建涵盖数字内容加工、发行、开发全链条的服务体系，打造资源互补、良性互动的数字出版新生态。

问题三：您认为火把平台在用户体验上有哪些显著的特色？

火把平台最显著的特色是“一站式阅读生态”。平台通过图文、动画、音频、视频等多元呈现方式，覆盖读书、解书、听书、购书、荐书、评书等六大场景，以全链路服务模式，一站式解决用户“了解书籍—阅读体验—分享感悟—购买收藏”的完整需求闭环，有效提升了阅读服务的便捷性。

问题四：为了保障火把平台的持续创新和优质运营，贵社在人才培养和技术升级方面采取了哪些具体措施？

火把平台始终将人才视为核心竞争力的重要基石，构建了科学完善的人力资源管理体系。我们聚焦“引、育、管、用、爱”，搭建“职级”管理和“契约化”管理的双通道干部管理体系，以高质量人才队伍建设推动平台高质量发展。在人才甄选环节，通过多维度能力测评与职业素养考核，精准匹配岗位需求与人才特质，确保团队成员都具备与企业同频发展的潜力。在培养体系上，打造了覆盖新人入职、岗位胜任、管理进阶的全周期成长路径，结合“传帮带”机制与定制化培训方案，助力员工实现职业价值跃升。同时，构建“业务能力＋职业素养”双轨培训体系，涵盖行业前沿技术、项目管理实战等多元化课程，推动员工专业技能与创新思维的双向突破。

火把平台历经探索、优化和创新，完成了多版本的迭代升级。在智能化转型进程中，深度应用 AI 等前沿技术，赋能内容生产、内容审核及智能推荐等核心业务场景，推动平台运营从人工经验向数据智能转型，实现整体运营效能的跃越式提升，为自身在数字经济时代可持续发展筑牢技术根基。

华信知识服务平台专家访谈

受访专家 1：王传臣　电子工业出版社党委书记、执行董事、总经理

受访专家 2：徐　静　电子工业出版社党委委员、总编辑

受访专家 3：郭　枫　电子工业出版社融合发展部主任

问题一： 贵社在出版融合发展的内容资源建设和整合方面采取了哪些策略？

我们遵循“专业化、系统化、特色化”的战略，即在内容来源上，为推动出版融合发展，我们不仅整合了电子工业出版社（以下简称“电子社”）自有的丰富出版资源，还充分整合了与我们合作的科研院所、行业协会、大型企业的知识内容资源，构建了具备工信特色的专业知识体系。

针对不同应用场景和用户需求，我们进行了有针对性的内容策划和资源整合。比如，在教育教学服务方面，我们积极推进产教融合，构建了涵盖图书信息、资源下载、课程指导、在线教学以及师资服务等全方位产教融合专业教学服务体系。在行业支撑及机构服务方面，我们则聚焦工信领域的特色内容，服务于制造强国和网络强国两大战略，提供更

有针对性的知识服务。

在内容资源管理方面，我们依托出版社的业务流程管理系统，从合同签订到产品成型的全流程中，逐步明确并落实版权归属。在出版融合发展的平台项目正式上线前，我们会再次确认数字版权，并由专人进行审核，确保内容资源的合法性和规范性。同时，我们采用版权保护技术，实施“一资源一保护”的策略，在确保用户能够正常阅读和使用的同时，有效防止非法复制和传播行为。

问题二：贵社在出版融合发展的技术研发和团队建设方面有哪些经验和做法？

在技术研发方面，我社通过十余年的努力，在数字化转型升级过程中积累了丰富的技术储备，包括内容资源的数字化加工技术、协同编辑技术、跨终端发布技术、移动出版技术、数字版权保护技术，以及数字内容资源管理技术等。这些技术的持续应用与实践，为融合发展探索提供了坚实的技术基础。

在团队建设方面，我们认为人才是出版融合发展的核心要素。通过多年持续不断地坚持和投入，我社已建立了一支包括数字产品开发与服务、数字编辑、资源管理、技术支撑的数字出版专业队伍。目前，我社数字化出版专业队伍共计 78 人，从事数字化出版业务相关工作的员工占全体员工总数的 15% 以上，为出版融合业务的可持续发展提供了有力的人才保障。

我们还注重人才培养的创新，通过举办“AI 技术应用”技能大赛，激发和提升员工在人工智能应用方面的实践能力和创新思维；联合组织新渠道直播短视频特训营，培养具备新媒体运营能力的复合型人才；多次组织员工参加外部各种融合创新发展方向的培训，不断探索和创新人才培养模式，为出版社培养更多具备创新精神和实践能力的复合型人才。

问题三：贵社对出版融合发展有哪些未来规划和预判？

未来，我们将继续探索新型业务与知识服务新模式，围绕以下 4 个方向推进出版融合发展：一是积极服务国家战略，围绕产业链布局创新链，加快发展，培养更多的专门人才和拔尖创新人才，为产业升级和人才培养提供更精准的知识服务支持。二是持续拓展服务领域，加强对企业业务的了解和需求挖掘，提升知识服务的精准匹配度，高质量满足用户需求。我们将更加注重用户体验和服务质量，通过深入了解不同行业和用户的知识需求，提供更有针对性的解决方案。三是强化新技术应用，加强对数字化转型与人工智能等新技术新应用的跟踪与了解，提升知识服务及内容产品的专业性、创新性和智能化水平，进一步提升智能化水平和服务效率。四是加强知识服务模式创新，不断丰富服务内容和手段，提升项目市场竞争力和影响力。我们将探索更多元化的知识服务模式，如定制化服务、场景化应用等，为用户提供更丰富、更便捷的知识获取途径。

技能强国——全国产业工人学习社区专家访谈

受访专家 1： 李　瑾　中国工人出版社副社长

受访专家 2： 牛宏睿　中国工人出版社技能强国办公室主任，《中国工人》杂志社副社长，中慧智工（北京）新媒体科技公司总经理

问题一：在专业特色领域，贵社如何平衡理论学习与实践技能培养？提供了哪些创新的学习形式和内容？

在产业工人培训领域，为实现理论学习与实践技能培养的平衡，我们探索实施两条创新路径。一是自主研发内容中台与功能中台，打造具有核心优势的培训系统，主要体现在：个性化学习引擎，基于 AI 算法实现千

人千面的学习内容推荐。模块化架构设计，支持快速部署子站。安全高效云服务，保障平台并发访问。二是需要将学习转化为各类丰富多彩的线上活动，增强吸引力和影响力。目前平台已实现直播、线上比武、线上技能竞赛、VR展播、数字孪生展馆、数字孪生线上练兵系统、答题（多人对战）、音视频播放、报名、投票（点赞）、抽奖等活动功能，丰富了用户参与活动的形式，极大地提高了职工的参与度和学习兴趣，使得产业工人可以随时随地进行技能学习和交流，打破了时间和空间的限制。

问题二：为保障平台等数字出版产品的长期稳定运营和持续创新，贵社在组织架构、人才培养和管理机制方面有哪些特色做法？

在技能强国平台成立初期，我们就精心打造了较为稳定的团队架构，建立完善的制度流程。一是起草《全国总工会技能强国——全国产业工人学习社区建设管理办法（试行）》，在出版社内部明确规定了系统升级招标流程，建立了平台运营情况报送制度，推动各项工作规范化、体系化运行。二是建立高效的工作联动机制，出版社统筹全资子公司中慧智工（北京）新媒体科技有限公司连同《中国工人》杂志社，打造集技术、内容、运营为一体的专业化团队，并在中华全国总工会组织部支持下，探索实施市场化人才选聘机制，为技能强国平台的快速发展提供人才基本保障。三是系统完善专业出版人才和数字技术人才的融合机制。首先，积极搭建跨部门协作平台，打破传统部门壁垒，让出版编辑与数字技术工程师能够常态化地高效合作，出版专业人员凭借对市场动态、用户需求的敏锐洞察，提出具有前瞻性和吸引力的出版构想。数字技术工程师则运用专业视角，分析如何借助AR/VR和AI等前沿技术，将这些构想转化为更具沉浸感、互动性的数字化出版产品。其次，高度重视人才培养与交流。定期组织内部培训课程，邀请行业内的专家学者和技术大咖等进行授课。针对出版人才，开设数字技术基础、新媒体运营、大数据分析等课程，帮助他们掌握数字时代的核心技能，理解并运用数字技术拓展传播渠道等。再次，创新团队激励机制，对在促进专业出版与数字技术出版融合发展方面做出突出贡献的个人或团队给予奖励，促进建设创新性的出版融合发展模式，推动开发出具有市场影响力的数字化出版产品。

问题三： 贵社在平台建设和运营过程中，遇到的最大挑战是什么？采取了哪些有效的应对策略？

出版社在平台建设与运营的过程中发现，平台等数字出版新形态的运营不同于传统出版业务，传统出版侧重单一输出，而平台运营更强调设计者、技术和用户的多方联动，这就对内容生产提出了更精准的要求。一方面，我们深入产业一线调研，挖掘工人们在技能提升、职业发展、权益维护等方面的真实诉求，邀请行业专家、劳模工匠等组成内容创作团队，以生动鲜活的案例、通俗易懂的语言，制作出涵盖职业技能培训课程、安全生产知识科普、劳动法律法规解读等实用性强的内容产品，为产业工人提供精准的知识补给，充分加强特色内容生产，同时也确保内容专业性。另一方面，我们注重内容的趣味性与互动性，以适应数字化时代用户的学习习惯，在平台开展丰富的线上活动，如直播、竞赛和答题等，增强了产业工人对平台的黏性与认同感，不断探索平台运营特色发展之路。

芸窗思政精品课程服务平台专家访谈

受访专家 1： 李永强　中国人民大学出版社党委书记、董事长

受访专家 2： 孙兴芳　中国人民大学出版社数字出版中心思政课项目组负责人

问题一： 在探索出版融合发展的过程中，贵社采用了哪些核心技术支持思政教育的数字化转型？

中国人民大学出版社以“一平台多应用，跨平台多终端”为设计

理念，在为北京高校思想政治理论课高精尖创新中心提供平台研发、平台运营等全流程技术支持与服务过程中，打造芸窗思政精品课程服务平台。平台充分发挥新技术在高校思想政治教育中的重要作用，为高校思想政治理论课提供学科研究与文献支撑服务、教学资源服务、数字化教学服务、在线备课服务等一站式综合服务体系，为加强和改进高校思想政治教育质量，实施高校思想政治理论课改革创新，全面提升思想政治理论课教育教学的针对性、实效性，实现全方位、多层次、立体化支撑。

我们通过自然语言处理技术对思政课文献数据库与教学资源库的海量资源进行语义解析、关键词提取、主题分类、情感分析，进行文本的智能化处理，构建思政知识图谱，从而将分散的文献资料、教学资源等做结构化关联，形成知识点网络。

在此基础上，我们进一步应用深度学习等核心技术，构建了一套智能化、精准化的思政教育知识服务体系，有效支撑关联查询与精准推送等前台应用，助力思政教学资源的高效整合与个性化服务。

为了实现数据标引与精准推送，我们采用多维度标引体系（如学科分类、课程分类、知识点关联、教学场景等）对资源进行深度标注，结合用户背景数据与行为数据（如搜索记录、收藏记录、学习时长等）构建用户画像。通过协同过滤算法和内容推荐模型，动态匹配用户需求，为教师推送关联度最强的教学资源，实现“千人千面”的个性化服务。

基于思政课教学的场景化需求，我们使用虚拟仿真技术研发沉浸式思政课实践教学精品课件，为学校智慧教室、智慧思政课建设提供解决方案。我们研发“辉煌新时代 共筑中国梦”“党史百年”等精品 VR 课件，通过构建场景式、沉浸式、交互式的三维虚拟场景，将抽象理论转化为具象体验，让学生以第一视角体验新中国的建设成就，体验中国共产党重要历史节点的场景与时代氛围，实现跨时空的主题知识学习，有效突破传统教学时空限制，增强思政教育的感染力、互动性和实践性，推动“理论灌输”向“情境浸润”的教学模式转型。

问题二：贵社采用了哪些运营推广的创新机制？

在运营模式上，我们积极探索创新机制，一方面，针对高校在智慧马院建设、数字化转型及教学资源补充等方面的多元需求，构建起覆盖基础资源包、定制化课程开发、智慧教学系统部署等在内的多层次产品体系，通过子平台模块化组合、资源灵活选配的模式，实现从标准化服务到个性化解决方案的全覆盖；另一方面，推出“订阅＋项目制”双轨合作模式，既支持高校按年度订阅基础资源服务，也承接智慧马院整体建设等大型定制化项目，满足不同规模院校的差异化需求。

问题三：在出版融合发展的平台建设和运营过程中，贵社遇到的最大挑战和难点是什么？是如何应对和克服的？

出版社面临平台可持续发展的挑战，秉持内容为王、技术赋能、服务至上、示范引领原则，探索可持续发展的有效路径。在内容资源方面，我们建立更新机制，与高精尖中心达成战略合作，将优质资源转化为出版物，并依托思政权威专家，持续推出高质量教学资源，助力教师讲好思政课。在平台功能方面，我们组建专业团队打通内容研发与技术支撑，应用新技术满足用户需求。项目组兼具学科素养和技术能力，充分展现专业化价值。同时，响应教育现代化战略，对研发运营流程进行“智能＋”创新，提供智能助教等功能，提升院校创新培养等能力。

针对用户黏性，坚持服务至上，通过院校代表、渠道与远程客服，我们提供全方位售后服务，助力学校师生用好平台，增强用户黏性；还提供课程及数字化教材出版服务，协助教师申请一流课程、教材，进一步强化用户黏性。

我们在数字教育领域形成“人大芸窗”智慧教育品牌，涵盖多种数字教育产品，覆盖人文社科教育出版方向，提供全方位数字化教育解决方案与产品，推动平台发展标准化、成果品牌化。

问题四：贵社在平台融合发展道路上的未来探索和规划设计有哪些？

为进一步提升平台的服务能力和影响力，推动思政课教学的高质量发展，充分应对人工智能技术迭代对思政课建设带来的挑战与机遇，我们确立以人工智能技术应用带动平台业务全面提升的战略方向，以技术升级实现教学资源质量、平台服务水平以及工作运营效能的整体跃升。

首先，出版社全力构建思政课专属大模型，基于积累的数百万条权威马克思主义理论资源和教学资源，规范生成式人工智能的内容输出，组建专业团队进行人工校对，并探索更先进的视频文字转化技术，提高数据处理的准确性和效率，同时在价值观对齐方面进行系统性设计，确保模型输出内容符合正确的价值观和意识形态。

其次，我们积极探索构建学科知识图谱的新方法，在思政课专属大模型的基础上，基于马克思主义理论核心框架，通过自然语言处理技术提取实体、属性及关系，形成层级化、网络化的知识体系。组建马克思主义理论专家与教育技术团队，对概念关联性、逻辑严谨性进行人工审核与补充，设计动态知识更新机制，实时接入最新政策文件等资源，利用增量学习技术保障知识图谱的时效性。在应用层，开发知识推理引擎与可视化交互界面，支持教师快速定位知识盲区、生成教学逻辑链，并为学生提供个性化学习路径推荐。通过构建“生成—校验—反馈”闭环，确保教学问答、案例推演等场景输出既具备创新性，又严格符合意识形态安全边界，形成“底层知识网络—中层认知推理—上层教学应用”的思政课智能教育生态。

最后，我们基于“芸窗思政精品课程服务平台”，全力打造可自动生成讲义、案例、PPT（演示文稿）、试题等功能的智能助教；基于数字化教学平台打造智能评测、伴学、伴读、导学的学习助手；基于文献研究平台引入人工智能引擎，提供AI写作助手、AI查重、AIGC智能检测等功能，打造科研助手，为学生的学习与科研提供全方位支撑。

麒麟融媒期刊传播信息平台专家访谈

受访专家： 李文亮　河北省委共产党员杂志社总编辑

问题一： 贵社在探索期刊传播信息平台过程中有哪些突破性的创新？

我们在全国率先推出首本具有“五可”功能的党建类融媒期刊，即“可读、可听、可观看、可互动、可分享”。我们的技术创新拥有国家版权局认证的独立知识产权，实现了技术自主、平台自主，安全可靠。平台巧妙融通纸端、网络端、移动端，便捷实现互联网传播条件下纸刊内容的多端送达。与单独开发App相比，我们投入更少、见效更快、运维更简便，实现了较少资金投入下的较大传播收益，性价比显著提升，且双效并重。

问题二： 贵社在内容建设和传播矩阵方面做了哪些布局？

我们坚持内容为先、渠道为要的原则，构建了三层传播矩阵。首先，打造融媒期刊，实现跨平台传播。通过技术手段打通纸媒与网络媒体、移动媒体的传播通道，实现了由纸媒的一次性传播变为多平台裂变式传播。其次，挖掘门户网站价值，筑牢党建数据基座。河北共产党员网作为中共河北省委主管的门户网站，具有国家一类新闻网站资质，是省内党建宣传信息的权威数据库，成为省内党建数据检索查询的主要平台。2024年网站改版后，点击量同比增长6倍。最后，构建新媒体矩阵，更好地服务多端用户。我们打造了“一网两微四号”的全媒体矩阵，根据不同平台主流受众特点和信息获取需求，定制生产内容。针对微信公众号粉丝主要为党员干部的实际，我们推出多个系列微党课，提供实用好用的现成党课教材，团结了一批“铁粉”。2024 年，微信公众号文章平均阅读量同比增长 142%。

问题三：贵社在平衡社会效益和经济效益方面取得了哪些成果？

杂志社实现了社会效益和经济效益的双丰收。在社会效益方面，平台显著提升了党建宣传的覆盖面和到达率，进一步提高了党刊的传播力、影响力。自平台上线以来，累计发布党建信息约 20 万条。2024 年平台发稿量 6 万多篇，自有平台之外的转发量同比增长 74%。平台重点打造的日播融媒体资讯产品“你早，河北”上线一年，全网浏览量突破 1 亿次。在经济效益方面，累计收入 2 042 万元，2023 年盈利 66 万元，2024 年盈利 78 万元，呈现增长趋势。

平台荣获国家新闻出版署 2024 年度出版融合发展工程数字出版优质平台、2018 年度全国党刊十佳融媒体创新案例、2023 年度河北省宣传思想文化工作优秀创新案例一等奖等多项荣誉，推出的主题策划和新媒体作品也荣获中国新闻奖二等奖、中宣部出版局“期刊主题宣传好文章”等重要奖项。

问题四：在资源整合和协同创新方面，贵社有哪些特色做法？

我们坚持开门办刊，通过融汇专家资源、融合媒体资源、融通社会资源，把党刊一家的事办成大家的事，在通力合作中做大事业增量。在内容品牌建设方面，围绕“党旗红”党建主题宣传品牌，每年汇聚各方智慧确定一个主题，推出系列主题宣传活动，形成了品牌影响力，已连续多年被列入河北省委年度宣传工作要点。

在媒体资源整合方面，打通与省直单位、省直媒体间的内容生产壁垒，实现资源共享、互利共赢。比如与河北广播电视台合作推出日播融媒体资讯产品“你早，河北”，聚合双方新闻信息资源，在互联网平台上打造了一档河北本土“新闻早茶”。

在社会资源汇聚方面，与河北省委省直工委合作举办系列宣讲活动，与省电影局、省教育厅等单位合办“优秀主旋律影片进校园”活动，不断做大党刊事业增量，扩大了党刊的宣传覆盖面和影响力。

问题五：贵社在出版融合发展方面如何进行未来规划？

未来，我们将进一步提升AI技术在平台的嵌入和应用，升级新的全媒体采编平台，更加精准锁定用户需求、提升党建信息智能分发质效。目前，平台已完成2.0版本技术升级，新平台可供其他期刊无缝接入、整体入驻，有望进一步集合其他期刊的信息资源，丰富优质内容供给，为更多党政类期刊探索可复制、可推广的融合发展之路。

籍合网专家访谈

受访专家：洪　涛　中华书局古联（北京）数字传媒科技有限公司总经理

问题一：古籍数字化涉及学术严谨性与技术复杂性，籍合网如何确保文本的准确性？

籍合网的文本数据大致可分为两类：一种是正式出版的整理本古籍；一种是经过作者加工直接发布的古籍专题类数据。正式出版的整理本古籍，是经过专家精心整理，编辑细致校对的数据，差错率都在万分之一以内，由此类数据汇集形成的“中华经典古籍库”构成了籍合网高质量文本的核心部分。

同时，为了确保籍合网所收文本的准确性，古联公司采取了一系列措施。一是先进的智能整理工具，为高质量文本提供了技术保障。高效准确的OCR、自动标点等古籍整理技术，提高了文本采集与初步整理的准确性，为后续进一步编辑加工提供规范数据。二是高素质的专业编校团队为籍合网高质量文本生成提供保障。现有编辑人员多拥有文史领域的硕士、博士学历，专业集中于文字学、文献学、中国古代文学和中国古代史等方向，均具备良好的古籍文献阅读理解能力和文字处理能力。三是实施规范的数据编辑加工流程。古联公司编制了《数据加工流程总规范》《元数据规范》《图像采集规范》《文字采集规范》《汉字关联字表结构及说明》等20余个规范和标准，荣获中国质量协会质量奖二等奖，这为籍合网数据处理，提供了规范流程保障。四是专业的文字处理与输入系统，为系统开展文字整理提供平台保障。古籍含有大量没有编码的生僻字、异体字（多为古文字、历代俗字、疑难杂字等），根据考证情况进行认同、造字或保留字图等处理，进一步对字库中的字符进行属性标注，包括四角号码、部件结构拆分等基础属性，以及隶定、古今、异体等关联关系整理，解决了文本认读准确性的难点问题。五是古籍专有字库支撑。古联公司制作的《中华书局宋体字库》《中华梵文悉昙体字库》《古联甲骨文摹写字库》，收字已超过16万，涵盖了Unicode 12.0的所有已定义CJK汉字（用于中国、日本、韩国的汉字）及Unicode未定义的古籍文献处理过程中的字符，支持各类系统的字符显示、检索和复制。

问题二：籍合网如何在古籍保护公益性与平台可持续运营之间找到平衡？

籍合网主要收录的是整理本古籍或出土文献整理成果。这些成果经过了标点句读、文字释读、版本校勘、考证注释，以及白文翻译等工作，受知识产权保护。籍合网作为商业化平台，始终努力为用户提供公益性服务，包括长期免费提供字库和输入法下载、字符查询、纪年换算等服务，支持核心资源的跨库检索功能，针对数据库、智能工具产品提供一定时长和额度的试用体验等。同时，籍合网积极配合“国家古籍数字化资源总平台”建设，提供“殷墟甲骨文数据库”“海外中医古籍库”“古籍数字化整理平台”等数据库和在线工具用于公益性服务，以实现公益性与可持续运营之间的平衡。

问题三：籍合网未来计划拓展哪些创新功能？

籍合网在前期建设过程中，积累了海量的古籍文献语料，建立了大数据中心，未来三到五年，平台将以百亿级古籍语料库为底座，依托人工智能，打造中国古代汉语垂直领域的大语言模型，并且不断迭代升级，提升算法，将 AI 嵌入古籍整理、研究与传播的全链条，利用前沿技术引领古籍数字化服务的创新，推动籍合网进入智能时代。我们计划在专业领域内，提供智能化古籍辅助阅读，开发跨模态知识检索服务，打造专业研究助手智能体。同时，进一步向公众领域拓展，推动公众传播一站式服务模块的落地。

问题四：在 AI 技术浪潮下，如何规划古籍数字化的下一代应用场景？

籍合网计划拓展的创新功能主要围绕人工智能开展，也是平台规划古籍数字化的下一代应用场景。具体包括以下 4 点：一是智能化古籍辅助阅读。将已研发的，较为成熟的智能工具，内置于数据库等产品中，提供更多维度的阅读辅助功能。二是跨模态知识检索服务。实现多模态数据对齐与结构化，将图像、文本、语音等素材统一映射至共享语义空间，实现“图文互检”“以声索文”；结合向量检索，基于语义匹配、高维索引、跨模态支持，提供高阶的知识检索服务。三是专业研究助手智能体。基于大模型的推理能力，采用“实体—关系—事件”的架构体系，根据用户需求进行异文比对，生成带引文出处的专业学术综述或知识分析报告。四是文化传播一站式服务。将古籍智能服务与线下流行的信息传播路径相结合，进一步推进中国传统文化的传播。

CIDP 制造业数字资源平台专家访谈

受访专家 1：郎红旗　化学工业出版社党委书记、社长
受访专家 2：瞿　微　化学工业出版社副编审

问题一：贵社在出版融合发展的技术架构和内容建设上有哪些特色？出版融合发展给贵社带来了哪些具体变革和创新亮点？

化学工业出版社（以下简称“化工社”）以促进我国化工及相关领域科研、教学和产业发展为宗旨，以入选国家新闻出版署出版融合发展工程为契机，完善出版融合管理运营机制，结合市场需求，依托自身优质专业资源，拥抱 AI 新技术，积极开发运营多媒体资源、产品及相关平台，不断深化出版融合发展，推进出版转型升级。“十四五”以来，化工社积极优化数字产品布局，形成“一库四平台”的数字产品体系，其各具特色。下面以 CIDP 制造业数字资源平台为例，介绍该平台在技术构架与内容建设上的一些优势与亮点。

首先，我们专注开创面向制造业的多模态专业内容知识服务平台，坚持高起点、高质量的建设方针推进建设进程。通过院士领衔，联合近千名签约专业作者，以及与几十家高等院校、科研院所、大型国企密切协作，对现有资源进行系统性分析、梳理，形成了制造领域的海量数字资源。其次，我们注重提供单元化的知识内容、参数化的三维模型、工具化的设计计算、超高清的电子图书等资源，满足用户对个性化制造领域知识服务的需求。同时探索实现跨形态的知识关联，将知识单元与三维模型等内容资源进行知识关联，建设了基于机械通用零部件、工程材料等领域的可视化知识图谱。最后，我们积极推动传统出版与互联网技术的融合创新，利用数字版权保护技术、信息检索技术、知识挖掘与关联技术、“互联网 +”和大数据技术，以“互联网 + 制造业专业知识”搜

索、阅读、下载、计算、音视频服务为核心，为制造业提供专业、权威、创新、可信的全媒体数字化信息服务。

相较于传统出版模式，出版融合的持续深化有效促进了化工社出版工作的转型升级。首先，创新融合发展管理机制，如化工社开创了在出版融合发展方面“一横多纵”的组织结构，出台了多项鼓励融合发展的政策，为进一步引导出版深度融合提供了创新驱动力；其次，优化数字产品布局，让“一库四平台”的数字产品体系为用户提供更全面、丰富、便捷、立体化的知识服务；最后，随着融合出版的持续推进，大模型等人工智能技术的加速发展，化工社成立了数智化转型升级专项工作组，由“一把手”担任组长，加速向数智技术驱动型知识服务企业转型。

问题二：对于 CIDP 制造业数字资源平台在渠道拓展和市场推广方面，贵社采取了哪些策略？

在 CIDP 制造业数字资源平台的渠道拓展方面，化工社采取了由旗下全资子公司海枣数字科技（北京）有限公司（以下简称“海枣公司”）直销与区域销售代理相结合的模式；在市场推广方面，主要由海枣公司配合各地销售代理，提供本地化市场服务推广活动，以及线上线下联动的定制化培训赋能体系等策略。为了促进高校用户对产品的使用，培养用户使用黏性，我们采取以下三种策略：一是每年会根据购买或试用高校的时间安排开展线上线下操作实务类培训；二是基于用户访问数据和访问行为生成全面的使用报告，为高校的采购提供数据支撑；三是联合高校定期举办知识竞赛等活动，推动出版社资源与实际产学研实践结合。

问题三：贵社在出版融合发展的探索过程中，遇到过哪些困难和挑战？采取了哪些有效的解决方案？

在融合出版发展过程中，化工社面临的困难和挑战主要有两个方面。首先是出版社普遍面临掌握先进信息技术人才欠缺的问题。在智能化出版融合发展过程中，技术人才不足这一结构性矛盾更加突出。如何引进高技术人才，构建更大规模的技术型团队，出版社领导班子需要解放思想转变观念，以深化改革的魄力和勇气，率先在突破机制障碍、加大人才投入方面下决心。其次是资金投入的疑虑。以 AI 为代表的新一代信息技术的迅猛发展，给出版业带来了颠覆性变革，出版社在大模型应用、算力租用、数据加工等方面的基础能力建设还需要加大投入。但是产品开发周期长、商业模式尚不明朗，短期内恐难见到明显的产出回报。出版社管理层面对产出效能、投资考核的现实压力和当前环境下的经营压力，在做出重大投入决策时可能存在一定程度的疑虑和取得集体共识的困难。

在 CIDP 制造业数字资源平台的建设和运营过程中，我们也遇到过诸多挑战和困难，涵盖多模态资源创新、商业模式探索及建设资金不足等核心问题。其中，平台建设资金筹措是首要瓶颈。作为具有行业前瞻性的数字出版平台，CIDP 制造业数字资源平台不仅需要持续性的高额投入，还面临着较高的市场风险。尽管如此，化工社秉持融合发展理念，克服重重阻力，系统性地投入技术研发与运营资源，在平台功能迭代、知识多模态呈现以及用户界面交互体验等关键环节持续优化创新。这种坚持最终获得市场认可，平台上线首年即实现 8 所高校的采购签约，这一突破性进展验证了发展方向的正确性，后续逐年递增的销售业绩成为推动我们持续精进的强劲动力。

融合发展只有进行时，没有完成时。现在出版单位再一次面临改革发展的重大任务和强大挑战。化工社将进一步坚定融合发展的战略决心，在坚持“一库四平台”“一横多纵”发展思路和业务布局的基础上，为应对人工智能迅速发展带来的重大机遇和严峻挑战，审时度势，将突出“数字教材”与“数智化知识服务”两条主线，作为当前推进出版融合深度发展的两项重点任务，也是推进化工社转型为技术驱动型新型知识服务机构的两大突破口。

Researching 科技刊群数智化融媒体平台专家访谈

受访专家 1： 杨　蕾　中国激光杂志社总经理

受访专家 2： 邓　迎　中国激光杂志社新媒体部部长

问题一： 贵社在期刊数字化、集群化建设过程中，遇到的挑战有哪些？有哪些经验和做法？

发展科技期刊集群化每一步都面临巨大挑战，而推进多学科期刊集群化、平台完全自主可控，无疑是最具挑战性的。我们面临的重大挑战包括出版体制机制多头管理导致联盟紧密性较弱、数据不唯一性导致数据的重复建设、建设经费的严重不足，以及数字平台建设与管理的专业人才缺乏等。

我们始终坚持以刊带群、以群育刊、刊群联动的发展方向，依托自主平台创办高水平期刊，并提供“双回归”期刊出版方案，加快国内外资源汇聚。将期刊和专业数据牢牢掌握在自己手中，以专业数据为基础，形成 AI 增强出版服务方案，开发创新应用和服务，实现平台个性化、数字化、智能化发展。

问题二： Researching 平台在学术出版与产业服务方面形成了独特模式，这种“出版＋服务”模式是如何创造社会价值的？

Researching 平台践行“出版＋服务”理念，依托强大功能与亿级数据资源，支撑系列具有国际影响力的学术会议、成果评选、专业培训等活动开展。同时，积极拓展多功能出版与传播融媒体服务，集中优势力量解决单刊服务难题。

在期刊方面，Researching 刊群及平台服务吸引欧美地区的多家期刊加盟刊群，丰富了平台的数据，提高了平台质量；Researching 平台针对期刊数字化出版与运营需求，为加盟期刊提供一整套进销存系统，提升效能。

在 AI 应用方面，多家期刊主办单位在对全国 AI 出版服务筛选之后，认为 Researching 平台的 AI 增强出版方案学科解读能力最精准，因此，有越来越多的期刊主管主办单位产生了合作意向。这不仅展现了 Researching 平台的强大服务能力，更是国产期刊实现经营回归、数据回归、传播回归的有益尝试。

目前国内很多专业期刊以 Researching 平台为范例，开始探索集群化"出版 + 服务"的办刊模式。中国激光杂志社多次被邀请在中国科技期刊发展论坛等重要会议上作大会报告，并多次入选《中国科技期刊发展蓝皮书》。

问题三：未来贵社在出版融合发展方面还有哪些重点布局和规划？

在技术层面，继续深化人工智能在选题策划、同行评议、知识挖掘等环节的应用，持续推进数智化转型；在期刊培育方面，"筑巢引凤"，吸引全球顶级科研成果，提供期刊论文双回流出版与传播服务。在人才方面，推动学术交流与人才培育，推进多学科高水平融合人才建设。在生态层面，着力构建涵盖高校、研究所、企业在内的科研创新联合体，大力推广学科刊群经验，为科技自立自强提供基础性支撑。

《听！国宝在说话》融媒书专家访谈

受访专家：李　文　人民邮电出版社党委书记、总经理，童趣出版有限公司董事长

问题一：请问贵社是基于何种契机与背景策划《听！国宝在说话》的？

人民邮电出版社始终坚持以国家数字出版与融合发展的战略部署为指引，立足一体化发展思路，紧跟技术变革趋势，持续推进出版深度融

合发展。在此过程中，我们注重创新机制建设，积极培育出版融合发展的“试验田”。

《听！国宝在说话》正是在这一发展背景下应运而生。项目源于习近平总书记关于“让文物活起来”的重要指示精神，致力于用青少年喜闻乐见的方式，让传统文化真正“活”在当下。我们选择以广播剧为载体，将“冷”的文物、“深”的历史通过沉浸式场景和角色讲述转化为“热”的情感体验，让青少年在倾听故事中了解中华文明，感受文化自信。

此外，该项目也是多年积累的结果。一方面，社里长期设立专项资金支持出版融合项目，鼓励优质内容跨形态转化；另一方面，自 2015 年起就与国博、故宫、敦煌研究院等单位联合研发儿童历史百科绘本，积累了丰富的内容资源。广播剧的推出，是在充分认知青少年媒介使用习惯的基础上，对历史教育方式的一次系统革新，也充分体现了我社对出版融合的前瞻布局与持续投入。

问题二：《听！国宝在说话》的策划与落地过程中有哪些值得出版同行借鉴的经验？

在策划层面，童趣公司坚持以“立足儿童、传承文化”为核心，深入挖掘中华优秀传统文化资源，围绕“文物背后的故事”构建贴近青少年认知和情感的叙事体系。项目秉承“为党育人、为国育才”的初心，将“中华文明的根和魂”以有童趣、有温度的方式传递给青少年。

在资源整合层面，依托童趣出版研究院的智库平台，我们邀请 19 位来自权威博物馆和高校的专家组成编委会，确保内容的专业性和权威性。童趣出版研究院连续 3 年入选国家新闻出版署“出版智库高质量建设计划”，智库专家为项目提供了坚实的理论支持和内容保障。

在生产执行层面，项目依托童趣出版有限公司在文博出版领域的经验基础，精选 50 件贯穿中国历史的国宝文物，通过儿童化、情景化、戏剧化的表达方式，构建立体传播内容。广播剧不仅还原了历史，也赋予文物以温度和情感，让孩子们在“听”的过程中建立对传统文化的认同。

问题三：《听！国宝在说话》为贵社带来了哪些效益？在推动出版融合发展方面发挥哪些积极作用？

《听！国宝在说话》广播剧荣获“五个一工程”优秀作品奖，这是工信部系统首次获此殊荣，也是我社在宣传思想文化领域的重要突破。此广播剧的成果主要有以下影响：

在品牌影响力方面，该项目极大提升了我社在文化出版领域的影响力，带动相关文博类图书、知识产品的持续热销，进一步增强了读者对传统出版品牌的认同。

在融合出版能力方面，项目以广播剧为核心，探索了“纸书＋音频＋新媒体”的传播矩阵，初步建立起从内容生产、技术赋能到平台分发的全链路融合出版体系。成功经验推动我们持续做大音频产品开发、数字资源建设、IP 孵化和系统化运营，提升了出版新质生产力。

在社会效益与文化传播方面，广播剧以寓教于乐的方式助力青少年文化启蒙和历史教育，拓展了出版服务国家文化战略的广度和深度。

未来，我们将持续探索融合创新路径，强化内容驱动与科技赋能并重，打造更多兼具思想性、艺术性和传播力的高品质作品，助力文化强国建设。

小凤凰 FM——少儿知识服务平台专家访谈

受访专家 1：王泳波　江苏凤凰少年儿童出版社社长
受访专家 2：郑林峰　江苏凤凰少年儿童出版社数字出版部主任

问题一：贵社在出版融合发展的内容体系与资源建设方面有哪些特色？如何确保内容质量和专业性？

我们围绕儿童成长需求，构建了多元化的内容体系，包括国学启蒙、名著典藏、诗词歌赋、情商培养、安全教育、心理健康、童话寓言、科学素养、名家授课和作文演讲等类型的内容资源。

在内容质量方面，我们有两大保障措施。一方面，上线内容基于我社已经出版或即将出版的书刊内容，这些内容都经过“三审三校”且版权链清晰，在内容质量和版权管理等方面处于可控状态。另一方面，我们重视精品内容打造，如中国共产党成立100周年之际推出的《童心向党·百年辉煌》系列绘本有声剧，2024年的“金山银山·我和自然”系列有声剧等精品音频节目。

问题二：在技术架构和产品设计方面，贵社有哪些创新优势？这些技术为用户带来了什么独特价值？

我们积极探索技术方面的五大创新优势。第一，采用微信原生框架开发小程序，使用WXS（微信小程序独有的脚本语言）技术和小程序插件进行组件化开发，保证新功能开发迭代效率，维护成本低，避免因编译程序带来的性能损失。第二，引入智能化推荐系统，实现“千人千面”的个性化服务，通过大数据分析，为不同用户推荐个性化的“猜你喜欢”资源。第三，开发音频智能处理技术，专辑内音频连续播放时自动去掉片头片尾伴奏，给用户更加连贯的使用体验。第四，强化系统安全和稳定性，通过接口鉴权、敏感信息加密传输、支付加验证等方式，全面提升平台安全性和稳定性。第五，即将引入AI朗读技术，根据用户上传的音频生成个性化音色合成朗读文章。

这些技术为用户带来了三大价值：一是提供了流畅、安全、个性化的使用体验，让儿童能够根据自己的兴趣和需求获取内容；二是通过音频智能处理技术，打造了更连贯的听觉体验，提升了产品的专业度；三是通过AI朗读技术，让用户可以参与内容创作，增强了互动性和趣味性。除了知识服务，我们还针对儿童特点提供游戏化的教育辅助功能，以及征文比赛、口语评测、听写助手、计算训练、拍照批改等多元化学习工具，让孩子们在轻松有趣的环境中学习和成长。

问题三：贵社在运营出版融合发展项目的过程中采用了怎样的渠道拓展和运营策略？

我们采取的渠道战略是“线上线下融合、多平台投放、软硬结合、全媒体运营”。线下方面，主要是积极与社内外的少儿书刊合作，在数百万册书刊上附印平台小程序码，实现精准引流；线上方面，采取“用户在哪里，我们就在哪里”的策略，在喜马拉雅FM、凤凰书苑、口袋故事、小盒科技等App上开设频道或专区，服务用户超百万。

2024年我们实现了“软硬兼施”的突破，与厂商合作研发小凤凰FM慧听学习耳机，该产品在第十四届数博会上亮相并受到广泛关注。这款产品专为儿童听力健康设计，用户购买耳机还可享受赠送的VIP畅听年卡，实现硬件产品和平台的相互连接。此外，我们还试水研学服务，如“少年知旅——《少年文艺》小作家创意写作夏令营”，进一步拓展线下服务场景。

问题四：贵社如何实现传统出版资源的数字化增值？对出版融合发展有哪些启示？

我们的核心理念是“始于出版，但不止于出版”。融合发展产品紧密依托传统纸质书刊的融合发展项目，大大提升了传统出版优质内容给予读者用户的阅读体验。例如，我们将“阿古侦探社”等期刊连载栏目IP制作成音频节目，为杂志设计动漫形象，并将小程序码印在杂志上，既为杂志订阅用户提供增值服务，又助力提升杂志销量，同时为平台引流，形成纸数融合的良性循环。

从出版融合角度看，我们有3点经验启示：一是融合发展不是单纯的去纸质化或去线下化，而应发挥线上线下各自的最大优势，打造商业闭环，形成品牌势能；二是坚持内容质量优先的原则，传统出版社积累的内容优势是数字化转型的核心竞争力；三是秉持“智慧听读、健康未来”理念，在解决“小眼镜”和“小胖墩”等青少年健康问题方面摸索出了切实可行的路径，体现了融合出版的社会责任。

问题五： 面对数字化发展趋势和挑战，贵社未来三年有哪些具体规划和布局？

我们主要面临资金和人才两大挑战。相比传统出版，出版社在融合出版领域的投入相对保守，导致资源不足；同时，融合出版需要既懂出版又懂技术还要懂营销的复合型人才，这样的人才非常稀缺，且以出版业的待遇难以吸引到相应人才。但我们仍然重视对出版融合发展的探索，并对未来三年有清晰规划。

首先，继续加大资源建设力度，以江苏凤凰少年儿童出版社优质书刊资源为基本盘，向外辐射，向内吸收，将高品质的国学启蒙、儿歌童谣、传统曲艺等资源纳入平台，丰富内容体系。其次，进一步拓展渠道，多平台多维度发展。将与有线电视网的合作从江苏拓展到全国；积极与广播电台接洽，打造陪伴孩子们出行的好伙伴；继续深化与互联网平台的合作，扩大用户规模和影响力。最后，开发多品类智能硬件，打通线上线下阅读空间，开启研学游学赛道。除了智能耳机，智能音箱、智能台灯和智能学习终端也已在设计研发中。目前，我们还在与多地的书店、学校和文化产业园进行磋商，准备建设线下主题阅读空间，为孩子们提供智能终端和耳机，实现“用耳朵学习，让眼睛休息”的理念。游学研学服务也将在试点基础上全面推广，形成线上线下联动的完整生态。

三联中读专家访谈

受访专家： 李鸿谷　三联生活传媒有限公司总经理、《三联生活周刊》主编

问题一： 贵社如何看待出版业现状并加强出版融合发展的战略谋划？

当今，出版业正经历亘古未有之大变局：传播载体向线上迁移，模

式趋向去中心化，主体呈现机构与个人自媒体并存。出版产业形态、流程、机制均需扬弃重构。面对挑战，我们对出版有3个基本判断：第一，出版的核心功能——系统性传承文化、创新性发展文化的基础性作用，以及基于文本规范和价值判断加工文化原料的能力，难以替代。第二，技术始终是支撑出版发展的好伙伴。从活字印刷到人工智能，技术不断强化出版核心功能；同时，出版内容更是人工智能底层数据资产中产权清晰、表述规范、质量高且安全的重要组成部分。第三，现代出版必须在守正创新、深度融合中浴火新生。因此，我们强调战略谋划：保持战略自信，以创新思维审视出版时代价值与发展规划；避免单兵突进或简单模仿，确保宏观发展可持续、微观实体有活力、融合创新有突破、"双效统一"有保证。

问题二：在融合发展进程中，贵社认为应如何强化核心能力以夯实出版底座？

"万变不离其宗"。形态与技术日新月异，但出版作为知识与信息"搬运工"和文化"把关人"的职责不变。夯实融合底座需强化3方面核心能力：一是出版的价值判断力。面对信息茧房、AI幻觉等挑战，出版社需持续提升选题、编辑、翻译、审读等专业能力，甄别内容，为社会提供优质文化产品与服务。二是双重的出版服务能力。在信息过载和人人皆可生产消费文化的背景下，既要贴心、专业服务文化创客，聚合资源、激发创意、提供赋能与运营，也要全方位精准地满足受众需求，提供简洁服务。以"中读"为例，我们将《三联生活周刊》内容素材进行拆分、重组，将文字内容和音频采访素材通过"中读"直接给用户，采用知识付费方式实现收益。三是出版的技术驾驭力。加强对新技术的研判利用，积极构建以出版数据资源为核心的阅读服务生态和知识服务平台。以虚拟个人学习助理"中读君"为例，我们想帮助用户构建系统的学习计划，开发了"中读君"学习助手，"中读君"具有构建完整学习图谱的能力，为用户提供私人定制式服务。

问题三：在推动出版融合深度发展过程中，贵社有哪些发展目标和特色优势？

我们的目标在于将出版集团打造为“三个高地”：一是全面创新高地。内容上，正视并引导阅读新趋势，探索读书读屏良性互动，提升供给端适配度；技术上，敢于布局未来，坚持有所为有所不为，以我为主，在应用层研发适度投入，掌握集成话语权和融合主导权；业态上，发挥数据与版权优势，促进科技与出版深度融合，探索“出版 +”新生态。二是经营管理高地。完善具有文化特色的现代企业制度，把社会效益放在首位，并实现“双效统一”。强化激励约束，纵深推进干部、薪酬、员工、机构等制度改革。优化资源配置，盘活存量，促进内部资源共享与经验交流，形成集约优势。三是干部人才高地。树立干事创业用人导向，全面加强队伍建设：培养讲政治、会管理、有经营意识的企业干部，知国情、爱出版、有创意的编辑人才，懂媒介、善学习、能研发的技术人员，尤其是能驾驭人工智能的综合专业人才，为融合发展提供坚实引擎。

书天堂 AI 新阅读平台专家访谈

受访专家 1：黄轩庄　广西师范大学出版社董事长
受访专家 2：盘　洁　广西师范大学出版社产品经理
受访专家 3：韦　波　广西师范大学出版社融合发展中心总经理

问题一：贵社在 AI 新阅读平台发展过程中遇到了哪些技术挑战？如何应对这些挑战？

我们面临的两大挑战：一是平台内容体量大、领域多，大模型的微调效果难以覆盖所有场景；二是向量库建设体系不完善，导致部分场景中内容质量不高或脱离出版物基本内容。

为解决这些问题，我们制定了两项关键策略：一是持续细分内容板块，从当前按社科、文艺、教育等粗颗粒度分类，进一步细化至按朝代（宋、明、清等）和领域（法律、方志、小说等）分类，为每个细分板块提供定制化小模型，提升 AI 答复精准度。二是完善向量库建设，将平台所有内容文本化，并分类构建向量库，为 AI 大语言模型提供优质基础语料，约束内容生成边界，确保 AI 输出内容质量最优化。

问题二：贵社在内容创作和商业模式方面有哪些创新探索？取得了哪些具体成效？

在内容创作方面，我们积极布局 AIGC 领域，与百度、智谱、武汉数传等公司合作构建服务于出版业的内容创作平台。目前已应用 AIGC 技术生成图书推文、短视频脚本、活动新闻稿等，辅以人工编辑，大幅提升内容生产效率。同时，团队正积极探索 AI 驱动的真人建模数字人视频应用，打造自有超写实数字人 IP，进一步提升数字人内容呈现的审美效果。我们始终坚守出版的严谨性、权威性和专业性，创新性地在图书配套增值资源制作中融入新媒体风格脚本，提供用户喜闻乐见的内容，将读者吸引到图书的体系化内容中。

在商业模式方面，平台通过内容集成、资源汇聚和打通出版链条，形成了多元化的盈利模式，包括图书销售、会员服务、品牌文创、数字内容付费和活动参与等多种形式。

在成效方面，以书天堂 AI 新阅读平台为代表，平台自 2020 年上线以来，已涵盖社科、历史、文艺、教育、少儿、科技等多领域的优质图书内容，图书资源数量达上万种。平台累计销售各类内容产品 10 万件，实现收入上千万元。同时，平台与线下上百家实体书店达成合作关系，通过举办线下读书分享会、新书签售会和主题展览等活动，形成了线上线下联动模式，进一步拓展平台影响力和覆盖面，为推动全民阅读作出贡献。

问题三：基于出版融合发展的实践经验，贵社对出版业数字化转型有哪些启示和建议？

我们的探索经验表明，出版业数字化转型需重点关注以下关键方面。首先，出版社必须从纸书出版思维向互联网思维转变，内容生产更加注重碎片化、互动性和用户参与度，可将图书内容制作成适合社交媒体传播的知识卡片、精彩片段视频等，鼓励读者参与内容创作与传播，形成 UGC 生态。其次，我们将继续加强资源整合与协同合作，打破内部部门壁垒，加强编辑、营销、发行等环节的协同，同时积极寻求与其他出版社、科技公司、新媒体平台等外部机构合作，优势互补，拓展发展空间。与此同时，我们也要全面创新商业模式，实现多元盈利，不仅依赖传统图书销售，还应开拓会员服务、付费阅读、知识付费产品，以及加强图书 IP 开发与运营，通过影视改编、文创周边等实现 IP 多元化变现；并全力强化技术应用与创新，积极引入大数据、人工智能、区块链、云计算等新技术，提升内容生产、管理和服务效率与质量。持续打造特色品牌活动，通过阅读节、新书发布会、作者签售会、线上读书俱乐部等活动，吸引用户参与和关注，营造良好阅读氛围，提升品牌形象。出版社应以开放心态拥抱数字化变革，充分发挥内容优势，结合先进技术和创新运营模式，探索适合自身发展的数字化转型之路，为推动出版业繁荣发展贡献力量。

华夏手造创意产业知识服务平台专家访谈

受访专家：乔　辉　河南科学技术出版社社长

问题一：贵社如何通过数字技术实现传统手工文化的创新传播？

我们在探索出版融合发展项目的过程中，积极将 AI、数字人、AR/VR 等数字技术应用于传统手工文化传播。最具代表性的是 AI “剪艺智绘”

数字服务平台 V2.0，该平台以文生图技术为基础，建立剪纸领域的垂直模型，利用自然语言处理、语音识别、数据分析和可视化、深度学习等技术，通过专业剪纸图形库训练大模型实现了较高的生成准确率。平台还搭建了“中国手工艺网络大学”在线学习平台，以“名师、课程、证书”为核心要素，汇聚国内外名师和丰富课程资源，成为国内首家服务于手工爱好者、从业者、青少年及各类院校的专业教育培训平台。在技术底座方面，平台建成一个数据中心和三个服务平台（生产服务平台、资源服务平台、运营服务平台），有效支撑了内容、生产、经营、管理的数字化转型，大幅提升生产效率。

问题二：贵社在内容建设和资源整合方面有哪些特色和成效？

聚焦于华夏手造平台等重点项目，我们坚持以手工图书为基础内容，经过近二十年的积累，我社手工图书长期稳居国内第一，占据国内手工图书近 40% 的市场份额，形成了“买手工图书找河南科技出版社”的行业口碑。

为确保内容的权威性和多样性，我们与河南省民间文艺家协会、河南省党史和地方史志研究室、多所艺术类高校建立了密切合作关系。“中国手工艺网络大学”已注册很多位手工艺名师，2024 年发布视频 60 个，累计登记作品 270 个。平台通过多形式内容建设，实现了传统手工文化的多维度呈现和知识传播，为用户提供了丰富多样的学习资源。

问题三：贵社是如何探索形成成熟的出版融合发展运营模式的？

我们构建了多元化的运营模式，形成了完整的价值创造链条。以华夏手造平台为例，首先，在线课程销售是重要收入来源，“中国手工艺网络大学”在线学习平台已有付费会员 1.5 万人。其次，平台建设了线上商城并运营抖音、小红书等多个新媒体平台账号，2024 年新媒体营销团队共直播 223 场，实现销售收入 390 万元。再次，平台利用小鹅通开设知识店铺，已上架图书 60 种、课程 15 种。此外，2024 年开发非遗文创产品 30 款、河南元素文创产品 10 款，定制文创产品 75 款，拓展了产品变现渠道。

线下创意体验中心开设 30 多间非遗手工和现代手工教室，提供材料、课程、培训、体验、文创产品等一站式服务，自开馆以来已接待 5 万余人次，2024 年创意体验中心收入达 300 余万元。整体来看，线上用户转化率在 20% 左右。2024 年手工出版融合收入达 1 700 余万元，每年实现约 12% 的增长。平台通过“线上内容 + 线下体验 + 产品转化”的模式，实现了传统手工文化的商业价值。

问题四：贵社在 IP 开发和文化传承保护方面采取了哪些举措？

我们在 IP 开发和文化传承保护方面全面布局。首先完成重要核心平台的商标注册，并推动手工作者及从业者对其作品进行版权登记与授权，在河南数字版权登记平台登记认证版权 200 余个，开发相关文创产品 30 余种。各平台以版权资产化、IP 化为目标与高校建立合作关系。

在文化传承方面，我们致力于传统手工艺的保护与创新，不仅策划编纂了《河南民间工艺集成丛书》《河南省非物质文化遗产代表性传承人口述史》等重要文献，还通过举办全国绳结大赛、中国云肩作品展、全国衍纸艺术邀请展等活动，搭建了传统手工艺展示与交流的平台。

我们还通过举行大赛和非遗课程进校园等方式，提升公众对传统文化的认知，加强孩子对传统文化的认识和理解。这些多元化举措，有效促进了传统手工文化的保护、传承与创新发展，形成了 IP 开发与文化传承互促共进的良性循环。

问题五：贵社在出版融合发展过程中面临哪些挑战？未来有何发展规划？

我们面临的主要挑战包括内容供给相对不足、运营能力有限，以及手工产品标准化难度大、文创产品大众认知度不高等问题。为应对这些挑战，以华夏手造平台为例，我们实行项目制运作，组建了包含手工编辑室、数字融媒发展部、新媒体运营中心等在内的40余人的专业团队，实现技术与内容的协调联动。

未来，我们将坚持走出版融合专业特色之路，以手工出版为突破口，小切口带动大产业。例如，华夏手造平台的具体规划包括：目标注册用户数量超过100万，其中活跃用户占比达到30%以上；与超过1 000名非遗传承人及手工艺匠人建立合作关系，成功孵化至少50个原创IP。平台将依托区块链技术建立技艺认证体系，运用AI算法实现个性化学习路径规划，整合非遗传承人、文创设计师、教育机构及消费市场资源，打造知识服务、文创电商、产业赋能三位一体的生态闭环。

我们致力于将华夏手造平台打造成为中国首个线上线下深度融合的传统手工艺文化传承与创新服务平台，通过数字技术赋能和多元化商业模式，推动传统手工文化的创新性发展和广泛传播，为中华优秀传统文化的传承与发展贡献力量。

“全环境立德树人中华优秀传统文化少儿绘本大系——AI阅读融合出版平台”专家访谈

受访专家1：贾庆鹏　青岛出版集团董事长

受访专家2：李　毅　青岛出版社数字出版运营中心总监

问题一：请介绍一下“全环境立德树人中华优秀传统文化少儿绘本大系”项目的背景、内容体系及技术创新亮点。

“全环境立德树人中华优秀传统文化少儿绘本大系——AI阅读融合出版平台”是青岛出版集团深入贯彻落实山东省委宣传部“全环境立德树人”战略部署的出版融合重点项目。平台聚焦“立足中华文化根脉，服务时代新人培养”这一核心使命，成为集团推进文化数字化转型、构建未来出版生态的重要战略实践。该项目一期聚焦5—8岁儿童启蒙阶段，以“中华优秀传统文化少儿绘本大系”纸质绘本为内容源头，围绕“中华传统美德、经典故事、文化名人、文明成就、文化常识、人文地理”六大主题，进行内容的数字化呈现和场景化创新，同步规划数字化、智能化开发。运用 VR、AI 等新技术，搭建家庭、学校等不同阅读场景，配置听故事、读故事、讲故事、创作故事的服务，探索实践综合文化服务新模式。目前，已形成数字互动绘本、动画绘本、AI 阅读与表达评测、阅读服务小程序、全息绘本馆等数字产品近 200 项，实现了用户线上线下互相引流的流量转化，从阅读功能到社交互动、文化活动的功能转化，以及从图书生产到综合文化服务的产业转化，对促进我国原创绘本、高品质传统文化绘本深入地融入生活各个方面具有重要意义。

在技术方面，平台采用多形式交互技术，构建了“AI 互动导读”功能，通过自然语言理解与知识图谱，实现“导读式提问”和“智能问答”，激发儿童主动思考和表达。团队还开发了“数字互动点触绘本”，通过音频朗读、角色配音、多语言切换和互动技术增强沉浸感。此外，“全息绘本”产品运用沉浸式全息投影，动态呈现故事场景，提升儿童对中华文化的兴趣和认知。

在出版模式方面，平台探索形成“纸质图书 + 数字资源 + 多终端适配”的融合出版链条，形成了集阅读服务、评价互动、场景体验、思维开发、研学活动于一体的线上线下全环境服务体系。所有绘本均实现纸书与数字资源同步开发，配套上线平台小程序及 Web 端，并适配智慧校园设备、大屏触控终端和公共文化空间，实现一书多用、多平台共融。同时，绘本内容同步开发为动画视频、互动课程、主题展览、全息演示等多形态内容，实现从“出版物”向“文化内容资产”的跨媒体延展。

问题二：在项目管理和内容运营中，贵社采取了哪些创新举措？

项目实行“专家主导 + 团队协同”的立体开发架构，由集团统筹规划，设立专班推进编辑策划、专家统稿、技术协调、平台联动等关键任务。同时，借助出版、教育、科技、文化资源，形成高效的跨界协同共建机制，凝聚行业资源共同打造国家级传统文化儿童内容平台。

为打通“内容—使用—反馈”闭环，我们充分引入技术策略与平台合作机制，提升内容的可视化表达力与智能传播能力：利用AI语义识别、智能导读与语音评价技术，将绘本内容以数字化方式重构，转化为可问答、可朗读、可评价的互动内容，帮助儿童深化理解、提升表达；借助互动绘本App、融合阅读小程序、全息展示系统，将传统纸书内容以多媒介、多平台、多终端方式传播，适配学校、家庭与公共空间的多样化阅读场景；与智能学习终端厂商、家庭电视平台、教育类数字平台合作，实现绘本内容在小米、腾讯、海信等平台的推荐与定向分发，提升内容的到达率与使用频次。

问题三：请分享下在项目管理和内容运营中的主要经验和挑战，贵社采取了哪些应对措施？

从项目策划到落地、拓展，我们始终坚持以优质内容为基础、以数字化为手段，做精内容、做优服务，构建了全环境阅读体验场景体系，让优秀的内容更立体、更鲜活、更生动地展现，做到好听、好看、好玩、互动性强。通过数字化、场景化呈现，让孩子们沉浸式地感受和体验中华优秀传统文化的魅力。

在内容审核机制上，我们建立了“集团统筹—出版社主责—多部门协同”的推进架构。集团董事长亲自挂帅，设立专班团队负责绘本策划、统稿、技术协调、平台运营等各项事务。专班团队实行周例会、月度节点检查、阶段性成果验收等制度，确保任务责任清晰、进度管控精准。同时，我们引入“编辑—设计—技术—教学顾问”四线并行的协同机制，实现从内容创作到技术实现的高效配合。

在融合创新方面，平台重构出版流程，打破传统出版与平台建设的壁垒，实现“内容—功能—平台”三位一体的服务模式。通过内容管理系统，支持多形态内容的结构化管理和动态更新，显著提升出版效率和服务质量。

在技术维护方面，平台采用模块化架构与微服务设计，建立高可用备份机制，实时监测系统性能与用户行为，确保平台稳定运行。通过及时调整架构和优化缓存机制，成功应对了上线初期的技术挑战。

此外，集团制定滚动更新计划，持续扩充互动功能，开展用户运营和教育场景跟进，形成“内容迭代—反馈优化—技术更新—再传播”的闭环机制，确保平台持续焕发生命力，成为儿童传统文化启蒙教育的长期陪伴型数字产品。

“全环境立德树人中华优秀传统文化少儿绘本大系——AI 阅读融合出版平台”数字化探索为青岛出版集团的创新转型拓展了新路径。集团积极探索文化和科技融合，依托优秀内容“向下扎根”，用好数字化创新引擎“向上生长”，构建传统主业和创新转型双向奔赴的新型产业生态。下一步，集团将持续强化重大文化产业项目带动，推广融合项目创新成果，加快推进产品品牌化、服务场景化、产业生态化，通过不断放大数字化创新、版权立体化开发这一模式，实现单一的文化产品向阅读产品、阅读服务、文化体验、文创产品等全方位拓展，推动传统出版内容价值和产业价值持续提升，为企业打造新的增长曲线。

全球国际中文教学服务云平台专家访谈

受访专家：郝　运　北京语言大学出版社董事长

问题一：贵社在探索出版融合发展的技术层面有哪些创新和突破？

我们的技术创新主要围绕国际中文教育的专业需求展开。自 2021 年起，我们筹建了国家新闻出版署“出版业‘一带一路’国别化语言服务关键技术研发与应用重点实验室”，联合多方打造“政产学研用”的出版融合发展创新平台。截至目前，我们已投入研发经费 2 000 余万元，取得了 27 项软件著作权，大大提升了语言服务和教育出版领域所需的基础创新能力。

基于以上积累，我们成功搭建全球国际中文教育智慧教学平台，于 2024 年 8 月被美国加利福尼亚州、科罗拉多州等州的公立学区选为数字教材合作平台，这证明我们的功能和技术标准已达到国际化应用和集成水平。这些技术创新不仅提升了教学效率，还为国际中文教育提供了全新的数字化解决方案，真正实现了教育出版与教育技术的深度融合。

问题二：贵社在平台的内容资源建设方面有哪些特色？如何实现对不同学习阶段和国别差异化需求的覆盖？

平台构建了完整的数字化“教、学、练、测、评”教学闭环，内容资源体系丰富。平台不仅实现传统教学资源的数字化和互动化，还将内容与创新技术相结合，打造了多种多模态教学资源库。我们的内容资源包括新形态数字教材库、配套课件库、教学视频库、多模态视频语料库、互动字词卡片库、多模态互动练习题库和教学图片库。这些资源为教学提供了沉浸式、互动式的创新基础，显著提升了教学质量和效果。

我们的新形态数字教材提供了分词、注音、跟读、生词卡片、文字跟随、语音矩阵、发音对比、听音变调、文本分析、语料库词典、汉字书写练习、笔画及部首练习、拼音及翻译辅助等国际中文专业教学必备的功能模块，可全方位立体化地支持国际中文数字化教学。

在内容覆盖方面，我们实现了从少儿到成人、从国内到海外的不同课程体系全覆盖。针对不同国家和地区的语言特点和文化背景，提供定制化的教学支持，使内容更具针对性和适用性。

问题三：贵社如何在体制机制和组织保障方面推动项目发展？

在战略层面，我们始终将出版融合发展作为创新发展的重要路径。出版社在人才和奖励机制方面给予了政策支持，主要体现在3个方面：第一，优化人才架构，吸纳优秀人才。数字业务团队涉及的知识领域广泛，面对的问题复杂，需要在多个角色间灵活切换。根据数字化业务的全链路全环节人才需求，北语社不断优化数字出版团队的人才结构，补充了教学创新支持和市场推广培训人才，大大提高了团队的业务竞争力。第二，出版社支持数字业务团队申报财政扶持项目，通过专项经费，提高技术产品的迭代效果和服务能力，为团队提供了更充足的资金保障。第三，针对创新项目制定全新的考核和激励制度，鼓励创新项目立项，实现的市场收益单独奖励，激发了团队的创新活力。

出版社需要制定明确的数字化转型战略，拿出资金、资源、时间支持数字出版部门战略落地和持久发展。这些政策和组织保障措施有效推动了平台的技术迭代和市场拓展，为项目的可持续发展奠定了坚实基础。

问题四：面对未来发展趋势，平台有哪些战略规划？对出版融合发展有哪些启示？

随着我国综合实力的不断提升，中文的应用领域和作用将不断扩大。北语社将始终秉承“讲好中国故事”，为国家战略提供丰富的思想内核，进一步加强数字教材的创新能力、提高资源的丰富性、提升智能技术的应用效果。

未来三年，我们的战略规划主要包括3个方面：一是重点布局大模型技术的全链路应用，赋能教育出版和国际中文教育；二是加强“中文+专业”“中文+职业技能”领域的教学应用支持，助力我国的教育国际化和职教出海发展；三是基于平台整合教育资源，进一步扩大出版业务合作边界，推动数字教材内容和形态的多元化发展。

出版融合深度发展是一项系统工程，需要决策者有久久为功的信念，给予创新团队长期战略支持。要以主业为本，融合不是舍本逐末，而是借助新技术、新平台，为优质、专业的内容插上翅膀，让其传播得更广、更远；也要以市场为标，坚持以市场需求为导向，通过差异化、定制化的服务将用户牢牢吸引，从而实现社会效益与经济效益统一。

对于中小型出版社而言，数字化转型面临 3 个挑战：一是要注重人才储备，建立创新创业文化；二是完善基础设施建设，掌握核心技术；三是推动模式创新，拓展多元化发展路径，开拓教育出版新赛道。只有这样，才能在融合发展的道路上行稳致远，让出版业在新时代焕发出新的生机与活力。

Es Libros 中国主题西语阅读平台专家访谈

受访专家： 董保生　五洲传播出版传媒有限公司党委书记、董事长

问题一： 贵社在出版融合发展的过程中会考虑哪些因素？特别是为什么会选择面向西语地区打造中国主题数字阅读平台？

我们创建 Es Libros 平台主要源于市场形势和自身优势两方面的考量。在欧美的国际主流数字出版平台对华高筑文化壁垒的背景下，中国图书“出海”面临诸多困境。而随着中国经济实力增强和参与全球化进程，国际社会对中国的关注显著提升。特别是在共建“一带一路”的推动下，拉美国家更加渴望了解中国的发展模式和现代化经验，市场亟需我们的自主发声。我们还注意到，美国出版集团长期占据当地市场主要份额，而中国图书受限于地理距离、运输成本和语言障碍等因素，市场占有份额较低，我们需要寻找新途径打破这种局面。在数字化浪潮的

推动下，手机阅读在拉美地区兴起，为 Es Libros 平台发展提供了市场机遇。

我们自 2011 年起实施优先发展西语、阿语地区的“农村包围城市”的“走出去”战略，多年来积累了大量的西文内容资源、人脉资源和用户资源，这为 Es Libros 平台的创建和发展提供了坚实基础。

问题二：贵社在内容资源建设和本地化策略方面有哪些独特做法？

Es Libros 是面向全球西语读者的数字阅读平台，我们在平台运营上坚持本地化策略，即内容本地化、技术本地化、支付本地化和营销推广本地化。

内容本地化是实现有效传播的核心基础与价值承载。在内容生产方面，我们着力打造“中国主题”与“本地语境”相融合的内容生态。一方面，持续推出具有代表性的中国议题深度内容，集中展现了当代中国发展理念与制度经验，旨在回应国际社会对中国治理逻辑与全球责任的关注。另一方面，我们主动与西班牙大众出版社、古巴 Artex 出版社等十余家西语地区头部内容供应商建立合作机制，引入并整合大量优质的西文本土数字资源，将中国内容嵌入西语本土化内容之中，形成“中西结合”的有机融合模式，有效避免对外传播中“内容输入过于单一”“叙述重心脱离受众语境”的瓶颈，从而增强内容的可读性、情感认同和传播力。

在技术本地化方面，我们采用服务器集群搭建分布式架构，借助分布式检索引擎实现高效内容匹配，并不断优化网络访问响应速度。同时自主研发了版权保护系统和在线阅读器，全面适配当地主流移动设备与操作系统。

在支付本地化方面，我们接入了 Apple Pay、Google Pay、信用卡、Paypal、OXXO 等多种支付方式，为用户带来更优质的消费体验。

在营销推广本地化方面，我们整合互联网与社交媒体资源，融入谷歌与华为两大生态，并运营 Facebook 平台上的“Es China”

账号，通过定期发布内容和策划专题营销活动，增强与当地读者的互动。

问题三：在内容生产和质量控制方面，贵社采取了哪些措施确保内容的规范性和专业性？

我们根据相关法规制定并执行了一系列内部规章制度，包括《数字出版工作管理办法》《五洲传播出版传媒有限公司编辑委员会工作方案》《选题立项管理规定》《三审制度管理办法》等，严格审校平台上线内容、宣传推广物料及社交媒体发布的内容。针对整合内容，尤其是海外出版商授权的本地内容，我们严格进行内容审读，确保符合出版管理规定。对专业性强和需专家外审的内容，由复审者组织召开审稿会或送请相关部门、专家审看。得益于内容审核机制和翻译流程的完备和严格执行，我们自 2017 年取得网络出版服务资质以来从未受过任何行政处罚，保证了平台内容的高质量和规范性。

问题四：贵社在出版融合发展的项目建设和运营过程中面临哪些主要挑战？贵社是如何应对的？

我们在出版融合发展中主要面临两大现实挑战：资金保障不足与海外市场拓展难度大。一方面，出版融合发展正处于加速转型的关键阶段，内容数字化、技术研发、平台迭代、国际传播与推广等多个环节对资金投入提出更高要求，而有限的资金成为制约平台快速壮大的重要因素。另一方面，中国数字阅读“走出去”在国际市场上遭遇“成熟市场进入难、新兴市场开发难”的双重困境：欧美市场高度垄断，亚马逊等国际巨头占据主导地位，使新进入者难以突破流量壁垒；而在拉美等新兴地区，则普遍存在用户付费能力偏弱、本地出版社参与积极性不高等结构性障碍。针对这些挑战，我们一方面加强与政府部门、行业机构合作，争取更多项目支持和专项资金，另一方面优化资金配置，确保资源精准投向技术升级、内容建设与市场拓展等关键领域。在市场开发方面，我们采取差异化竞争策略：在欧美市场聚焦小众精品赛道，在拉美市场则以“限免促销+低价订阅”模式，有效降低用户的初次付费门槛，通过对阅读行为、转化路径、留存周期等数据的实时监测，提高内容触达率与用户黏性。

问题五：贵社在未来的发展中有哪些规划和目标？对出版融合发展“走出去”有什么启示？

我们的短期目标是汇聚约 1 000 种中国主题的西语精品内容，将用户规模提升至 400 万，使平台真正成为西语地区中国内容海外传播的重要阵地。未来三年，在技术层面与国际前沿水平深度接轨，在内容布局方面，初期重点发展电子书、有声书业务，后续逐步拓展至视频内容领域。

Es Libros 平台积极探索出版融合发展“走出去”的实践经验。首先，必须突破传统“借船出海”路径依赖，由依附性传播向自主可控传播平台建设转型。其次，内容本土化和技术本土化同等重要，只有将中国内容融入当地文化语境，才能实现更好的传播效果。这不仅体现在语言翻译的精准性上，更体现在选题策划、叙事方式、传播渠道等多维度的本地适配上。再次，数据驱动的精准传播策略是提升传播效果的关键。对用户阅读偏好、行为轨迹、转化效率的实时追踪，有助于提高国际传播的效率与精度。最后，“农村包围城市”的差异化战略是出版融合发展“走出去”的有效路径。Es Libros 聚焦于西语市场，率先在竞争相对缓和、文化亲和力更高的新兴市场取得突破，积累内容适配、用户运营和商业模式等方面的经验，为未来拓展至欧美主流市场奠定基础。

中信出版多元数字传播矩阵专家访谈

受访专家： 陈　炜　中信出版集团党委书记、董事长

问题一： 贵社的新媒体矩阵是如何布局的？取得了哪些核心成果？

中信出版集团十分重视新媒体矩阵的创建与运营，配备了专业人才，从内容策划、直播运营到品牌推广等方面进行协同合作，已在多个平台布局自营账号，形成“1个旗舰（中信出版）+3大垂类（中信书店、中信书院、中信童书）”的矩阵模式，并针对各个新媒体平台的特点，有的放矢做差异化、精细化运营，运营成果显著。核心账号“中信出版”年度内容产量近万条，总阅读和播放量超10亿次，公域粉丝总量超300万，陆续推出“你好，读者”等阅读服务品牌，依托矩阵开展作者分享、播客、直播公开课等线上线下阅读服务，同时，运营企业微信社群，沉淀高净值用户，形成了“内容种草—直播拔草—社群蓄水—知识服务”的闭环生态。

问题二： 贵社是如何构建从IP孵化到全产业链开发的完整流程的？有哪些打破传统出版模式的创新举措？

中信出版集团在原创IP运营上，构建了一套以媒介协同为核心的运营体系。例如“哪吒”项目，以电影上映日为轴心，向前延伸启动图书开发，编辑团队深度参与IP内容孵化，挖掘电影中未呈现的原画、幕后故事等素材，使图书内容与IP核心形成互补；向后设置长尾运营周期，利用影视的短期爆发力为图书引流，维持IP的持续影响力，实现影视热度与图书销售曲线的动态匹配，并最终延伸至文创、文旅、教育等领域，形成“影视引爆—出版沉淀—文化增值”的价值链。

我们的创新在于突破传统出版边界，体现在3个方面：一是打破滞后性，以IP核心节点为轴，向前延伸策划、向后布局长尾运营，借时空

耦合实现从“慢节奏”到“快响应”的转变。二是从“内容搬运工”转型为“内容运营官”，编辑深度参与IP多形态开发，通过特色设计、新媒体营销等方式构建行为闭环，推动出版从“单向输出”变为“用户共创”。三是技术赋能“文化+科技”融合，依托生成式AI优化全链路，打破媒介局限，推动优秀传统文化创造性转化、创新性发展，以贴近当代受众，让文化传播从“单向灌输”升级为“沉浸式体验”。

问题三：贵社在用户运营上有哪些创新思路，如何实现用户的精准触达与流量转化？

在用户运营的创新思路上，中信出版集团聚焦用户视角，围绕垂类人群进行深度开发：成立动漫事业部，打造中国出版界排名第二的动漫出版矩阵，回应Z世代（1995—2009年出生的一代人）读者的需求；在生活美学、国风国潮等领域布局，满足多元兴趣需求；打造以核心粉丝为主体的分层分类传播矩阵，构建传统发行之外的新发行体系，从单向度传播转向为读者而创作、围绕读者发布，构建内容共生的新生态。

在精准触达与流量转化方面，通过读者流量池拓展和精细化运营，提升用户黏性与转化效率，同时，优化内容分发，打通公域和私域流量，形成高效闭环的发行链路。推动事业部营销和发行渠道销售的共振，围绕内容、流量、用户和产品运营形成节奏一致的营销作战图，搭建前后端协同体系、多元化知识服务产品体系和会员运营体系，确保流量高效转化。

问题四：贵社如何利用大数据、AI等技术赋能出版融合发展？

我们在2023年设立了“平行出版实验室”，积极探索AI技术如何与出版真正融合。推出的“夸父AI”持续迭代，目前已面向17类图书出版场景构建了122个AI助理应用，涵盖了选题评估、书稿翻译、设计、营销文案、图文互生等多个场景，单从传统出版业态来说，提质增效是明显的。同时，我们通过AI技术嵌入和媒体矩阵构建两手抓，试图构建以高质量内容为核心的出版生态，连接内容和用户。

我们始终坚持“内容驱动 + 技术赋能”的双轮驱动逻辑。AI 最厉害之处在于基于海量知识库自主生成优质内容，但出版机构要从“内容的搬运工”变成“内容的运营官”，在内容策划、选题论证、营销发行等环节，整合和重塑出版业务，特别是编辑通过专业化的加工，深度挖掘内容的长效价值，使技术最终服务于“内容为王”“读者为本”，推动融合出版生态的构建。

问题五： *展望未来，贵社在深化出版融合、拓展新媒体版图方面有哪些规划，以应对行业变局？*

未来，我们将构建“内容 + 技术 + 服务”新生态，从单一内容提供商转向知识服务商。以内容为核心构建兼顾历史与未来的知识体系，以技术为杠杆融入人工智能、数字人等新技术，以服务为纽带将传统出版资源转化为“阅读即体验、知识即场景”的新文化消费范式，夯实转型根基。

同时，我们将强化跨媒体协同，加强与影视、教育等行业的深度融合，以“受众为中心”构建媒介生态。在书店业务上，持续做城市文化空间的运营者、思想的链接者、IP 的营造者，在机场、商务楼拓展书店空间，打造陪伴阅读者的新空间。通过这些举措，实现从纸媒时代向全媒介时代的跨越，在技术浪潮与消费变革中重塑行业价值。

“文轩在线”直播业务专家访谈

受访专家： 胡　巍　新华文轩出版传媒股份有限公司党委委员、副总经理

问题一： *贵社在自有新媒体业务发展上有哪些创新？有哪些亮点与优势？*

新华文轩出版传媒股份有限公司结合自身业务特点，依托既有资

源，通过“文轩在线”积极发展内容电商业务和社群电商业务。同时，依托 183 家线下门店网络，建立了“百店百面”的文轩云店，构建了线上线下融合的自有电商业务客群。此外，面向学生与家长群体，“文轩优学”全面提供用书选购、家长课堂、阅读活动等服务。

其中，“文轩在线”直播团队是自有新媒体业务布局的典型案例，“文轩在线”直播业务主要通过提供优质服务内容吸引潜在读者并促进销售转化。“文轩在线”在抖音、小红书、B 站等平台开展业务运营，抖音平台业务涵盖短视频、抖店、直播和分销带货。整个业务安排并非单点突击，而是全局谋划、重点发展，以确保自有新媒体业务保持稳健发展态势。

问题二：你们在以直播为代表的自有新媒体业务中，搭建了怎样的业务模式？在市场运营方面有哪些创新经验？

在我们的直播业务中，门店通过云店平台开展主要面向所在城市或社区的直播活动，各出版社以专业创作和作者分享的视角开展直播活动，“文轩在线”则在公域视频平台直面竞争，面向全国读者提供直播销售服务。我们在业务过程中不断发现问题并改进，将自有品牌“远涉文化”的产品与业务结合，为直播团队提供质优价良的产品。各直播小组在良性竞争的前提下，整体统筹产品、播长、播次和运营节奏，整体上实现了产品销售转化最大化。

问题三：对于自有新媒体业务发展，你们在未来有什么规划布局？

聚焦自有新媒体业务发展，未来几年我们将推动业务快速发展，搭建更加完善平衡的渠道结构，从完善产品能力、提高传播能力和构建自有客群经营体系 3 个方面着手，促使内容电商业务的长期稳定发展，并为企业统筹全渠道经营、开展全域全时客户服务提供支持。

二十一世纪出版社集团直播业务专家访谈

受访专家： 闵　蓉　二十一世纪出版社集团总编辑

问题一： 贵社在自有新媒体业务的发展方面有哪些创新？有哪些亮点与优势？

二十一世纪出版社集团紧密结合出版业务特点，依托海量优质内容 IP 这一核心资源优势，通过新媒体营销中心积极拓展内容电商与社群电商业务。在持续运营社属官方账号的基础上，2024 年，我们深度整合编辑力量，赋能 IP 价值挖掘与直播生态构建。一方面，各编辑中心的营销编辑进驻直播团队，深度参与社属官方账号的直播及内容创作。另一方面，在抖音、视频号、小红书等平台，打造了 9 个以营销编辑为核心的垂直领域个人账号，与官方账号形成互补协同的自有新媒体矩阵。

其中，基于 IP 深度运营的抖音直播业务是我社自有新媒体业务布局的关键亮点和核心优势。我社直播业务的核心创新在于构建“IP 沉浸式运营 + 专业双核驱动”的差异化模式。团队深度聚焦《大中华寻宝记》《特种兵学校》等头部 IP 资源，精准定制青少年及家长群体所需的主题化直播内容与产品组合，并创新打造角色扮演、粉丝见面会等沉浸式场景，通过互动游戏、限定周边展示等手段提升用户黏性，累计创收超 5 600 万码洋。同时，采用“编辑专业深度 + 主播表达技巧”双核驱动机制：编辑深度参与直播策划与执行，提供独家幕后解读与阅读建议，奠定内容权威性，主播优化呈现与转化效能，二者协同推动抖音账号粉丝增长至 19.8 万。在运营层面，依托动态数据监测持续优化策略，并整合作者、达人资源构建“IP + 文创”生态，实现从单一销售向生态价值的战略升级。其核心优势在于以专业内容力为根基，IP 沉浸式运营为核心，数据与生态为引擎，为出版业提供了可复制的直播新范式。

问题二：贵社在以直播为代表的业务中，搭建了怎样的业务模式？在市场运营方面有哪些创新经验？

我们的直播业务模式采取“双轨并行”策略。一是专业深度驱动，各编辑中心立足专业视角，组织作者访谈、编辑荐书、内容解析等深度活动，强化内容价值。二是公域流量深耕，专业的抖音直播团队直面公域流量竞争，面向全国读者提供高频次、专业化的直播销售服务。

在市场运营创新方面，我们积累了以下核心经验：一是持续提升能力。团队在选品、直播技巧、互动运营等关键环节不断精进，将社内优势产品资源与直播形式深度融合，保障向读者提供“优价好书”。二是跨部门高效协同。直播团队与各编室营销编辑紧密配合，打破部门壁垒，实现资源共享与活动联动。三是主题 IP 化营销。我们创新性地策划并成功举办了多场“IP 主题式”直播活动，如“跟着《大中华寻宝记》游中国”“和吴有用一起穿越元朝”等。这些活动基于我社核心图书 IP，设计沉浸式、互动性强的直播内容，有效提升了用户参与度和转化率，在品牌传播与销售转化上取得了双赢效果。

问题三：对于自有新媒体业务发展，贵社在未来有什么规划布局？

我们充分认识到自有新媒体运营已成为市场增长的重要引擎。未来，我们将持续加大资源投入，推动该业务板块快速发展，致力于构建更加多元、平衡的销售渠道结构。具体规划聚焦四大方面：一是体系化培养人才。建立专业化、系统化的主播及运营人才梯队培养机制。二是提升产品运营能力。深化对平台规则与用户需求的理解，提升选品、内容策划、数据运营等综合能力，打造更具竞争力的自有新媒体产品矩阵。三是强化品牌效能。通过持续输出优质内容和创新营销活动，在自有新媒体平台上进一步巩固和提升二十一世纪出版社集团品牌影响力。四是精细化运营私域客群。我社正在打造的“读者服务号”，目前已积累了 50 万的用户，下一步将构建并完善私域流量池的运营体系，实现用户资产的沉淀与长效经营。

出版业数字化管理系统（ERP）专家访谈

受访专家1：李 斌 重庆新华出版集团党委书记、董事长
受访专家2：邱振邦 重庆新华出版集团党委委员、副总经理

问题一：请问贵集团研发的出版业数字化管理系统，在对外提供平台及技术服务方面有哪些探索和经验？

出版业数字化管理系统在研发之初，我们就抱有服务行业、服务全国出版同行的想法。在重庆新华出版集团成功应用后，我们首先在书博会、教育装备展等全国性出版业展会上积极宣传推广ERP产品，南方出版传媒集团就是在这样的场合了解到我们ERP产品的。我们向全国出版同行客观地介绍产品、表达合作的诚意，并提出源码授权的合作模式，为兄弟出版单位提供高标准的技术服务。ERP产品的能力，加上我们服务的真心，最终换来了如南方出版传媒集团等的认可。目前重庆新华出版集团正就ERP项目合作与多家省级出版集团接洽，我们希望能将ERP输出到更多的出版单位，为出版业数字化管理贡献自己的一份力量。

问题二：贵集团在市场化转型过程中有哪些创新举措？其独特价值体现在哪些方面？

重庆新华出版集团在市场化转型过程中，大力推进实施凝心聚魂、内容提升、数智融合、文化创新、文化惠民、人才强基等六大工程，努力构建以内容生产为核心，以阅读服务、知识服务为两翼，筑牢传统产业链、IP产业链、数字产业链，大力发展图书出版等六大支撑产业的“一核两翼三链六群”发展格局，聚力打造一流新型出版传媒和文化创意企业集团。

集团长期致力于探索传统出版业与AI技术的深度融合，在2025年第33届全国书博会期间，集团举行了重点项目发布暨集中签约仪式，发布了多项数智化创新成果。其中，集团携手火山引擎打造的AI时代出版业一体化数智融跨应用体系，将集团的内容资源及自主研发的出版业数字化管理系统，与火山引擎在云计算、大数据、人工智能、直播及应用工具等领域的尖端技术能力深度融合，建设服务于全国出版业的垂直领域大模型，打造更具沉浸感和个性化的阅读与知识服务体验，提升整个出版生态的数智素养与跨界创新能力。这些举措的价值体现于整合内部资源、优化外部服务，形成可持续发展的新生态，为出版业的数智化转型提供借鉴和启示。

问题三：贵集团在提质增效探索中采用了怎样的运营模式？有哪些创新经验？

2025年，重庆新华出版集团启动提质增效行动，覆盖管理、内容、投资、融合发展、盘活五大方面，通过科学管理、资源优化、技术赋能和生态融合，实现各业务板块的价值跃迁与联动共生，构建完善“企业主体+出版服务+生态赋能”的高质量发展新模式，打造文化创新创意集聚新生态。

市场运营方面，集团紧紧围绕出版传统生产链、IP生产链、数字生产链，坚持以内容为主导的技术服务，推动优质内容在技术层面、产业层面、文化层面创造性转化，构建“内容+技术+场景”的立体化模式，实现内容出版的技术创新、形态创新和场景创新，为读者提供优质的阅读服务、知识服务和文化消费服务，变资源为资产、变流量为增量。

地图大数据融合出版知识服务平台专家访谈

受访专家 1： 陈 平 中国地图出版社集团党委书记、董事长

受访专家 2： 司连法 中国地图出版社集团地理信息技术中心总工程师、平台项目负责人

问题一： 贵社如何实现传统地图出版与数字技术的融合创新？具有哪些突破性的特点和优势？

我们的融合创新主要体现在以下方面。首先，地图数据处理技术创新，针对地图这一专业性极强的特殊数据，我们定制了分类整合、空间关联等知识加工流程，并研制一系列数据处理工具实现海量地图数据的高效存储与管理，建立了地图知识加工与管理平台；其次，基于数字地图技术的展示传播方式创新，我们采用在线动态制图、AR/VR、可视化展示以及版权保护等技术，建立了地图大数据知识服务平台。

相比传统地图产品，我们力图在以下方面取得核心优势：一是提供标准地图、行政区划地图以及出版级地图知识等数字出版产品，保障权威优质的数字化地图内容资源；二是支撑“地图＋”模式发展，紧密对接国家重大需求，以数字地图技术为基础，不断拓展地图服务的边界；三是满足各类地图编制需求，包括出版物中的地图插图、政府规划设计地图、统计部门的统计地图、教育系统中的历史与地理地图等，以及互联网面向不同领域的数字化地图展示。

问题二： 在出版融合发展的用户服务方面，贵社的创新点有哪些方面？

在用户服务方面，我们通过差异化设计满足不同用户群体需求。面向专业受众，提供典藏地图、人文地图、专题地图等数字化资源，解决查阅正版优质地图难的问题；面向大众读者，提供电脑端地图与地名知识词条、移动端历史地图 App 与小程序等服务，满足碎片化阅读需求；

针对企事业单位，提供标准地图和行政区划地图数字产品，解决地图内容不规范、不准确的问题；针对用户开发者，提供云制图系统、地图可视化插件、地图数据 API 等工具，降低地图使用门槛。

问题三：请问贵社在出版融合发展运营模式方面有哪些创新？

我们的运营模式创新主要体现在 3 个方面：一是按需地图制图服务，针对企业和政府提供定制化地图编制；二是地图知识资源和技术输出，向合作伙伴提供地图知识资源服务和技术支撑服务；三是行业融合，面向多领域提供“地图 +”和“地理信息 + 行业”应用服务，拓展地图应用的边界。基于以上模式创新，我们的收入来源日益多元化，包括定制服务、资源授权、技术输出和应用开发等。

问题四：贵社在出版融合发展过程中，遇到的最大挑战是什么？如何克服这些困难的？对出版同行有哪些启示？

集团在出版融合发展过程中面临两大核心挑战。第一个挑战是如何平衡资源建设的专业性与用户需求的实用性。地图作为专业性极强的知识载体，既要保证专业水准和权威性，又要适应不同用户的实际需求，这种平衡很难把握。第二个挑战是如何突破多源数据融合、动态制图效率等方面的技术瓶颈。地图数据来源多样，格式各异，如何实现高效融合和处理，是技术层面的重大难题。

为克服这些困难，我们采取了系统性解决方案。首先，我们建立了“需求调研—资源开发—技术落地”的闭环流程，确保产品开发与市场需求紧密结合。其次，我们整合集团内部技术力量，强化自主研发能力。集团成功解决了技术研发力量不足的瓶颈问题，针对本项目，搭建了一个由 10 余人组成的技术研发团队，资源建设和市场运营由不同部门负责，一方面兼顾已有资源利用，另一方面开拓了面向应用的新资源建设，成功解决了地图智慧制图、地理信息应用、数据库开发，以及大数据、Web 地图、App、AR 和小程序研发等技术难题。

对其他出版机构的启示主要有两点。一是出版单位需以内容为核心，主动融合技术拓展服务场景。传统出版优势在于内容资源，数字化转型不应仅停留在内容形态转变，而应探索技术赋能下的新服务模式。二是构建“数据—工具—应用”一体化生态，避免低水平数字化。出版机构应着眼于构建完整的数字生态，而非孤立的数字产品，通过技术与内容的深度融合，实现高质量数字化转型。

科技期刊国际化数字出版平台（SciOpen）专家访谈

受访专家：庄红权　清华大学出版社副社长

问题一：贵社采取了哪些创新策略来提升中国科技期刊的国际影响力和认可度？

清华大学出版社构建了立体化的国际营销体系，整合邮件推送、跨期刊推荐、“EurekAlert！”科技新闻发布、Kudos/ResearchGate学术社交网络及谷歌广告精准投放等多维度推广渠道，形成联动的国际学术营销体系。同时，积极探索实现全流程数字化出版，覆盖投审稿、编校排发的全环节，提供内容和用户数据的可视化分析，支持数据驱动的期刊运营管理。清华大学出版社推动出版模式创新，支持增强出版、数据出版等新型模式。

SciOpen平台支持多种模式期刊建设，包括支持新刊创办（开放出版模式）、支持优秀国产期刊回归、支持期刊多平台展示、对自主建设期刊增强发布与传播服务，满足不同阶段期刊的建设与发展需求。相比传统模式，平台大幅提升了出版速度，论文录用后一天内即可实现Just Accepted发布，整期出版最快10天即可完成。

问题二：贵社在技术创新、内容开发等方面，如何支持科技期刊的数字化国际出版？

在技术创新方面，我社基于智谱大模型开发了智能阅读模块，支持科技论文的跨语种智能解读与智能问答，为中文期刊国际化传播提供了技术支持。清华大学出版社采用国际通用 JATS 期刊文章标签集标准的 XML 数据标准，实现与 CrossRef、Web of Science 等国际标准化组织和重要数据库的无缝对接，使论文快速进入全球学术网络。通过搜索引擎优化技术，文章发布后 3 天内可被谷歌和谷歌学术检索到。数据出版平台 ETS-Data 支持研究数据独立出版及与论文的交叉关联，为每条数据注册 DOI 和国家科技资源标识符 CSTR，提升了数据的可见性和可用性。这些技术创新使平台先后入选多项国家级示范项目和优质平台，其 AI 深度阅读功能也被评为出版业人工智能创新应用优秀案例。

在内容标准化方面，我社通过与国际学术网络的数字化连接，实现学术成果的及时传播。参照国际标准构建了学术期刊出版伦理和专业化出版制度体系，包括期刊出版政策、出版伦理指南、期刊管理机制等。这些制度涵盖编辑政策、作者指南、开放获取政策、版权政策、评审政策等方面，确保了平台期刊的规范性和国际化水平。尤其在人工智能应用日益广泛的背景下，清华大学出版社及时更新相关伦理条款，以应对新技术带来的挑战。

问题三：在国际合作与商业模式方面，贵社有哪些创新做法？

在平台建设进程中，清华大学出版社努力兼顾公益性和市场化，主要通过向期刊收取出版服务费和开放获取期刊的文章处理费实现自身造血；同时，支持海外合作期刊的国内免费获取，如将《纳米研究》等期刊改为海外订阅、国内免费访问模式。

清华大学出版社积极参与国际学术出版治理，加入 CrossRef、COPE 等国际组织，相关负责人成为 STM 全球理事，提升了中国在国际出版领域的话语权。此外，清华大学出版社与 Scopus、Web of Science 等主流数据库建立了常规对话机制，并与美国科学促进会（AAAS）、美国数学科学研究所（AIMS）等机构签订合作协议，引进优质国际期刊资源，拓展了平台的国际影响力。

问题四： 贵社在出版融合发展的平台建设过程中，面临哪些主要挑战？这些经验对其他中国科技期刊有何启示？

面临的主要挑战包括：规模小和首发资源少带来的网络可见性不足、期刊入驻难度较高、国际化规范建立困难等。清华大学出版社通过系统性技术优化提升平台可见性；依托多元化解决方案与优惠政策吸引期刊入驻，目前已有 30 种期刊基于 SciOpen 平台实现完全自主出版与发布，其中 9 种期刊自海外平台回归；通过构建标准化体系解决了国际规范问题。

上述经验表明：中国科技期刊国际化需重视技术团队和数字基础设施建设；集群化发展比单刊“单打独斗”更有效；建立符合国际标准的出版体系是基础。通过持续的技术创新和模式优化，中国科技期刊有望在国际学术出版领域占据更重要的位置。

SciEngine 学术期刊全流程数字出版与知识服务平台专家访谈

受访专家： 胡华强　中国科技出版传媒股份有限公司（科学出版社）党委书记、董事长

问题一： 请问 SciEngine 在确保学术质量与运营效率方面有哪些创新性机制？

在学术质量方面，科学出版社建立学术诚信伦理团队，致力于打造高质量的学术出版平台。SciEngine 平台以“技术赋能学术治理”为核心，构建了贯穿全流程的智能化质控体系。为确保期刊论文的质量，通

过 SciCloud 投审稿平台辅助期刊对论文进行学术不端审查、代投稿检测和生成式 AI 创作内容检测；引入国际通行的 CRediT 作者贡献分类标准，明确作者贡献角色，增强学术责任追溯能力；同时，严格学术不端行为的监督和处理。2023 年，我们进一步规范了开放获取的政策标准以及写作中有关 AI 使用的要求，以确保论文的学术诚信和原创性，进一步加强了对学术不端行为的防范和监管，提升了 SciEngine 在学术界的声誉和公信力。通过实施严格的学术道德与质量保障措施，不断为科研人员和科技期刊提供更加优质、可靠的学术出版服务，共同推动科学技术进步。

在运营效率方面，SciEngine 平台构建了全流程数字化闭环。首先是生产闭环，从投稿、生产到发布传播的全流程数字化，预出版模式实现论文“接收即出版”，显著缩短发表周期；其次是协同闭环，多终端协同实现多角色跨时空实时无缝协作，结合期刊间一键转投功能减少作者重复投稿操作；最后是传播闭环，平台自动对接 Web of Science、Scopus、DOAJ、PubMed、Crossref、Google、Bing 等多个国际平台，实现内容与数据的双向流动，集成科大讯飞中英智能翻译，辅以全球 CDN 节点加速访问，降低语言传播壁垒，提升海外访问速度。此外，SciEngine 致力于打造出版融合生态，与 ScienceDB、CSTR、CSCD、方正、仁和等期刊出版上下游平台实现全流程出版融合支持与对接，提供集成支付等便捷功能，全面优化学术出版效率与传播效果。

问题二：请问平台在智能化工具和用户体验优化上有哪些突破？这些技术如何转化为竞争优势？

近年来，SciEngine 平台在智能化工具与用户体验优化方面实现了系统性升级。在智能化工具方面，平台集成自主知识产权的 SciCloud 投审稿系统，提供自动催办、图片与内容查重、智能推荐审稿人、微信小程序同步提醒等功能，大幅提升了编辑工作效率与审稿体验。同时，平台采用 JATS/XML 标准，实现智能结构化排版与“所见即所得”的内容编辑，支持 PDF 与 HTML（超文本标记语言）多格式自动生成。平台深度集成 AI 技术，引入科大讯飞中英文智能翻译、AI 生成论文解读视频、智能检索推荐、智能内容推荐等智能化服务，有效提升学术传播效率。此外，SciEngine 深度整合全球学术基础设施，实现 DOI 自动注册与引用跟踪，构建了智能化的国际传播通道。

在用户体验方面，平台注重多端友好性与阅读交互性，支持中英双语阅读、移动端优化、富媒体内容展示，并通过微信、小程序等工具加强用户互动体验。管理端采用“无后台设计 + 可视化配置”，降低编辑技术门槛，基于人工智能与大数据技术生成可视化数据报表，方便期刊运营分析。平台还构建了多渠道传播矩阵，通过“EurekAlert！”、微信公众号、视频号、社交媒体等途径扩大内容触达范围，配合精准邮件推广等，进一步增强期刊曝光度与国际影响力。

SciEngine 平台将其技术优势有效转化为服务效率、内容质量、用户体验、国际传播、平台集群与生态拓展等多维竞争优势，不仅提升了其在国内科技出版领域的核心地位，也为其参与国际出版竞争打下了坚实基础。我们正在重新定义学术出版的服务标准——从单纯的内容发布升级为全链条的知识服务生态。

SciEngine 平台始终坚持以技术创新驱动服务升级，以智能化工具提升全流程出版效率，以标准化生产保障内容质量，强化国际传播渠道建设和拓展平台集群效应并重，通过集群化平台将技术积累转化为多维竞争优势。在服务定位上充分发挥集群化平台办刊优势，以为编辑部服务和为科研服务为宗旨，基于市场化运作机制，围绕科技期刊出版全流程，构建了覆盖论文采集、内容生产、数据仓储、资源发布、学术提升、国际化推广、信息推送及期刊评价的全流程出版服务体系。目前平台已汇聚 635 种期刊，形成了支持中英文出版、开放获取和高水平期刊及学科集群发展的综合服务能力。不仅巩固了我社在国内科技出版领域的主导地位，更重要的是打造了具有国际竞争力的学术出版基础设施，为中国科技期刊“走出去”提供了强有力的平台支撑和技术保障。

问题三：SciEngine 如何与国内外学术出版机构、科研单位协同，推动开放科学生态的共建？

全球开放科学发展趋势给学术期刊带来了诸多挑战。依托数字化平台，SciEngine 以多种实践助力期刊开放获取，打造适合我国学术期刊的开放获取数字化基础设施。

组建开放获取实施专项组，基于自主平台制定 OA（开放获取）出版政策、出版标准、数据规范和出版协议，组织 OA 期刊认证，开展 OA 出版咨询评价，促进我国学术期刊 OA 出版规范与国际接轨。以《空间科学学报》为代表的免费订阅期刊向开放获取期刊转型，采用 SciEngine 进行开放获取出版，相继被 NASA/ADS、DOAJ 和 Scopus 数据库收录。以《生物化学与生物物理学报（英文）》（ABBS）为代表的海外期刊回归，依托 SciEngine 从免费订阅向 OA 出版转型，陆续被 PMC 和 DOAJ 等数据库收录，影响因子实现稳定增长。

建设开放学术交流生态，搭建 SciPrePrint 预印本平台，为科研人员提供与期刊论文出版方式互补的新型学术交流平台；集成 Science Press Open Access 开放获取期刊集群，针对平台 OA 资源建设聚集化页面，方便用户对 OA 内容的快速查找和访问，目前承载 OA 期刊 410 余种，开放获取论文近 24 万篇。

升级建设中国开放获取期刊数据库，以严格的收录标准，帮助中国期刊加快开放出版与传播，为学者提供开放共享的高质量学术资源，目前已收录 290 余种覆盖多学科领域的学术期刊。

SciEngine 平台升级适配支持开放评审和开放数据等出版形式，实现《数据智能》（DI）、《中国科学数据（中英文网络版）》等数据期刊的全流程出版；支持 arXiv、ChinaXiv、SciPrePrint 预印本数据一键投稿；支持期刊论文申请 CSTR 科技资源标识；支持向 ScienceDB 科学数据银行提交论文关联数据。SciEngine 以多样化互联互通的功能和服务积极打造符合国际标准的开放出版生态，持续提升国际化办刊能力，逐步探索“造船出海”。

问题四：SciEngine 平台未来还将在哪些方面重点突破？

与国际顶尖出版平台相比，SciEngine 平台在学术引领力、全球传播力和技术融合度等方面仍存在差距。展望未来，需聚焦以下几个方面持续发力，为培育世界一流科技期刊创新发展路径，充分发挥“国家级科技期刊出版基地”示范引领和带动作用。

推进高水平学术期刊量质齐升。激发平台现有期刊活力，强化内容建设，促进期刊学术质量和出版规模同步提升。对标一流期刊，吸引国际国内顶尖科学家和科研机构参与办刊，填补学科空白，加大自主平台创办高水平新刊力度。

加快集群化数字平台建设。政策扶持和市场机制相结合，提高平台学术期刊集聚能力，发挥集群化、集约化效应。强化技术融合，增加研发投入，创新应用 AI、大数据、云计算、区块链等技术，不断提高平台的出版和传播服务能力。

加速面向开放科学的出版平台布局。加快开放出版数字化基础设施建设，加强平台 OA 期刊质量建设，进一步扩大 SciPrePrint、COAJ 数据库的国际影响力，营造开放出版生态，探索实践以 OA、预印本、科学数据出版、开放评价为突破口快速提升集群期刊影响力。

提升学术传播运营能力。加强全媒体传播布局，推进现有新媒体账号向纵深发展，借助会议培训、科普化传播等方式，构建全方位、国际化、立体化传播网络；利用大数据、AI 技术，提升内容传播时效，实现学术内容的个性化订阅与精准推送，因刊制宜强化品牌建设。

打造融入科研全流程的知识服务。以技术赋能，推动学术期刊内容生产、版权保护和传播模式多方面创新应用；以 AI、知识挖掘等技术融合，面向学者研发细分领域的专业化知识产品和工具。

建设专业化出版人才队伍。持续完善选人用人机制，激发科学编辑团队国际化、专业化创新活力，吸纳高水平科研人员参与办刊；优化人才配置，加强新媒体、新技术、运营管理等方面团队培养，落实人才强企战略。

后 记

《出版融合发展报告（2025）》（以下简称《发展报告》）作为首部系统研究我国出版融合发展的年度报告，其编研与出版标志着行业对这一重大时代命题的认识深化与实践总结迈出了关键一步。《发展报告》的诞生，既是对出版业在文化科技融合浪潮中转型发展迫切需求的积极回应，也凝聚了业界、学界协同探索的集体智慧。

在《发展报告》的编研过程中，我们深刻体会到出版融合发展的重要性、复杂性与动态性。首次全国性调研遇到的问卷理解分歧、数据采集困难等问题，恰恰映射出行业对融合发展的内涵、路径、模式仍在探索与实践中。由此，也促使我们不断反思并改进研究方法、统一数据口径，力求构建更精准的观测体系。10 家国家新闻出版署出版智库的首次联合攻关，是一次宝贵的协作创新尝试。从问卷设计的反复推敲，到 500 多家出版单位数据的汇聚分析；从线上线下研讨的思维碰撞，到文稿字斟句酌的严谨打磨，每一步都充满挑战，也让我们对出版融合发展的现状、痛点与潜力有了更切身的认知。

《发展报告》的编研工作得到了社会各界的帮助与支持，衷心感谢为报告付出心血的所有参与方：感谢全国 557 家出版单位的积极参与和提供的宝贵数据，他们是融合发展实践的主体，是本报告最坚实的根基；感谢华为、科大讯飞、百度、腾讯、方正等科技界伙伴分享的前沿洞察与应用智慧，技术赋能是融合发展的关键引擎；感谢课题组 10 家出版智库的精诚协作与专业投入，展现了业界、学界联合攻关的典范力量；感谢陈丹、陈志敏、董良广、冯玉明、胡涛、蒋丽君、郎红旗、李文、刘颖丽、龙正武、陆彩云、缪立进、王忠宏、徐丽芳、周永进、于娜等专家的悉心指导，为保障报告的学术水平和研究深度提供了专业支持；感谢中信出版集团、人民卫生出版社编辑团队严谨细致的编校工作，保障了本报告的出版品质；更要感谢所有关心中国出版业未来的读者，你们的关注与思考，是推动行业前行的不竭动力！

出版融合发展绝非一蹴而就，而是一项持续演进、久久为功的系统工程。下一步，我们将深化研究精度，构建更科学、动态的指标体系，细化分领域、分业态研究，提升分析的颗粒度与预测的准确性；拓展研究广度，关注技术迭代对融合发展模式的巨大影响，探索国际融合发展的前沿经验；强化协同机制，持续优化出版智库、高等院校、出版单位、技术企业的常态化协同研究平台，促进理论与实践的双向奔赴；推动成果转化，让研究成果更有效地转化为指导实践、辅助决策、培育人才的实用工具。

《发展报告》是我们对出版业创新图景的一次阶段性描摹与思考。它既是对过往探索的总结，更是对未来征程的呼唤。我们坚信，在习近平文化思想指引下，中国出版业定能坚守文化使命，把握科技浪潮，深化融合创新，在高质量发展的道路上谱写出更加辉煌的篇章。本报告若能为此征程贡献些许星光，便是我们最大的欣慰。

报告课题组

2025 年 8 月

《出版融合发展报告（2025）》课题组人员名单

（以姓氏汉语拼音为序）

指导委员会

陈　炜	中信出版集团	刘　超	高等教育出版社
冯士新	中国新闻出版研究院	王　庆	中原出版传媒集团
高晓虹	中国传媒大学	王传臣	电子工业出版社
黄　强	人民教育出版社	张久珍	北京大学
李新华	人民卫生出版社	章朝阳	凤凰出版传媒集团

编委会

蔡　立	凤凰出版传媒集团	谭方正	高等教育出版社
崔海教	中国新闻出版研究院	王　飚	中国新闻出版研究院
董中山	中原出版传媒集团	徐　静	电子工业出版社
皮雪花	人民卫生出版社	杨　晋	人民卫生出版社
乔卫兵	中信出版集团	张　泽	高等教育出版社
宋吉述	凤凰出版传媒集团	朱于国	人民教育出版社

课题实施组

步　一	北京大学	丁　川	中信出版集团
蔡　立	凤凰出版传媒集团	付海钲	中国传媒大学
陈志辉	人民教育出版社	高健航	人民教育出版社
成冰骢	中原出版传媒集团	郭　枫	电子工业出版社
戴宇航	中信出版集团	衡明明	北京大学

黄国彬　北京大学
金　玲　凤凰出版传媒集团
李　程　中原出版传媒集团
李世娟　北京大学
梁　静　电子工业出版社
刘少轩　电子工业出版社
柳　阳　人民邮电出版社
毛　芳　高等教育出版社
毛文思　中国新闻出版研究院
牛瑞雪　人民教育出版社
皮雪花　人民卫生出版社
乔卫兵　中信出版集团
秦瑜明　中国传媒大学
沙　沙　人民教育出版社
隋鸿平　人民卫生出版社
孙　丽　人民卫生出版社
王　飚　中国新闻出版研究院
王子敬　中原出版传媒集团
文　娟　高等教育出版社
吴炜华　中国传媒大学
徐　斌　人民卫生出版社
周　杨　北京大学
左　佳　人民卫生出版社